Willi Lambert · Melanie Wolfers (Hg.)
Dein Angesicht will ich suchen

Willi Lambert
Melanie Wolfers (Hg.)

Dein Angesicht will ich suchen

Sinn und Gestalt christlichen Betens

HERDER

FREIBURG · BASEL · WIEN

Umschlagmotiv: Musizierender Engel von der Westfassade
des Straßburger Münsters

Fotografie: Jean Baptiste Ritt

Alle Rechte vorbehalten © alsace media

Druck und Bindung: fgb · freiburger graphische betriebe

www.fgb.de

Gedruckt auf umweltfreundlichem,
chlorfrei gebleichtem Papier

Printed in Germany

ISBN 3-451-28549-5

Vorwort

Gebet, Meditation, Kontemplation und Mystik – diese Begriffe kennzeichnen einen Erfahrungsbereich, der wieder im Gespräch ist. Er geht einher mit einer Neuentdeckung des Religiösen, ja, einem »Megatrend Religion« (Trendforscher Matthias Horx). Auf der Suche nach spirituellen Kraftquellen wenden sich Menschen dabei zunehmend außerchristlichen Sinnsystemen zu. Während sich noch in den 70er Jahren die Entkirchlichung des Christlichen in dem Slogan ausdrückte »Jesus ja, Kirche nein«, äußert sich die seit den 80er Jahren zu beobachtende Entchristlichung des Religiösen in der programmatischen Frage: »Religiös ja, aber warum christlich?« Innerhalb der Kirchen findet dieser Trend einen Widerhall darin, dass Christen meinen, im Namen der Toleranz ihren Christusglauben durch einen eher vagen Gottesglauben ersetzen zu können. Dementsprechend leben viele Formen interreligiöser und interspiritueller Praxis von der Überzeugung, dass die Gebetsweisen verschiedener Religionen und neuer spiritueller Strömungen unproblematisch miteinander vereinbar seien.

Ohne Zweifel ist das Gebet das Element, das vielen glaubenden Menschen gemeinsam ist und sie verbindet. Ebenso steht außer Frage, dass in anderen Religionen die Offenheit für das Unbedingte gelebt wird. Doch dies darf nicht die Frage nach der besonderen und eigentümlichen Gestalt christlichen Betens verdecken. Denn weil das Gebet »sprechender Glaube« (Otto-Hermann Pesch) ist, entspricht es dem Gott, an den es sich wendet. Da nun aber der Glaube an Gott, an ein »Letztes«, »Unhintergehbares« oder »Transzendentes« in den verschiedenen Religionen und spirituellen Strömungen ganz verschiedene Ausprägungen besitzt, nimmt auch das entsprechende Beten eine andere Bedeutung und Form an.

Christliches Beten gründet in der Offenheit für Gott, der durch die ganze Geschichte hindurch den Menschen zu ihrem Heil entgegenkommt. Es gewinnt seine Konturen im Suchen nach und in der Begegnung mit Gott, der in Jesus Christus sein Gesicht gezeigt und sich in seiner grenzenlosen Zuwendung zu erkennen gegeben hat. Mit diesem Buch beabsichtigen wir, Sinn und Gestalt christlichen Betens darzustellen – im gleichzeitigen Wissen darum, dass der Gebetsweg eines Menschen so einmalig ist wie er selber. Wir sind überzeugt, dass ein Nachdenken der vorausgehenden und uneinholbaren Gebetserfahrung diese sowohl zu erhellen als auch zu vertiefen vermag. Zudem erscheinen solche Reflexionen notwendig, da eine von theologischen Inhalten gelöste Gebetspraxis zu Verirrungen neigt, sei es zu Engführungen oder zu geistlicher Selbstgenügsamkeit.

Wir hoffen, dass die unterschiedlichen Beiträge, auch wenn sie natürlich nur ein gewisses Spektrum beleuchten können, etwas vom Reichtum christlichen Betens aufscheinen lassen und einladen, »sein Angesicht zu suchen«. Ebenso ist mit dem Buch das Anliegen verbunden, dass es einen Beitrag zur »Unterscheidung der Geister« und zu einer vom christlichen Glauben inspirierten Gebetspraxis leistet und dadurch auch den Dialog mit östlichen und westlich-esoterischen Wegen der Meditation und des Gebets fördert – denn nur eine christliche Identität, die sich selber ernst nimmt, ist dialogfähig und -würdig.

Sehr herzlich danken wir den Autorinnen und Autoren für ihr engagiertes Schreiben und dem Lektorat des Verlags Herder für die sorgfältige Betreuung.

Wien / München, am 27. April 2005
Am Fest des heiligen Petrus Canisius

Willi Lambert SJ
Melanie Wolfers

Inhalt

Gestalt und Geschichte christlichen Betens

Willi Lambert SJ

Je nach Ort und Situation verändern sich das Gesicht und das Beten Jesu: Es ist verklärt auf dem Berg Tabor und vom Ringen Jesu auf dem Ölberg heißt es:»Er betete in seiner Angst noch inständiger, und sein Schweiß war wie Blut, das auf die Erde tropfte«(Lk 22,44). Gesicht, Gestalt und Geschichte des Betens ändern sich mit dem Leben selber, weil dieses in ihm zur Sprache kommt.

In diesem einführenden Beitrag werden Ursprung und Sinn des Betens sowie verschiedene Ausdrucksgestalten des Gebets vorgestellt; nicht im Sinn eines umfänglichen geschichtlichen Überblicks, sondern eher wie sich die »Szene« des Betens und gewisse Entwicklungslinien einem Christen darstellen können, wenn er auf die letzten Jahrzehnte zurückschaut. Wie hat sich die Thematik des Betens gezeigt? Welche Fragen wurden gestellt? Welches spirituelle Suchen wird in den verschiedenen Ausdrucksgestalten des Betens sichtbar?

1. Vom Ursprung und Sinn des Betens

Beten als »Herz ausschütten«

»Wie lange willst du dich noch wie eine Betrunkene aufführen? Sieh zu, dass du deinen Weinrausch los wirst!« Die so Angeherrschte ist nicht auf den Mund gefallen, sondern reagiert auf die wenig empathische Anweisung des Hohenpriesters Eli:»Nein, Herr! Ich bin eine unglückliche Frau. Ich habe weder Wein getrunken noch Bier; ich habe nur dem Herrn mein Herz ausgeschüttet. Halte deine Magd nicht für eine nichtsnutzige Frau; denn nur aus großem Kummer und aus Traurigkeit habe ich so lange gebetet« (vgl. 1 Sam 1,14–16). Mit dieser zugleich demütigen und entschiedenen Antwort hat Hanna, die kinderlose Frau des Elkana, die vielleicht einfachste und grundlegendste Antwort auf die Frage gegeben, was Gebet sei und woher es komme:

Beten heißt, sein Herz vor Gott ausschütten. Dieses »Herz ausschütten« kann bedeuten, dass jemand jubelt, dankt, bittet, klagt, schreit, anklagt, rechtet, kämpft, flucht, fragt, anbetet, einfach da ist oder auch ehrfurchtsvoll schweigt. Aber alles ist »Herz ausschütten«, Dasein mit dem Herzen, das sich und sein Innerstes zeigen will und offenbart.

Nirgendwo zeigt sich diese Vielfalt des Betens deutlicher als in den Psalmen. Bei aller literarischen Überarbeitung spürt man doch in den meisten Psalmliedern das lobende, klagende, bittende, dankende Herz der Betenden. Um dieses Herz, um diese Existenzmitte des Menschen geht es beim Beten; darum klagt Jahwe vorwurfsvoll über das Volk, das sich »nur mit Worten nähert und mich bloß mit den Lippen ehrt, sein Herz aber fernhält von mir« (Jes 29,13). In diesen Worten wird deutlich: Beten heißt, mit dem Herzen, mit seinem ganzen Leben da zu sein *vor* Gott, sich *auf* Gott *hin* auszusprechen, ja *in* Gott zu sein. Sicher ist es unterschiedlich, wie diese Gottesbeziehung und das dahinterliegende Gottesbild aussehen: Es mag ein liebender, ein furchterregender, ein heiliger, ein gütiger, ein barmherziger, ein gerechter, ein strafender Gott, ein »höheres Wesen« sein. Christliches Gebet ist aber allemal und fundamental eine im inneren Sprechen und Hören aktualisierte Gottesbeziehung und »geschöpflicher Grundakt« (Ferdinand Ulrich). In diesem Sinn ist Beten Gespräch aus der Herzmitte heraus und Hingegebensein an Gott.

Beten als Beziehungs-Glaube

Christlicher Glaube, der Glaube Jesu ist ein »Gebetsglaube« (Wilhelm Thüsing). Er realisiert sich als betender Glaube. Ein Erlebnis einer evangelischen Pastorin ist in diesem Zusammenhang nicht nur erbaulich, sondern bringt Wesentliches christlichen Betens zum Ausdruck: Sie ging einmal auf dem Bürgersteig daher und sah in einiger Entfernung zwei Buben am Straßenrand, die mit einem Stock »Passanten erschießen« spielten. Sie zielten mit dem Stock auf Passanten, machten mit dem Mund laut: »Peng!!!« und freuten sich über das Erschrecken der Vorbeigehenden. Wie sie näher kam, hörte sie, wie einer der Buben dem andern zurief: »Auf die nicht schießen. Das ist die Frau, die mit

10   *Willi Lambert*

Gott redet!« Diese Kennzeichnung habe sie sehr ins Nachdenken gebracht. Ja, die Frau, die in der Predigt über Gott redet, das sei sie schon. Aber, so fragte sie sich:»Bin ich die Frau, die mit Gott redet?« Der Junge hatte mit seinem Wort»ins Schwarze«, in diesem Fall ins Herz getroffen, denn:»Gebet ist sprechender Glaube« (Otto Hermann Pesch).

Von der Not und dem Segen des Gebetes
Sicher ist die Katechismusformulierung, Gebet sei Gespräch, sei »Kommunizieren« mit Gott, sehr gängig. Ebenso sicher ist aber auch, dass in dieser»Definition« eine große Not liegt: Hört mich Gott wirklich? Und vielleicht mehr noch: Wie redet Gott zu mir? Wie kann ich ihn hören?

Karl Rahner SJ (1904–1984) hat in einem oftmals aufgelegten Buch »Von der Not und dem Segen des Gebetes« viel beachtete Predigten veröffentlicht, die er 1946 in der Bürgersaalkirche in München gehalten hat.[1] Im Blick auf die damals jüngste Vergangenheit fragt er:»Erinnert ihr euch an die Nächte im Keller, an die Nächte der tödlichen Einsamkeit inmitten qualvollen Menschengedränges?« Und er fährt fort: »Und wenn dann der Keller wirklich verschüttet wird, dann – ist das Bild des Menschen von heute fertig. Denn so sind wir Menschen von heute, auch wenn wir aus den verschütteten Kellern wieder herausgekrochen sind ...« Nachdem Rahner die verschiedenen Formen, wie der Mensch sich zuschüttet, aufgezählt hat, stellt er die Frage:»Wie geschieht die Öffnung des Herzens? Wir können es in einem Wort sagen: im Gebet zu Gott und nur im Gebet.«[2] Beten ist jener Vorgang, in dem sich unser Innerstes für Gott öffnet und vielleicht erkennt, dass Gott immer schon, wie Augustinus († 430) sagt, uns innerlicher ist als wir uns selber.

Beten ist wie ...
Um das Verständnis von Sinn und Bedeutung des Gebets noch mit anderen Worten und Bildern etwas zu beleuchten, seien einige Umschreibungen des Betens genannt. Ihre Vielfalt und Fülle mögen

zeigen, wie schwer dieses fundamentale Geschehen in einen Begriff gefasst werden kann:

◊ »Das Gebet ist das Leben des neuen Herzens«, so beginnt der »Katechismus der Katholischen Kirche« seinen Abschnitt über das Gebetsleben.

◊ Beten bedeutet, sich an Gott zu erinnern: »Man soll sich häufiger an Gott erinnern als man atmet« (Gregor von Nazianz).

◊ Eine alte und bekannte Formulierung stammt von Johannes von Damaskus († 750): »Gebet ist die Erhebung der Seele zu Gott oder eine an Gott gerichtete Bitte um die rechten Güter.«

◊ Teresa von Avila (1515–1582), die »Kirchenlehrerin des Betens«, schreibt: »Meiner Ansicht nach ist das innere Gebet nichts anderes als ein freundschaftlicher Umgang, bei dem wir oftmals ganz allein mit dem reden, von dem wir wissen, dass er uns liebt.«

◊ Ganz von ihrem Herzen her spricht Therese von Lisieux (1873–1897): »Gebet ist ein Feuer des Herzens, es ist ein einfacher Blick zum Himmel, es ist ein Ausruf der Dankbarkeit und Liebe inmitten der Prüfung und inmitten der Freude.«

◊ Kurz und vom einfachen Dasein her geprägt ist die Beschreibung des Betens durch Charles de Foucauld: »Gebet ist die liebend auf Gott gerichtete Aufmerksamkeit des Herzens.«

◊ Ganz heutig formuliert die Französin Madeleine Delbrêl (1904–1964): »Punkte des Bewusstseins Seines Daseins setzen. – Als Akt der Erlösung.«

◊ Nicht wenige finden sich in der Formulierung »Beten ist das Atmen der Seele« angesprochen. Beten ist wie das Ineinanderhauchen von Liebenden, die sich nahe sind.

Diese Umschreibungen seien mit einer zeugnishaften Aussage geschlossen, die ebenso ansprechend wie überraschend ist, weil sie der ehemalige Präsident der UdSSR, Michael Gorbatschow in einem Interview geäußert hat: »Die Erfahrungen der letzten Lebensjahre veränderten vollkommen meine Vorstellung über das Beten, über dessen kolossalen Einfluss auf die Menschen. Ich wurde in einer religiösen

Familie erzogen. Trotzdem wurde ich in meiner Jugend nicht zu einem traditionell gläubigen Menschen. Damit Ihre Leser mich verstehen: Es geht nicht so sehr um die Erfüllung traditioneller Gebetsregeln am Morgen und am Abend, obwohl auch darin ein großer Sinn besteht. Es geht um das Bewusstsein seines inneren Seelenzustandes, bei dem sich der Mensch seiner Liebe zu Gott und der Liebe Gottes zu ihm selbst erfreut.«

2. Wechselnde Gestalten christlichen Betens

Das Samenkorn des Betens entfaltet sich auf verschiedene Weise und hat in jedem Menschen und in jeder Zeit seine eigene Geschichte und seine besonderen Ausdrucksformen. Welche wechselnden Gestalten und welche Geschichte durchlief das Beten in den letzten Jahrzehnten? Welche Fragen, Antworten und Entwicklungslinien zeigen sich?

Gebet und Liturgie: Das heilige Spiel

»Wir gehen zum Danken!« – Dies könnten jeden Sonntagmorgen bei einer Straßenbefragung Millionen von Christen sagen. Sie würden damit auf Deutsch ausdrücken, was das griechische Wort »Eucharistie« bedeutet. Die Liturgie der Eucharistie ist Gebet in Gestalt einer Feier. Liturgie ist Glaube, gelebt und gefeiert im Ritus und im Geist des Gebets.

Das liturgische Beten hat im letzten Jahrhundert einen Neuaufbruch erfahren, so dass man von einer »*liturgischen Bewegung*« sprechen konnte. Diese umfasste Vielfältiges: die Feier der Gemeinschaftsmesse, der »Schott«, mit dessen Hilfe man die lateinischen Texte auch auf deutsch lesen konnte, die Reform der Osterliturgie. Hinzu kamen im Lauf der Zeit die Freude an Liturgien mit ostkirchlichen Gesängen, die stärkere Entdeckung der Bibel durch die Gläubigen, neue »rhythmische Lieder«, freie oder auch sehr sorgfältig formulierte Fürbitten. Die liturgischen Reformen des Zweiten Vatikanischen Konzils standen unter dem Leitwort der »participatio actuosa«, der »tätigen Anteilnahme« der Gläubigen.

Mit der Liturgie und Liturgiereform ist auch heftige Kritik verbunden: an den kalten Betonbauten der 60er Jahre, die ziemlich schnell zu bröckeln begannen; an der mangelnden Einführung in die neue Liturgie; am Weglassen des Weihrauches; am Zurückgehen gregorianischer Gesänge; an der mangelnden Stille, wenn alles mit Liedern, Predigtworten, Orgelzwischenspielen, kurzen Liturgiekatechesen zugetextet wird. Teilweise nimmt der Streit um die Liturgie groteske Formen an, beispielsweise wenn mit »göttlichen Botschaften« Zelebranten, welche die Mundkommunion austeilen und zum Friedensgruß mit der Hand einladen, die Hölle vorausgesagt wird.

Theologisch bedeutsamer, aber auch desolater ist der Streit um den Mahl- oder Opfercharakter der Eucharistie, denn man könnte fragen: Gibt es gerade im Blick auf Opferung, Wandlung und Kommunion eine vollkommenere Einheit von Hingabe-Opfer und Mahl als in der Eucharistiefeier?

Liturgie – vor allem die Eucharistie – ist ein kompositorisches Gesamtkunstwerk, in dem viele Register zum Klingen kommen müssen: die Feier der Christusgemeinschaft, die Selbstvergewisserung der Identität als Glaubensgemeinschaft, das gesamtheitliche – und in diesem Sinn »katholische« – Feiern »mit allen Sinnen«, der Geist der Anbetung und der Dreiklang von Hören-Stille-Antworten.

Die Feier der Liturgie in all ihren verschiedenen Formen ist nicht leicht zu überschätzen. Etwa die Hälfte aller, die zur katholischen Kirche konvertieren, erwähnen – so ein Mitbruder, der in der Aufgabe der »Glaubensorientierung« tätig war – als ein entscheidendes Motiv die Liturgie. Natürlich gibt es den »cultus cultus«, den Kult des Kultes. Spätestens dann ist er, ob modern oder altmodisch, nicht mehr »opus Dei«, Gottesdienst. Zuerst und zuletzt ist der Gottesdienst ein Geschenk: »Es macht Dich nicht größer, wenn wir Dir danken, uns aber ist es eine Gnade« (Präfation).

Gebet – Brauchtum – Rituale
Der Verfall religiöser Gebetsgewohnheiten ist unübersehbar: Religionslehrer müssen Kindern das Vaterunser beibringen. Wo gibt

es die Pflege eines Morgen-, Abend- oder Tischgebets? Auch der Besuch der Eucharistie am Sonntag geht massiv zurück. Und doch gibt es andererseits erstaunliche Beharrlichkeiten, ja Aufschwünge von religiösem Brauchtum: Jährlich sind 500 000 Sternsinger unterwegs, die in ihren Liedern etwas von dem Glauben aufklingen lassen, der auf die Liebe hofft. Das Wallfahrtswesen, die Pilgerfahrten haben zugenommen. Wenn man mit Menschen spricht, die den neu entdeckten Jakobs-Pilgerweg durch Europa in vielen Ferien gegangen sind, dann klingt deutlich etwas von der spirituellen Selbsterfahrung auf, dass der Mensch ein »homo viator«, ein Pilger, ein Weg-Mensch ist. Sicher mag man kritische Fragen an manche Orte und Worte haben, wo zu viel von Wundern, Erscheinungen, Hölle, Fasten und Rosenkranzgebet mit manchmal sektiererischen Tönen gesprochen wird. Und doch werden solche Orte auch immer wieder von Menschen als wirkliche Gnadenorte für ihren Glauben, für ihr Beten und ihr Heilwerden erfahren. Wer dies zu schnell als bloße »Volksfrömmigkeit« abtut, der wird sich schwer tun, der Inkulturation und den Bräuchen der Volksfrömmigkeit in anderen Kontinenten Sinn abzugewinnen. Sicher, Bräuche verbrauchen sich. Und doch brauchen wir Bräuche, denn: »Gewohnheiten sind die Muskeln der Seele« (Arnold Gehlen), auch Gebetsgewohnheiten.

Gebet und Gemeinschaft

In den letzten Jahrzehnten haben sich verschiedene Formen betenden Zusammenseins entwickelt, die wichtige spirituelle Bedürfnisse und Antwortversuche signalisieren. Eine dieser Formen sind die aus der charismatischen Richtung kommenden *Gebetsgruppen*. Sie sind gekennzeichnet durch ein Bewusstsein des Betens des Heiligen Geistes in uns: »Singt Hymnen, wie der Geist sie euch eingibt!« Vor allem der Dank und das Lob Gottes stehen hier im Vordergrund, gleichzeitig aber auch das Wissen um spirituelle und leibliche Nöte der Menschen, weshalb das segnende, heilende Beten einen wichtigen Stellenwert hat. Auch die vielen *Bibelkreise* – mit zum Teil verschiedenen Formen und Akzentuierungen – bilden oft den Nährboden für gemeinsames Beten und sehen dafür eine ausdrückliche Zeit vor.

Während der letzten 10 bis 15 Jahre sind die *Exerzitien im Alltag* fast zu einer Bewegung geworden. Es sind wohl Zehntausende, die jährlich in den Gemeinden daran teilnehmen. Exerzitien im Alltag sind ein Versuch, spiritueller Lebendigkeit in den Gemeinden Raum zu geben. In ihrem Kern sind sie ein Gebetsweg, der inspiriert ist von den Exerzitien und der Exerzitienspiritualität des Ignatius von Loyola (1491–1556).

Zu den neueren Gruppierungen und Wegen könnten mehr oder weniger alle *neueren geistlichen Gemeinschaften* gerechnet werden. Sie haben von ihrer Zielsetzung her und zumeist auch in ihrer Praxis Raum für spirituelles Geschehen, für Gebet und zugleich für die Einheit von Glauben und Leben, von Liturgie und sozialem Engagement.

Auch in Pfarreien gibt es verschiedenste Formen von Gottesdiensten: Sei es besonders für kranke Menschen oder auch gelegentlich die sog. »Thomas-Gottesdienste«, die bewusst randständige Christenmenschen, suchende Menschen und Christen mit dem »Thomas in mir« ansprechen wollen.

Gebet und neu erwachendes spirituelles Bewusstsein

Für viele Christen der heute mittleren und älteren Generation ist in den 60er und 70er Jahren des letzten Jahrhunderts die diakonische Dimension des Glaubens stark in den Vordergrund getreten: Fragen der Gerechtigkeit, der Armut, der internationalen Solidarität spielten im Zuge der allgemeinen Politisierung in »*politischen Nachtgebeten*« eine Rolle. Wiederum mit allgemeinen kulturellen Trends verbunden hat sich in den 70er und 80er Jahren ein anderer Akzent entwickelt: die Entdeckung von Meditation, die Bekanntschaft mit östlichen Gebetsweisen, Angebote im Geist und in der Praxis des Zen vor allem von Enomiya Lassalle SJ (1898–1990) und seinen Schülern, die Wiederentdeckung der eigenen Mystikgeschichte und ihrer großen Gestalten und die Wiederbelebung von Einzelexerzitien. Spiritualität ist geradezu zu einem Modewort geworden. Vielleicht drückt kein Wort das Erwachen des spirituellen Bewusstseins so sehr aus wie der vielfach zitierte Ausspruch von Karl Rahner, der Christ von morgen werde ein

Willi Lambert

Mystiker sein, einer der etwas erfahren habe, oder er werde nicht mehr sein.

Neben der allgemeinen Sensibilisierung für Spirituelles gibt es einige Themen, die ausdrücklich mit Gebet und Gebetshaltungen zu tun haben. Sie seien stichwortartig aufgezählt:

An erster Stelle steht das *Beten selber*, das wieder häufiger zum Thema gemacht und als »Ernstfall des Glaubens« (Walter Kasper) bezeichnet wird. Nicht wenige Bücher über Gebet und Meditation – vor allem praktische Hilfen – greifen dieses Anliegen auf. Dabei wird immer deutlicher, dass es den Menschen um eine Spiritualität und um Weisen des Betens geht, in denen sich die Einheit von Glauben und Beten ausdrückt. Die in kleineren Gruppen gewachsenen »freien Fürbitten« und auch das freie Beten in charismatischen Gemeinschaften kommen aus dem Herzen der Einzelnen und aus ihrer Lebenswelt.

Diese Sehnsucht nach Einheit drückt sich auch aus, wo Menschen nach dem Zusammenspiel von *Aktion und Kontemplation* suchen, und sie steht hinter klassisch gewordenen Wortpaaren wie »Bete und arbeite« (benediktinisch), »Kontemplativ in der Aktion« (frühe jesuitische Formulierung durch Jerónimo Nadal SJ, 1507–1580) oder »Kampf und Kontemplation« (Taizé).

Erstaunlicherweise feiert auch das *Segnen*, das Gottes Güte und die menschlichen Nöte im Blick hat, eine Wiederentdeckung. Neben dem oft auch kriegerischen geschichtlichen Heilshandeln im Alten Testament gab es den mehr der bäuerlichen Lebenswelt entspringenden Segen als eine Grundweise, wie Jahwe wirkt. Jesus hat dieses Handeln Gottes in der Handauflegung, der heilenden Berührung, dem Segnen der Kinder weitergeführt. In den vielen verschenkten irischen Segensgebeten, im Handauflegen, im Segnen von Häusern und Tieren und vielem mehr zeigen sich Ansatzpunkte für Sinn und Praxis des Segnens. Im Segnen wird zugesagt: »Gott ist dir gut, und ich möchte dir gut sein, indem ich dir dies zusage.« Mit dem Segnen kann auch das *Gebet um Heilung* in Verbindung gebracht werden.

Langsam scheint erneut der Sinn für *Stille und Schweigen* zu wachsen – vielleicht zunächst von den schädlichen Folgen von ungesundem

Stress und Hektik veranlasst, aber auch darüber hinausgehend als Weitung nach Innen, als Öffnung für Transzendenz, als Befähigung, um Gott sprechen zu hören. Vielleicht hat der dänische Religionsphilosoph Sören Kierkegaard (1813–1855) schon im 19. Jahrhundert die Dramatik der Situation am besten erfasst, wenn er rät: Damit die Welt gesunden könne, müsse zuerst Schweigen geschaffen werden, damit der Mensch wieder hören könne.

3. Fragen zum Profil christlichen Betens

In der Darstellung von verschiedenen Gestalten des Betens zeigten sich indirekt auch manche geistige Suchbewegungen. Im Folgenden sollen darüber hinaus noch eine Reihe von Fragen, Gegenfragen und Antwortansätzen ausdrücklich gemacht werden, da sie die Suche nach dem Profil christlichen Betens noch deutlicher machen können.

Fragen zum interreligiösen und interspirituellen Dialog

Die meistbesuchten Veranstaltungen in Bildungshäusern sind seit über zehn Jahren solche zum interreligiösen Dialog und zu verschiedenen Spiritualitäten. Als Hintergrund der dort auftauchenden Fragen lassen sich vielfach spirituelle Ängste, Missverständnisse und Unkenntnis des Reichtums der eigenen christlichen Tradition ausmachen.

Ein fundamentales Missverständnis ist wohl dies, in der Bibel, im Neuen Testament gebe es *die mystische Dimension* nicht. – Man müsste nur auf das Vorkommen des mystischsten aller Worte, auf das Wörtchen »in«, achten, um eine andere Sicht gewinnen zu können: Die »Innigkeit« besonders der Kapitel 15–17 im Johannesevangelium ist wohl kaum zu übertreffen. Und in der paulinischen und deuteropaulinischen Briefliteratur wird über einhundertmal das spirituelle Lebensgefühl und die christliche Existenzweise als »in Christus« beschrieben.

Auch manche vorschnelle Angst vor dem »Pantheismus« ließe sich aus der biblischen Perspektive »entängstigen« im Blick auf jenen »Gott und Vater aller, der über allem und durch alles und in allem ist« (Eph 4,6).

Willi Lambert

Für die fast immer präsente Fragestellung nach personaler und apersonaler Gotteserfahrung oder Gottesvorstellung bietet sich ebenfalls der biblische Reichtum an. In ihm ist der unbegreifliche und doch nahe Gott Licht und Liebe und zugleich der Bundesgott, der in Christus sein menschliches Antlitz zeigt. Der christlich geprägte *Personbegriff* bedeutet liebende Offenheit einer freien Existenz auf Beziehung hin und meint eben nicht nur einen individualistischen, zu vernichtenden Ego-Punkt. Christliche Mystik darf beiden spirituellen Ursehnsüchten gleichermaßen Raum gegeben: der nach einem »*ozeanischen Einheitsgefühl*« und der nach dem »*Antlitz Gottes*«.

In dieser spannungsgeladenen Sicht ist dann *Einssein* weder ein unterschiedsloses Verschmelzungsprodukt, noch ein gemäßigter Ich-Du-Dualismus, sondern jene mystische Liebeseinheit, die Einssein in Unterschiedenheit – nicht Trennung – meint und sich aus der trinitarischen Einheitsvorstellung speist.

Damit stellt sich im interreligiösen Dialog mit neuer Intensität die theologische Frage nach dem Geheimnis der *Trinität* und ihrer Bedeutung für das Gebetsleben. Fast jedes Gebet schließt mit der Wendung: »Ehre sei dem Vater und dem Sohn und dem Heiligen Geist, wie es war im Anfang so auch jetzt und in Ewigkeit. Amen.« Was heißt, »trinitarisch« zu beten? Welche Bedeutung kommt dem trinitarischen Glaubensverständnis, das den christlichen Glauben kennzeichnet, im interreligiösen Dialog zu? Dient es nur dazu, das »unterscheidend Christliche« zu wahren, oder kann es geradezu ein Interpretationsschlüssel sein, der die Spiritualität und das Beten der verschiedenen großen Religionen aufzuschlüsseln hilft? – Die Frage nach dem unterscheidend Christlichen ist im Wesentlichen die Frage nach *Jesus Christus* und seiner Bedeutung und Bedeutsamkeit. Wenn sie verschämt verschwiegen wird, dann verdient das Gespräch nicht die Bezeichnung von Begegnung im Dialog und dann kann es auch nicht helfen, das Gesicht christlichen Betens sichtbar werden zu lassen.

Gebet und theologische Fragestellungen

Mit der Aussage, er halte nichts von einem Gebet, das nach der Devise verfahre »Kopf ab zum Gebet«, wollte der Religionsphilosoph Franz von Baader (1765–1841) sagen, dass es sowohl eine gebetsmörderische Philosophie als auch eine denkfeindliche Pseudofrömmigkeit gibt, die sozusagen atemberaubend sind. Alles theologische Denken solle helfen, den geistig-geistlichen Atemraum für das Gebet herzustellen und offen zu halten. Eine zentrale Aufgabe von Theologie ist, den Zusammenhang von *Gottlosigkeit, Gott, Gottesbild und Gebet* deutlich werden zu lassen. Dazu muss man wohl auch eine »kniende Theologie« betreiben, wie früher frommerweise gesagt wurde. Diese kann Menschen auf dem Weg ihrer Gottsuche und ihres Betens eine gute Wegbegleiterin sein.

Eine Art theologischer Dauerbrenner ist das *Bittgebet*: Was ist mit den unerhörten Bittgebeten? Greift Gott ein in das Weltgeschehen und wenn ja, wie? Wie soll er unsere manchmal widersprüchlichen Bitten erhören? Ermutigt nicht Jesus unüberhörbar zum Bitten? Kann der Mensch ursprünglich, herzlich beten, wenn er sein Klagen und Bitten ausschalten würde?

Ähnlich dringlich wie die Frage nach der Wirksamkeit des Bittgebets ist die Frage, wie Gott dem betenden Menschen antwortet. Was ist die *Sprache Gottes*? Kommt sich der Beter nicht oft genug vor wie jemand, der telefoniert und spricht, aber die Leitung scheint tot zu sein; es kommt nichts »von der andern Seite«? – Es gilt wohl, immer tiefer zu verstehen: Gottes Sprache ist die Wirklichkeit. Seine Schöpfung, das fortdauernde Schöpfungsgeschehen ist sein Wort und somit ist jeder Mensch und jede Begegnung eine Botschaft, die sich dem betenden Menschen offenbaren will. Der wieder neu erwachte Sinn für die so genannte »Unterscheidung der Geister« besteht genau darin, in den inneren Regungen und deren Ausrichtung auf den Heiligen Geist (Glaube, Hoffnung, Liebe) oder auf den Ungeist hin (Misstrauen, Hoffnungslosigkeit, Lieblosigkeit) die Antwort Gottes zu erkennen. Der Geist ist es, der im Menschen mit unaussprechbaren Worten betet, seufzt, jubelt, spricht, fragt und antwortet (vgl. Röm 8,22–27).

Willi Lambert

Besinnung auf das eigene Beten

Eines ist die Phänomenologie, die Geschichte des Betens und die theologische Reflexion darauf. Ein anderes ist die persönliche Reflexion auf den eigenen Gebetsweg. Für Letzteres als Basis für eine theologische Denkbemühung sollen einige Fragen als Hilfestellung gegeben werden.

◊ Was kommt mir spontan zu Gebet und zu meinem persönlichen Beten?

◊ Welche Bilder und Vergleiche kommen mir zum Satz »Beten ist wie ...«? Wie würde ich Gebet definieren?

◊ Was sind Stationen meiner Geschichte des Betens?

◊ Zeigt mir mein Beten, zu welchem Gott ich bete?

◊ Was gehört zur »Not und zum Segen« meines Betens?

Abschließend sei ein Wort von Ignatius von Loyola zitiert, der durch den Gebets- und Entscheidungsweg der »Exerzitien« zu den großen Meistern der christlichen Gebetstradition gehört. Im Blick auf verschiedene Gebetsweisen betont er: »Für jegliches Individuum ist derjenige Teil viel besser, wo Gott unser Herr sich mehr mitteilt, indem er seine heiligsten Gaben und geistlichen Gnaden zeigt, weil er sieht und weiß, was mehr für ihn angebracht ist, und ihm als der, der alles weiß, den Weg zeigt.«[3]

---

1 1.–4. Auflage Innsbruck: Felizian Rauch 1949–1955; 1.–12. Auflage Freiburg i. Br.: Verlag Herder 1958–1985. Neuausgabe als Bd. 1 der zweibändigen Kassette »Beten mit Karl Rahner«, Freiburg i. Br. 2004.

2 Beten mit Karl Rahner, Bd. 1 (s. Anm. 1), 50.55.

3 *Ignatius von Loyola,* Briefe und Unterweisungen, übers. von P. Knauer, Würzburg 1993, 248.

Von der Dynamik christlichen Betens
Das Gebet als Befreiung von Selbstsucht und Selbstflucht

Andreas Knapp PFE

»Erkenne dich selbst!« lautete die berühmte Inschrift am Apollo-Tempel in Delphi. Auf dem Weg der Selbsterkenntnis gelangt der Mensch freilich nie an ein Ende. Er ist und bleibt sich selber ein Rätsel. Eine Chiffre dafür ist der Name des Menschen. Man kennt einen Menschen, wenn man seinen Namen weiß. Zugleich aber schwingt in jedem Namen etwas Unaussprechliches mit, das nicht zu fassen ist. Dieses Geheimnisvolle macht jeden Menschen wunderbar und einzigartig. Der Mensch als Person ist so reich, dass er nie ganz ausgelotet werden kann.

Weil der Mensch sich selber ein Geheimnis bleibt, ist er freilich bei sich nie ganz daheim. Immer wieder erlebt er oder sie sich als fremd, undurchschaubar, unbegreiflich. Der Mensch ist nie ganz Herr im eigenen Haus und das macht ihn unsicher und unruhig zugleich. So bleibt der Mensch umgetrieben und auf der Suche nach der eigenen Tiefe. Zugleich kennt er auch das Verlangen nach Beziehung zu den anderen und zur Welt. Er überschreitet sich selber, um mit anderen in Kontakt zu treten und die Welt außerhalb seiner selbst kennen zu lernen. Das Leben jedes Menschen spielt sich im Koordinatensystem dieser beiden, letztlich komplementären Dynamiken ab: die *Suche nach der eigenen Tiefe* und das *Streben nach außen*.

Der Mensch geht in sich, um sich selber zu ergründen. Wie sehr er aber auch in sich hineinhorcht, er kommt sich nie ganz auf den Grund. Immer bleibt er noch unterwegs zu sich selber. Zugleich strebt der Mensch auch über sich hinaus in die Weite. Aber alle Beziehungen zur Welt und zu anderen Menschen füllen ebenfalls seine namenlose Sehnsucht nie ganz aus. So bleibt der Mensch ein unerschöpfliches Geheimnis, das weder in sich selbst noch bei anderen ganz zur Ruhe kommt.

Die Unauslotbarkeit des Menschen macht seine Größe aus. Sie kann aber auch bedrohlich wirken und führt dann zur Angst um sich selber oder zur Angst vor sich selber und der eigenen (Un-)Tiefe. Die doppelte Dynamik der Tiefe und der Weite kann folglich in zweifacher Weise pervertieren und in Beziehungslosigkeit münden: als *Selbstsucht* und als *Selbstflucht*. Diese Grunddynamik, die in vielen menschlichen Situationen offenkundig oder verborgen am Werk ist, spiegelt sich auch im Gebetsgeschehen wider, was im Folgenden näher ausgeführt werden soll.

1. Die Sucht nach sich selbst

Wenn der Mensch sich selber nicht als ein unergründliches Geheimnis annehmen will, so wird er sich selber zu begreifen und in den Griff zu bekommen versuchen. Der Mensch pflegt dann sein eigenes Selbst als letzten Bezugspunkt und übersteigert es in der Hoffnung, in sich selber den archimedischen Punkt zu finden, von dem aus er alles andere beherrschen kann. Manche Psycho-Techniken versprechen eine Bewusstseinserweiterung genau mit dieser Zielrichtung: Die Persönlichkeit soll aufgebaut und das Ich derart potenziert werden, dass es von außen nicht mehr ernstlich bedroht werden kann. Dahinter steht ein Herrschaftsinteresse: Anstelle von möglicher Partnerschaft wird eine Dominanz über die anderen angestrebt. Da das Selbst aber im Tiefsten unauslotbar ist, kommt der Prozess der Selbstübersteigerung an kein Ende und mündet in eine Selbstsucht, die den Menschen ruhelos und immer schneller um sich kreisen lässt. Der Mensch ist in sich selbst verliebt und pflegt sein narzisstisches Ich. Eine solche Selbstbezogenheit kann sich beispielsweise in einem überzogenen Kult der Selbstfindung und Selbstverwirklichung ausdrücken, in dem die Ich-Stärke aufgebaut und demonstriert werden soll. Auch die Kraftprotzerei eines erfolgsbezogenen »positiven Denkens« (»Du schaffst es!«), ein exzessiver Körperkult oder die Suche nach Meditationstechniken, in denen sich das Selbst genießen kann, sind Ausdruck einer übersteigerten Sucht nach sich selbst. Ein derart auf sich bezogener Mensch kann freilich nicht mehr in wirkliche Beziehungen zu anderen treten.

Im jüdisch-christlichen Menschenbild ist aber gerade die Beziehungsfähigkeit ein entscheidendes Kriterium für das Gelingen des menschlichen Lebens. Wird das Ich jedoch als Mittelpunkt der Welt aufgebaut, so verhindert eine solche Haltung jede wirkliche Beziehung, denn eine solche setzt das eigene Ich einem anderen aus. Sich auszusetzen macht auch verletzlich. Wer sich einem anderen anvertraut, gibt sich selber immer mehr aus der Hand. Viele haben Angst vor Beziehungen, weil diese es mit sich bringen, dass der Mensch einen Teil seiner Selbstkontrolle aufgeben muss. Sie ziehen sich daher lieber hinter einen Schutzwall zurück und suchen das eigene Ich zu verstärken. Am Ende aber bleiben sie als »Ich-AG« in sich verschlossen und allein. Die Tendenz zur Selbstsucht mündet somit in Beziehungsunfähigkeit.

2. Die Flucht vor sich selbst

Die Tendenz der Person, aus sich herauszugehen und ins Weite zu streben, kann zur Versuchung werden, das eigene Selbst zu überwinden. Die Perversion der zweiten Dynamik führt folglich in die Selbstflucht.

Die menschliche Person erlebt das Selbst auch als Quelle von Trennung und Einsamkeit. Sie findet ihr Genügen nicht in sich selber und sucht einen Ausweg aus sich. Aus Angst vor der Einsamkeit will sie aus sich heraus und mit einem anderen oder mit der anonymen Masse verschmelzen. Sie unterwirft sich dem Diktat der Mode und erhofft sich Geborgenheit etwa in einer Gruppe. Sie ist sogar bereit, ihre Identität aufzugeben, um endlich nicht mehr allein zu sein. Die Erfahrung freilich, dass keine wirkliche und dauerhafte Einheit mit einem anderen oder mit der Masse möglich ist, wird von vielen als sehr schmerzlich erlebt. Man flüchtet in Drogen und Rausch oder in äußere Betriebsamkeit, um die innere Leere nicht mehr spüren zu müssen. Dadurch verliert der Mensch aber den Kontakt zu seiner Innenwelt und sein Leben verläuft zunehmend in außengesteuerten Bahnen. Das Funktionieren nach immer anonymeren Mechanismen kann schließlich dazu führen, dass Beziehungen zwischen »Ich« und »Du« keine Rolle mehr spielen. Das symbiotische Verschmelzen mit anderen

Andreas Knapp

Menschen beziehungsweise in der anonymen Masse, das Untergehen im Rausch und das Aufgehen in der Betriebsamkeit versprechen eine Erlösung aus dem schmerzlichen Ungenügen und der Unmöglichkeit, sich wirklich mit einem Du zu vereinen. Manche Menschen erhoffen sich, durch das Aufgeben ihrer selbst in die symbiotische Ur-Einheit und Harmonie mit der umgebenden Welt zurückzufinden oder im erlösenden Nichts aufzugehen.

Eine solche Verabsolutierung der Tendenz zur Selbstüberschreitung kann Ausdruck dafür sein, dass das Individuelle, in dem der Mensch gerade auch seine Begrenztheit erfährt, im Tiefsten nicht angenommen wird. Dahinter steht wohl eine verborgene Selbstablehnung: Das Ich will sich selber loswerden und zwar aus Verachtung. Durch eine Neutralisierung des eigenen Ich in eine übergreifende Einheit hinein kann der Mensch dann gar nicht mehr als er selbst in Beziehung zu einer ihm gegenüberstehenden Welt treten.

Für den Dichter Jewgenij Jewtuschenko sind es aber gerade die »geheimen Welten« der Persönlichkeit, die den Menschen kostbar machen. Er beklagt den Tod und die Unwiederbringlichkeit der geschichtlichen Erfahrungen, die den Menschen als Individuum geprägt haben:

»Jeder hat seine eigene, geheime, persönliche Welt.
Es gibt in dieser Welt den besten Augenblick,
es gibt in dieser Welt die schrecklichste Stunde;
aber dies alles ist uns verborgen.

Und wenn ein Mensch stirbt,
dann stirbt mit ihm sein erster Schnee
und sein erster Kuss und sein erster Kampf …
all das nimmt er mit sich.

Was wissen wir über die Freunde, die Brüder,
was wissen wir schon von unserer Liebsten?
Und über unseren eigenen Vater
wissen wir, die wir alles wissen, nichts.

Die Menschen gehen fort ...
Da gibt es keine Rückkehr.
Ihre geheimen Welten können nicht wiederentstehen.
Und jedesmal möchte ich von neuem
diese Unwiederbringlichkeit hinausschreien.«[1]

Die Vernichtung der individuellen Prägung und der persönlichen Geschichte wird von Jewtuschenko als Übel gedeutet, das es zu beklagen gilt. Der Tendenz zur Selbstflucht dagegen, welche die Auflösung des Individuums anzielt, entspricht vielleicht sogar eine Todessehnsucht.

Schließlich werden menschliche Beziehungen mit ihrem spannungsvollen Wechselspiel zwischen »Ich« und »Du« unmöglich, wenn das Ich seine Konturen verliert und im Allgemeinen (Alles oder Nichts) aufgeht. Die Dramatik von Schmerz und Scheitern wird in eine Spannungs- und Teilnahmslosigkeit hinein aufgelöst. Der Mensch katapultiert sich aus einer leidgeprägten Welt hinaus. Auch die Selbstflucht mündet somit in Beziehungsunfähigkeit.

3. Spiritualisierungen von Selbstsucht und Selbstflucht

In der Selbstsucht und in der Selbstflucht werden die beiden Dynamiken, die aus der Abgründigkeit des Menschen resultieren und in einer Spannungseinheit zueinander stehen, jeweils eine zugunsten der anderen aufgelöst. Die Tendenzen der Person, in die eigene Tiefe und in die Weite von Beziehungen zu anderen zu streben, spiegeln sich auch im spirituellen Leben des Menschen wider und können sich dort in verzerrten Mustern niederschlagen.

Es gibt pseudoreligiöse Strömungen, die eine Ego-Potenzierung anstreben. Man könnte diese als religiöse Varianten des übersteigerten Individualismus der modernen westlichen Gesellschaft deuten. Die Scientology-Sekte versucht beispielsweise, das Selbst des Menschen mit Hilfe von Psycho-Techniken aufzubauen und zu verstärken und verspricht sogar eine dadurch ermöglichte Dominanz der Sektenangehörigen über andere Menschen. Andere Gruppierungen zielen

Andreas Knapp

eine Steigerung des Selbst durch dessen Ankoppelung an die universelle Energie an. In der Postmoderne findet sich schließlich eine Ästhetisierung spiritueller Erfahrungen, die primär um des Genießens des eigenen Selbst willen gesucht werden.

Umgekehrt gibt es religiöse Formen, die das Auflösen des eigenen Selbst ins Namenlose hinein erstreben. In der monistischen Mystik will der Mensch im tiefsten Grund des Selbst dessen ewige Geltung und damit dessen Identität mit dem Göttlichen erfahren. Der Unterschied zwischen dem Menschen und dem Göttlichen wird aufgehoben.[2] In dieser Art von mystischer Erfahrung erkennt der Mensch, dass sein Selbstbild und das Bild eines personalen Gottes Illusionen sind. Es gibt kein Gegenüber mehr; alles ist eins (*monos*).[3]

In der kosmischen Mystik als All-Ein-Fühlen geht das Ich wie ein Wassertropfen im kosmischen Ozean auf. Auch hier bedeutet das Erwachen in die Einheit hinein die Auflösung der personalen Identität. Im Verschmelzen mit dem »All« oder dem »Nichts« erhofft sich der Mensch die Erlösung von diesem elenden, marternden Ich, das er in einer hyperaktiven Leistungsgesellschaft als Wurzel seiner Qualen erlebt.[4] Das Individuum mit seiner persönlichen Prägung und Geschichte wird als Übel gedeutet und der Mensch sehnt sich danach, in die Gottheit beziehungsweise in den Kosmos hineinzusterben. Umberto Eco hat in seinem Roman »Der Name der Rose« diese Sehnsucht auf eindrucksvolle Weise beschrieben. Dort legt er dem alternden Mönch Adson von Melk die Worte in den Mund:

»Bald schon werde ich wiedervereint sein mit meinem Ursprung, und ich glaube nicht mehr, dass es der Gott der Herrlichkeit ist, von welchem mir die Äbte meines Ordens erzählten, auch nicht der Gott der Freude, wie einst die Minderen Brüder glaubten, vielleicht nicht einmal der Gott der Barmherzigkeit. Gott ist ein lauter Nichts, ihn rührt kein Nun noch Hier … Ich werde rasch vordringen in jene allerweiteste, allerebenste und unermessliche Einöde, in welcher der wahrhaft fromme Geist so selig vergeht. Ich werde versinken in der göttlichen Finsternis, in ein Stillschweigen und unaussprechliches Einswerden, und in diesem Versinken wird verloren sein alles Gleich und Ungleich, in diesem Abgrund wird auch mein Geist sich verlieren und nichts mehr wissen von Gott noch von sich selbst noch von Gleich und Ungleich noch von nichts, gar nichts. Und ausgelöscht sein werden alle Unterschiede, ich werde eingehen in den einfältigen Grund, in die stille Wüste, in jenes Innerste, da niemand heimisch ist. Ich werde eintauchen in die wüste und öde Gottheit, darinnen ist weder Werk noch Bild.«[5]

Die hier ersehnte Auflösung im Tod wird in der Suche nach mystischen Erfahrungen von Einswerden mit dem All oder dem Nichts in gewisser Weise vorweggenommen. Dahinter kann sich eine Lebens- und Beziehungsmüdigkeit verbergen, die sich nach Frieden und Harmonie sehnt, dabei aber Gefahr läuft, die Beziehung zur Welt und die eigene Lebensgeschichte zu vernachlässigen. Eine mögliche Folge solcher Geschichtsvergessenheit ist die Unfähigkeit zum Engagement in dieser und für diese Welt, was am Ende eine bequeme Flucht ins »ethische Nirwana«[6] bedeuten würde.

»Beten«, so könnte man etwas überspitzt formulieren, wäre in der ersten Richtung der Ego-Potenzierung ein bloßes Selbstgespräch, durch das sich der Mensch selber aufzubauen versucht. In der zweiten Dynamik würde das »Gebet« in ein selbstvergessenes, resignatives Verstummen und letztlich in ein totes Schweigen münden. Beide Formen wären wiederum Ausdruck von Beziehungsunfähigkeit.

4. Christliches Beten als Beziehungsgeschehen

Der Mensch in seiner Suche nach sich selbst und in seiner Sehnsucht nach Beziehung ist wie eine offene Frage, die auf Ant-Wort hin angelegt ist. Und da die menschliche Sehnsucht unstillbar ist, kann diese Antwort dem Menschen nur dann ent-sprechen, wenn sie unendlich inniger ist als das Tiefste im Menschen und unendlich größer als Mensch und Welt. Nach einem Wort von Paul Claudel kann sich das Unersättliche nur ans Unerschöpfliche wenden. Die menschliche Doppeldynamik in ihrer Verschränktheit von Suche nach sich selbst und Sehnsucht nach Beziehung streckt sich daher nach einem Geheimnis aus, das in sich selber unergründlich ist und sich zugleich als Beziehung offenbart.

Andreas Knapp

Der christliche Glaube geht davon aus, dass Gott das Geheimnis des Menschen ist. Darum gelangt die menschliche Person in ihrer Suche nach sich selber nie an ein Ziel, solange sie sich auf sich selber oder auf die anderen Menschen oder die Welt konzentriert. Nach dem Kirchenvater Augustinus kommt das Streben des Menschen erst in Gott zur Ruhe, weil der Mensch in Gott seine tiefste und letzte Heimat hat, zu der er unterwegs ist.

Das Geheimnis Gottes ist Liebe. Der dreifaltige Gott ist als Beziehungsgeschehen zwischen Vater und Sohn im Heiligen Geist Liebe in höchster Vollendung. An diesem Beziehungsgeschehen hat der Mensch abbildhaft Anteil.

Zum einen erfährt sich der Mensch als in sich selber unauslotbar, weil er im Geheimnis Gottes gründet und erst von diesem her verstanden werden kann. Wenn der Mensch aber von Gott liebend angeschaut wird, braucht er sich selber auch nicht bis ins Letzte zu durchschauen. Er muss sich nicht selbst in den Griff bekommen, da er sich aus Gottes Hand wie ein Geschenk empfängt. Zum anderen findet das Streben des Menschen nach Beziehung allein in der Teilhabe am göttlichen Beziehungsgeschehen sein letztes Ziel. Das unruhige Suchen des Menschen nach Beziehung muss daher nicht mehr in eine geschichtslose und letztlich die eigene Persönlichkeit negierende Selbstauflösung münden. Das christliche Gottes- und Menschenbild ermöglicht und erfordert es sogar, die beiden Dynamiken der Person, in die eigene Tiefe und in die Weite der Beziehung zum anderen zu streben, zugleich zu leben. Auch dies hat letztlich seinen Grund in der Gottebenbildlichkeit des Menschen. Denn Gott ist einerseits ganz mit sich selber eins und somit ein in sich ruhendes Geheimnis. Andererseits ist er dynamisch ausgreifende Liebe, die in der Schöpfung ein Gegenüber und mit der Erschaffung des Menschen ein zu liebender Antwort fähiges Wesen ins Dasein ruft.

Das christliche Welt- und Menschenbild vermag somit, die Abgründigkeit des Menschen und sein Streben in die eigene Tiefe wie auch seine Sehnsucht nach Beziehungen zu deuten und ihm zugleich einen Weg zu weisen, in seiner Selbstannahme und in seiner Beziehungsfähigkeit zu wachsen. Dies wird besonders in der Struktur des christlichen Gebets deutlich, das ein Weg zum eigenen Geheimnis sein will, welches im Geheimnis Gottes gründet. Ein solches Beten befreit sowohl vom Drang zur Selbstübersteigerung als auch vom Zwang zur Selbstauflösung.

5. Beten als Selbst-Annahme

In Jesus Christus hat das Geheimnis Gottes für die Christen einen Namen und ein Gesicht bekommen. Christliches Beten ist von daher immer personal geprägt. Der Betende tritt in eine persönliche Beziehung zu Jesus Christus ein und gelangt durch ihn zum Vater. Weil Gott in Jesus Christus die Begrenztheit eines menschlichen Leibes und Lebens gewählt hat, wird das menschliche Leben zum privilegierten Ort der Gotteserfahrung. Betend kann sich der Mensch im Gottmenschen wiedererkennen, wenn er am Leben Jesu entlang geht und dabei sein eigenes mit dessen Leben in Zusammenhang bringt. Die Beziehung zu Christus wird also »konkret« (vom lateinischen »concrescere«, zusammenwachsen), wenn man sein eigenes Leben mit dem seinen in Beziehung bringt.

Angesichts der liebenden Gegenwart Gottes in jedem menschlichen Leben kann und darf der Mensch seine eigene Realität annehmen. Er darf entdecken, dass er als dieser konkrete und begrenzte Mensch von Gott in Christus grenzenlos geliebt wird. Im Blick auf Jesus Christus erblickt sich der Mensch auf eine neue Weise. Er sieht seine eigene Fragwürdigkeit und Zerbrechlichkeit und er kann diese ruhigen Gemütes sehen, da er sich darin zugleich als von Gott geliebt erfährt. Durch seine Beziehung zu Jesus Christus wird dem Menschen Identität geschenkt und er erfährt sich gerade in seiner Endlichkeit als unendlich liebenswürdig. Christliches Beten ist daher keine Technik zur Selbstübersteigerung. Vielmehr ist Beten ein Armwerden als Wahrwerden. Im Gebet erkennt der Mensch seine eigene Wahrheit im Angesicht Gottes: »Ich bin geschaffen und geliebt!«

Der Mensch braucht sich daher im Gebet nichts vorzumachen. Er braucht sich nicht größer zu machen als er ist. Er darf sich selber vor

Andreas Knapp

Gott wahrhaben. Gebet macht realistisch. Der Mensch lebt ganz im Augenlicht Gottes, seines Schöpfers: Und Gott sieht, dass alles, was er gemacht hat, gut ist, wie es ist. Daher ist der Alltag auch kein spirituelles Niemandsland, aus dem es zu fliehen gilt. Der kleine Alltag ist vielmehr der konkrete Ort, an dem sich die Gottesnähe verwirklicht und vom Menschen erfahren werden kann.

6. Beten als Selbst-Hingabe

Das Leben Jesu ist aber nicht nur Spiegelbild, in dem der Mensch sich selber besser und tiefer zu erkennen vermag. Es ist auch Vorbild, auf das er hinwachsen kann. Weil der Mensch Abbild des drei-einigen Gottes ist, findet er im Vorbild Jesu Christi jene Weise der Gottesbeziehung und des Gebets, die ihm gerade in der Hingabe seine eigene tiefste Identität schenkt. In der christlichen Mystik wird der Mensch mit dem Beten Christi eins und vollzieht auch dessen Hingabe mit. Diese ist freilich kein Versuch, sich kleiner zu machen als man ist, gar mit der Tendenz, sich am Ende selber zum Verschwinden zu bringen. Vielmehr ist im christlichen Beten alles »Leerwerden« Nachvollzug der Selbsthingabe Christi (Phil 2,7: »Kenosis«, Entäußerung), der sich aus Liebe leer gemacht hat, um menschlich bei den Menschen sein zu können. Diese Kenosis Christi ist in der Hingabe Christi als des »Wortes« (Joh 1,1: »Logos«) an den Vater grundgelegt, die als selbstlose Liebe keiner Worte mehr bedarf. Das Loslassen im Gebet ist daher keine Flucht vor Beziehung, sondern ein Leerwerden um einer tieferen Beziehung willen. Die Begegnung mit Jesus Christus reißt aus dem In-sich-selber-Gefangensein heraus. Sie führt aber nicht in den Selbstverlust, denn das Ich findet sich ja in der liebenden Gegenwart mit Christus wieder. Wenn es im Evangelium heißt: »Wer seine Seele (psyche, das Selbst) … um meinetwillen verliert, wird sie gewinnen« (Mt 10,39), so ist vom Aufgeben seiner selbst genau in diesem Sinn die Rede: Der Betende lässt sich selber los, aber nicht in eine anonyme Leere, sondern in die Fülle einer personalen Beziehung hinein. Selbst das letzte Loslassen im Sterben geschieht in der Hoffnung, in die liebenden Hände Gottes zu fallen und in ihm Leben und neue Beziehung zu finden (vgl. Lk 23,46).

So macht das Armwerden im Gebet empfänglich für die Fülle des Reichtums, den Gott allein schenken kann. Nur der Nackte ist berührbar. Das Leerwerden des Selbst bereitet den Raum für die Begegnung mit dem Du Gottes. Die Sehnsucht nach Gott und die »Hingerissenheit« zu Gott hin ermöglichen es dem Menschen, sich selbstvergessen hinzugeben.

Ignatius von Loyola, Teresa von Ávila, Nikolaus von Flüe, Charles de Foucauld und viele andere formulieren ihre »Hingabe-Gebete« genau in diesem Sinn. Als Beispiel sei ein Gebet des Ignatius von Loyola angeführt:

> »Nimm hin, Herr, und empfange
> meine ganze Freiheit, meinen Willen,
> meinen Verstand und mein Gedächtnis,
> meine ganze Habe und meinen Besitz.
> Du hast es mir gegeben,
> dir, Herr, gebe ich es zurück.
> Alles ist dein,
> verfüge ganz nach deinem Willen.
> Gib mir deine Gnade und Liebe,
> das ist mir genug.«

Hier wirft sich der Betende ganz in Gott hinein und lässt sich selber los. Zugleich vertraut er darauf, dass die Beziehung zu Gott, den er mit »Du« anredet, ihn halten und dass ihn diese Liebe ganz erfüllen wird. Der Mensch verliert sich also selbst, um sich in der Hingabe Christi an den Vater wiederzufinden und um darin ganz in seinem eigenen Geheimnis anzukommen, das sich als Liebe offenbart. Denn das ist doch das Geheimnisvolle an der Liebe: Dass sie Identität schenkt, und zwar nicht durch Selbstverstärkung, sondern durch Beziehung zum anderen. Und dass sie vereint, ohne die Identität des Individuums aufzulösen.

Christliches Beten ist daher kein Aufgehen ins All-Eine, sondern Eingehen in den Drei-Einen. Es ist Loslassen als Vertrauen, in dem sich

Andreas Knapp

der Mensch ganz einem anderen schenkt. Es ist Selbstvergessenheit um eines anderen willen. Es ist Präsenz in einer Präsenz, die sich als Liebe präsentiert: Dasein in der Gegenwart Gottes, dessen Name lautet: Ich bin da – für dich. Daher ist alles christliche Beten strukturell auch immer mit dem uralten Jesus-Gebet verwandt. Das unablässige Wiederholen des Jesus-Namens setzt das eigene Leben immer mehr mit der Person und dem Leben Jesu in Beziehung. Der eigene Name und das eigene Geheimnis werden dadurch in die Gegenwart des Gottesnamens hineinversenkt. Wenn auch die Worte des Betens immer weniger werden, so bleibt doch die in diesen Worten angesagte Wirklichkeit bestehen: Dass der Betende seine schweigende Gegenwart in jenes Geheimnis hineinlegt, das für ihn ganz da ist. Das christliche Gebet kennt auch das »wortlose« Dasein, das »gegenstandslose« Weilen in der reinen Gegenwart. Im Loslassen aller Worte und Begriffe gelangt der Mensch in eine tiefe Einheit mit sich selbst jenseits aller Gedanken, Gefühle und Erinnerungen. Es ist dies aber kein »Logos«-loses Eingehen in die Leere. Denn das Schweigen wird gerade von der personalen Gegenwart des Logos durchdrungen. Die Stille ist bewohnt von jenem unsagbaren Geheimnis, das dem Menschen dann begegnet, wenn er aller Worte ledig geworden ist: »Als tiefes Schweigen das All umfing ... da sprang dein allmächtiges Wort vom Himmel« (Weish 18,14f.).

Das eigene Geheimnis und der eigene unauslotbare Name finden somit die ersehnte Geborgenheit im geheimnisvollen Gottesnamen, in dem sich Gott als Beziehung und Für-Sein offenbart. Das Ur-Wort christlichen Betens ist daher das »Du«, mit dem der Mensch sich selber hintanstellend Gott anspricht, der ihn seinerseits von jeher und für immer mit »Du« anredet. So erfährt sich der Mensch mit seinem Namen und seiner Geschichte in der Hand Gottes geborgen. Zugleich wird ihm im schweigenden Loslassen ein neuer Name geschenkt, den nur der kennt, der ihn empfängt (vgl. Offb 2,17). In diesem neuen Namen, der noch ganz der Intimität zwischen Gott und dem einzelnen Menschen vorbehalten bleibt, erwartet der Mensch jene neue Wirklichkeit des endgültigen Ankommens in der Liebesgemeinschaft mit

Gott, für die alle Worte und selbst der Begriff »Kind Gottes« zu kurz greifen (vgl. 1 Joh 3,2). Menschen sprechen einander mit ihrem menschlichen Namen an und machen sich damit auf den Weg zum anderen. Der andere bleibt freilich immer auch entzogen und unerreichbar. So steht der menschliche Name für eine Sehnsuchtsbewegung zum anderen hin, die jedoch nie ganz zum Ziel kommt. Der von Gott geschenkte neue Name steht dagegen für eine Beziehung, in der der Mensch ganz gekannt und geliebt ist. Mit diesem neuen Namen tritt der Mensch in jene innige Gemeinschaft ein, die den Vater und den Sohn im Heiligen Geist verbindet und für die alle menschliche Beziehung und Liebe nur ein Abbild sein kann. In dieser Liebesgemeinschaft mit Gott kommt der abgründige Mensch heim in jenes Geheimnis, dessen Liebes-Name lautet: Ich bin da – für dich!

1   Zitiert in: *Greshake, G./Lohfink, G.*, Naherwartung – Auferstehung – Unsterblichkeit. Untersuchungen zur christlichen Eschatologie, Freiburg i. Br. 1975, 172.

2   Vgl. hierzu und zum Folgenden *Sudbrack, J.*, Literaturbericht. Die Frage nach der Mystik, in: Geist und Leben 37 (1964), 148f.; *ders.*, Mystik (Neureligiöse Aspekte), in: LThK VII, Freiburg i. Br. u.a. [3]1998, 596f.

3   *Rutte, Th.*, Auflösung im All-Einen?, in: Konradsblatt, 4.7.2004, 22f.

4   Vgl. *Schüle, Ch.*, Schrei nach Stille, in: DIE ZEIT, 24.6.2004, 11–14, 12.

5   *Eco, U.*, Der Name der Rose, München 1986, 634f.

6   *Schüle* (s. Anm. 4) 13.

Die Heilige Schrift als Quelle christlichen Betens

Carlo M. Kardinal Martini SJ

Im Gespräch am Jakobsbrunnen weist Jesus eine unbekannte Frau, die Sehnsucht nach Liebe und Gottesberührung im Gebet hat, auf das Wasser hin, das er ihr geben wird. Dieses strömt als »sprudelnde Quelle« im gottsuchenden Menschen und schenkt ewiges Leben (vgl. Joh 4,14). Nach Augustinus ist die Sehnsucht nach Gott, der Gottesdurst das »immerwährende Gebet«. Die Heilige Schrift erzählt auf verschiedene Weise von diesem Durst, von seinem Aushalten und von seiner Stillung. Darum wollen wir in einer den Worten der Heiligen Schrift sehr nahen Weise uns von ihr die Antwort geben lassen auf die Frage: In welchem Sinn ist die Heilige Schrift Quelle christlichen Betens und unersetzlich für ein Beten im Geist Jesu Christi?

Zu Beginn lässt sich ein kleines Gedankenexperiment machen: Wie sähe christliches Beten aus, wenn man versuchsweise die Heilige Schrift des Alten und Neuen Testamentes und die dahinter stehende mündliche Tradition streichen würde? – Es gäbe keine Psalmen, keine Meditationen des Lebens Jesu Christi, keine Worte Christi über das rechte Beten. Gäbe es ein Vaterunser? Eine christliche Gebetstradition? – Vielleicht ist es hilfreich, im Voraus Grundgedanken zur Schrift als Quelle christlichen Betens thesenhaft zu skizzieren, um anzudeuten, in welcher Weise sich der Sinn und die Gestalt christlichen Betens aus der Heiligen Schrift nähren:

◊ Die Heilige Schrift vermittelt die jüdische Gebetstradition, in der Jesus steht. Als *das* große Lebensbuch zeigt sie, wie Leben mit und vor Gott zur Sprache kommen kann.

◊ Die Heilige Schrift vermittelt das Gottesbild und die Gottesbeziehung Jesu und damit exemplarisch die wesentliche Richtung und innere Gestalt jesuanisch-christlichen Betens.

◊ Die Heilige Schrift vermittelt positive und auch gebetskritische

Aussagen Jesu, die das Bewusstsein für ein Beten in seinem Geist schärfen.

◊ Die Heilige Schrift will einen geistlichen Transformationsprozess durch die Einladung und den Ruf zur Nachfolge Jesu Christi in Gang bringen.

◊ Die Heilige Schrift stellt eine Perspektive für das Verständnis und die Deutung der Wirklichkeit als eine christologische Wirklichkeit zur Verfügung:»Und das Wort ist Fleisch geworden«(Joh 1,14). Der Christ nimmt eine»christliche«Welt ins Gebet.

◊ Die Heilige Schrift macht deutlich, dass wir zu Gott nur»im Geist« beten können, von dem für Christen gilt:»Der Herr ist der Geist.«

1. Die Bitte der Jünger

»Jesus betete einmal an einem Ort; und als er das Gebet beendet hatte, sagte einer seiner Jünger zu ihm: Herr, lehre uns beten, wie schon Johannes seine Jünger beten gelehrt hat«(Lk 11,1). Diese Bitte kann in Erstaunen setzen. Die Jünger besaßen doch, auch wenn wir die Lehre vom Gebet von Johannes dem Täufer nicht kennen, in ihren Heiligen Schriften sehr viele Beispiele und Unterweisungen zum Gebet. Es genügt, an die 150 Psalmen zu denken, unübertreffliche Weisen des Gebets für jede Situation des öffentlichen und privaten Lebens. Es gibt die Gebete der Patriarchen wie des Abraham, der für Sodom und Gomorra eintritt (Gen 18,1–33), oder des Jakob, der in Betel im Hinblick auf eine günstige Rückkehr aus Mesopotamien ein Gelübde ablegt (Gen 28,20–22) und des Mose, der für das Volk eintritt (Ex 32, 11–14). Des weiteren finden sich viele Gebete in den Büchern der Propheten wie:»An jenem Tag wirst du sagen: Ich danke dir, Herr. Du hast mir gezürnt, doch dein Zorn hat sich gewendet, und du hast mich getröstet«(Jes 12,1).»Unsere Sünden klagen uns an. Doch um deines Namens willen handle, o Herr«(Jer 14,7). – Auch die Weisheitsbücher enthalten Gebete. Bewundernswert ist das Gebet Hiobs, der durch den Verlust von Besitzungen und Krankheit in seinem inneren Erleben schwer geschlagen ist und spricht:»Der Herr hat gegeben, der Herr hat genommen; gelobt sei der Name des Herrn«(Hiob 1,21). Die Bitte, die

Weisheit zu erlangen, weitet sich auf die ganze Menschheit aus: »Gott der Väter und Herr des Erbarmens, du hast das All durch dein Wort gemacht. Den Menschen hast du durch deine Weisheit erschaffen ... Gib mir die Weisheit, die an deiner Seite thront« (Weish 9,1ff.). Voll Vertrauen ist das Gebet um die Befreiung und das Wiedererstehen Israels: »Rette uns, du Gott des Alls« (Sir 36,1). – Wir können auch an die Betenden selbst denken, so an die Mutter des Samuel: »Hanna war verzweifelt, betete zum Herrn und weinte sehr« (1 Sam 1,10). Oder an Tobit: »Da wurde ich traurig und begann zu weinen. In meinem Schmerz betete ich: Herr, du bist gerecht, alle deine Wege und Taten zeugen von deiner Barmherzigkeit und Wahrheit; wahr und gerecht ist dein Gericht in Ewigkeit« (Tob 3,1f.). – Schließlich gibt es auch Beispiele von gemeinschaftlichem Beten, wie der lange Sühnegottesdienst im Buch Nehemia zeigt (Neh 9,1–37).

Die Jünger Jesu hatten also in der Bibel eine reiche Inspirationsquelle für ihr Beten. Wir dürfen demnach annehmen, dass ihre Bitte, Jesus möge sie beten lehren, gerade dadurch erweckt worden ist, dass sie sahen, mit welch außerordentlicher innerer Andacht er gebetet hat; mit welchem Gespür für Einheit, mit welcher Ruhe und Kraft, mit welcher Ausstrahlung des Friedens und der Heiterkeit er aus seinen Gebetszeiten herauskam. Etwas Ähnliches müssen wohl die Apostel auf dem Berg der Verklärung erfahren haben, wo es von Jesus heißt: »Und während er betete, veränderte sich das Aussehen seines Gesichtes, und sein Gewand wurde leuchtend weiß« (Lk 9,29).

Die Bitte der Jünger, die sich in der Sehnsucht von Menschen wiederholt, beten zu können, verstehe ich im tiefsten Sinn als Ausdruck des Wunsches, »den Vater im Geist und in der Wahrheit anbeten« zu können (vgl. Joh 4,23). Betrachten wir daher zuerst das Beispiel Jesu, um dann seine Unterweisungen über das Gebet zu vernehmen.

2. Jesus als Beter

Wer nach christlichem Beten fragt, für den ist es oder sollte es selbstverständlich sein zu schauen, wie Jesus Christus gebetet hat. Jesus selber und seine Beziehung zu Gott ist die maßgebliche Vorgabe für jesuanisch-christliches Beten. – Noch bevor wir die Evangelien genauer befragen, lässt sich sagen: Jesus betete in der Tradition seiner Glaubensgemeinschaft: Er »ging nach seiner Gewohnheit in die Synagoge« (Lk 4,16), betete Psalmen und schüttete sein Herz vor Gott aus (vgl. 1 Sam 1,15). Dieser gemeinsame Wurzelgrund des jüdisch-christlichen Betens wird besonders im Stundengebet der Kirche deutlich.

Die Evangelien sagen, dass Jesus oft betete: früh am Morgen an einem einsamen Ort (Mk 1,35), auf dem Berg in der Nacht wie vor der Wahl der Zwölf (Lk 6,12) oder nach dem Wunder der Brotvermehrung (Mt 14,23) und bei vielen anderen Gelegenheiten. Sie bringen außerdem Bruchstücke von Gebeten Jesu, Stoßseufzer oder auch das lange theologisch-spirituelle Gebet in den Abschiedsreden Jesu bei Johannes.

In all diesen Fällen zeigt uns der Jesus der Evangelien verschiedene Weisen des Gebets. Das Gebet des Lobes: »Ich preise dich, Vater, Herr des Himmels und der Erde« (Mt 11,25) und der Danksagung: »Vater, ich danke dir, dass du mich erhört hast« (Joh 11,41); das Bittgebet: »Mein Vater, wenn es möglich ist, gehe dieser Kelch an mir vorüber!« (Mt 26,39) und das Gebet um Vergebung: »Vater, vergib ihnen, denn sie wissen nicht, was sie tun!« (Lk 23,34); das Gebet der Fürbitte für sich: »Vater, die Stunde ist da. Verherrliche deinen Sohn« (Joh 17,1) und das Gebet der Fürbitte für die Jünger um Beharrlichkeit: »Für sie bitte ich ... Heiliger Vater, bewahre sie in deinem Namen, den du mir gegeben hast, damit sie eins sind wie wir« (Joh 17,9.11). Das Neue Testament spricht darüber hinaus vom Gebet der Fürsprache Jesu im Himmel, dass er immer »für uns eintritt« (vgl. Hebr 7,25; Röm 8,34).

Entscheidend für alle Beziehung zu Gott ist die Frage: Wer ist der Gott, zu dem jemand betet? Was die Jünger wohl am meisten am Beten Jesu beeindruckte, ist das unbedingte, liebevolle Vertrauen, mit dem er mit seinem »Abba« in Verbindung lebte: In diesem Vertrauen kann er im Seesturm schlafen, während die Jünger um ihr Leben fürchten. In ihm ist er bereit, sich und seine Pläne dem Abba zu überlassen: »Vater, wenn du willst, nimm diesen Kelch von mir. Aber nicht mein Wille, sondern dein Wille soll geschehen« (Lk 22,42). Beten ist wesentlich jenes innere Geschehen, in dem die »Abstimmung« zwischen göttlichem und menschlichem Wollen geschieht. Davon lebt Jesus geradezu:»Meine Speise ist es, den Willen dessen zu tun, der mich gesandt hat« (Joh 4,34).

Will man die Grundhaltungen Jesu aufzählen, die sein Beten prägen, dann sind diese das Vertrauen, das sich darin zeigt, dass er nicht aus der Angst um sich selber lebt; das Hören, das sich ganz auf das Wort Gottes ausrichtet; die Freiheit, die bereit ist, von Gottes Liebeswillen her zu leben; die Solidarität mit den Nöten der Menschen, denen er sich heilend zuwendet; die Geistverbundenheit, die ihn lockt, befreit und erfüllt und als letztes Lebens- und Gebetswort sprechen lässt: »Vater, in Deine Hände lege ich meinen Geist« (Lk 23,46).

Christlich beten, was heißt dies? – Doch wohl, sich vom Beten Jesu Christi prägen zu lassen und sich in innerster Geistverbundenheit mit Ihm auf »seinen und unseren Gott«, auf »seinen und unseren Vater« ausrichten zu lassen (vgl. Joh 20,17).

3. Jesus lehrt beten

Jesus antwortet in verschiedener Weise auf die Bitte der Jünger »Herr, lehre uns beten«. Eine Definition gibt er ihnen nicht. Auch findet sich in der Schrift kein Oberbegriff über alle Gebetsweisen, sondern immer »nur« konkrete Vollzüge des Betens. Jesus selbst nennt förderliche sowie gefährdende Verhaltensweisen und innere Gebetshaltungen. Im Vaterunser finden die Jünger die Achse, um die herum sich ihr Beten dreht.

Kritische Aussagen Jesu zum Beten

Jesus kritisiert, wenn Beten zur Präsentation und zum *religiösen Imagegewinn* instrumentalisiert, schärfer gesagt, zu einer Abart religiöser Prostitution wird. Dies geschieht, wenn das intimste Geschehen, das Gebet des Herzens, benutzt wird, um bei öffentlichen Auftritten die erste Reihe zu besetzen und sich als fromm und bedeutend darzustellen. »Heuchelei« nennt Jesus dies. Heilmittel für die exhibitionistische Weise des Betens kann die *Einsamkeit* sein. »Du aber geh in dein Kämmerlein, wenn du betest, und schließ die Tür zu; dann bete zu deinem Vater, der im Verborgenen ist. Dein Vater, der auch das Verborgene sieht, wird es dir vergelten« (Mt 6,6).

Im Beten kann sogar *Verachtung der Mitbetenden* mitschwingen. Das Gleichnis vom Pharisäer und Zöllner im Tempel, das sich auf einige bezieht,»die davon überzeugt waren, gerecht zu sein und alle anderen verachteten« (Lk 18,9), enthält eine wichtige Lehre über das Gebet. Es zeigt, dass das Gebet pervertiert wird, wenn es zum Ausdruck von Eitelkeit und Stolz wird.»Gottesverehrung« und Menschenverachtung gehen in einem solchen»Beten« zusammen in einer wahrhaft»unheiligen Allianz«:»Gott, ich danke dir, dass ich nicht wie die anderen Menschen bin, die Räuber, Betrüger, Ehebrecher oder auch wie dieser Zöllner dort« (Lk 18,11). Gott jedoch gefällt das demütige Gebet wie das des Zöllners; der»wagte nicht einmal, seine Augen zum Himmel zu erheben, sondern schlug sich an die Brust und betete: Gott, sei mir Sünder gnädig« (Lk 18,13). Nebenbei gesagt: Man beachte, dass sich von diesen Worten das so genannte Jesusgebet in der im Osten am meisten gebrauchten Form ableitet:»Jesus Christus, Sohn Gottes, sei mir Sünder gnädig.« – Man muss bei dem Gleichnis auch voraussetzen, dass sich der Zöllner, wenigstens implizit, die bei Lukas genannten Vorsätze des Zachäus zu eigen gemacht hat, der sagt:»Wenn ich von jemand zu viel gefordert habe, gebe ich ihm das Vierfache zurück« (Lk 19,8). Wahres *Beten führt zum Tun.*

Des weiteren kritisiert Jesus ein *magisch-erzwingendes* Verständnis von Beten:»Wenn ihr betet, macht es nicht wie die Heiden, die meinen, sie werden nur erhört, wenn sie viele Worte machen« (Mt 6,7). In einer eindrücklichen Szene reinigt Jesus das heilende und exorzistische Beten der Jünger von gefährlichen *Machtgelüsten.* Die Jünger kommen von einem missionarischen Dienst zurück und freuen sich, dass sie Kranke heilen und Dämonen austreiben konnten. Dies ist eigentlich ein Grund, sich mitzufreuen. Weil Jesus jedoch in ihrem Reden einen falschen Tonfall hört, nimmt er eine klare»Unterscheidung der Geister« vor:»Freut euch nicht darüber, dass euch die Geister gehorchen, sondern freut euch darüber, dass eure Namen im Himmel verzeichnet sind« (Lk 10,20).

Carlo M. Kardinal Martini

Scharf kritisiert Jesus – ganz im Gestus prophetischer Rede und Zeichenhandlung –, dass der *Tempelkult* zu einem »*Betrieb*« entartet. Ökonomische Interessen scheinen die Atmosphäre des Gebets zu überlagern und den wahren Sinn des Geschehens zu verdunkeln. So wird Jesus gezeigt, wie er die Geldtische der Wechsler umstößt und die Verkäufer von Opfertieren vertreibt: »Mein Haus soll ein Haus des Gebets sein. Ihr aber macht daraus eine Räuberhöhle« (Mt 21,13 par.; vgl. Jes 56,7; Jer 7,11).

Positive Grundhaltungen im Beten

Unter den positiven Haltungen beim Beten insistiert Jesus vor allem auf der *Beharrlichkeit*: Man solle nicht Furcht haben, dass man ungelegen kommt (Lk 11,5–8); es gilt, »allzeit zu beten und darin nicht nachzulassen« (Lk 18,1). Eine weitere Grundhaltung ist die Bereitschaft, erlittene Beleidigungen zu *vergeben*. Sie ist geradezu eine Voraussetzung für fruchtbares Beten: Bevor jemand zum Tempel geht, um dort zu beten, soll er sich daheim mit den Seinen, mit denen, die etwas gegen ihn haben, zu versöhnen suchen. »Dann komm und bring deine Gabe zum Altar« (Mt 5,23f.). Unübersehbar und oft empfiehlt Jesus das *Bittgebet*: »Bittet, dann wird euch gegeben … Wenn nun schon ihr, die ihr böse seid, euren Kindern gebt, was gut ist, wie viel mehr wird der Vater im Himmel denen, die ihn bitten, den heiligen Geist geben« (Lk 11,9–13).

Eine eigene Ebene des Betens wird erreicht, wenn im Evangelium das *Beten im Namen Jesu* vor Augen gestellt wird. Nach Johannes verspricht Jesus, die in seinem Namen verrichteten Gebete zu erhören (Joh 14,13f.; vgl. Joh 15,16). Der »johanneische Jesus« insistiert, dass man bittet – in seinem Namen. Dies bedeutet für christliches Beten, dass wir unser eigenes Beten in einer innersten Beziehung mit dem Beten Jesu Christi sehen dürfen. Er hat in seinem Beten uns und unser Leben im Blick. Vielleicht ist die schönste Motivation zum Beten im Namen Jesu, dass er den Seinen Anteil geben will an seiner Freude: »Bis jetzt habt ihr noch nichts in meinem Namen erbeten. Bittet und ihr werdet empfangen, damit eure Freude vollkommen ist« (Joh 16,24).

4. Das Gebet der Gebete: Das Vaterunser

Jesus sagt Verschiedenes zum Beten. Was aber konkrete Gebete betrifft, zu denen er seine Jünger einlädt, gibt es, außer dem Gebet zum Herrn der Ernte, dass er viele Arbeiter in seine Ernte sende (vgl. Mt 9,38), als einziges nur das Vaterunser; in der kürzeren Form bei Lukas (Lk 11,2–4) und in der längeren Form bei Matthäus (Mt 6,9–13). Die Bitte der Jünger, dass der Herr sie beten lehre, findet ihre erfüllteste Antwort im Vaterunser. Zunächst einmal wird diesem Gebet eine besondere Bedeutung und Würde zugesprochen, weil es als von Jesus selber erbeten vorgestellt wird. Des weiteren liegt sein Gewicht wohl auch im Wunsch der Jünger, von ihm ein Gebet zu empfangen, in dem sie den charakteristischen Gebetsgeist Jesu sowie ihre religiöse Identität – auch gegenüber anderen religiösen Gruppierungen – erkennen und aussagen können.

Das Vaterunser beginnt mit dem Wort »Abba«, das die Jünger als besonders kennzeichnend für das Beten und Reden Jesu erfuhren. Es ist das vertrauende, aus der Kindersprache stammende Wort »Papa«, das eine durch und durch personale und vertrauensvolle Beziehung Jesu zu seinem Gott offenbart. Jesus lädt die Jünger ein, ebenso zu beten wie er. »Im Geist« rufen wir Gott als Abba an (Röm 8,15), und in diesem Geist geschieht auch die Versöhnung, die im Vaterunser und in der ganzen Verkündigung Jesu so zentral ist. In der Anrede »Abba« verstehen die Jünger und Jüngerinnen Jesu sich als Söhne und Töchter Gottes. Dies ist der Kern ihres Selbstbewusstseins. Unauflösbar verbunden ist damit das Bewusstsein, untereinander Brüder und Schwestern zu sein.

Die Bitten des Vaterunsers sind nicht nur aneinander gereihte zufällige Einzelbitten, sondern sprechen grundlegende menschliche Situationen an. Sie lassen Entscheidendes in der Beziehung von Gott-Welt-Mensch zu Wort kommen. Die christliche Gebetstradition bestätigt die fundamentale Rolle des Vaterunser: Es ist das meistgebetete und auch das »ökumenischste« Gebet der Christen.

Es soll schließlich noch kurz die Frage gestellt werden, ob das Vaterunser ein universales Gebet ist oder nur ein Gebet der Christen.

Carlo M. Kardinal Martini

Es enthält sicher Formulierungen, die sich in jüdischen Gebeten wiederfinden und kann demnach leicht auch von einem Juden und im Grunde von jedem Menschen, der an einen personalen Gott glaubt, gebetet werden. Aber das volle Verständnis der gebrauchten Worte wie »Vater« oder »Reich« ist nur dem zugänglich, der in seinem Beten auf Jesus schaut, auf seinen Tod und seine Auferstehung, auf das Heilswerk, das er im Namen seines Vaters zum Abschluss brachte. Das Vaterunser im christlichen Sinne ist nur zu verstehen, wenn jede Aussage im Licht des Lebens und Betens Jesu verstanden und gedeutet wird.

5. **Acht Schritte biblisch inspirierten Betens:**
   Von der Lesung zum Tun des biblischen Wortes
   Ausgehend vom Beten und den Unterweisungen Jesu können wir jetzt die Gesamtheit der Heiligen Schrift als eine außerordentliche Hilfe für Verständnis und Praxis des Betens verstehen. Ignatius von Loyola formuliert in den Exerzitien dieses von der Schrift her inspirierte Beten richtungweisend mit den Worten: »Innere Erkenntnis des Herrn erbitten, der für mich Mensch geworden ist, damit ich mehr ihn liebe und ihm nachfolge.«[1] Dies ist die innere Qualität und Finalität allen geistlichen Umgangs mit der Heiligen Schrift. Entsprechend lädt das Zweite Vatikanische Konzil dazu ein, dass alle Christen lernen, beim Gebet von der Heiligen Schrift auszugehen: »Die Heilige Synode ermahnt alle an Christus Glaubenden … besonders eindringlich, durch häufige Lesung der Heiligen Schrift sich die ›alles übertreffende Erkenntnis Jesu Christi‹ (Phil 3,8) anzueignen. ›Die Schrift nicht kennen heißt Christus nicht kennen‹ (Hl. Hieronymus) … Sie sollen daran denken, dass Gebet die Lesung der Heiligen Schrift begleiten muss, damit sie zu einem Gespräch werde zwischen Gott und Mensch.«[2]

Die Tradition hat ein solches Gebet mit dem Namen »*lectio divina*« (wörtlich »göttliche Lesung«), als »geistliche Schriftlesung« bezeichnet und dadurch den Adel und den welttranszendierenden Charakter dieser Form der biblischen Lesung angezeigt. Auch hat sie einige Schritte und Perspektiven überliefert, sich auf dieses Beten fruchtbar einzulassen, die ich mit den traditionellen Bezeichnungen in Erinnerung rufen möchte:

◊ *Lesung (lectio)*: Um zu verstehen, *was* der Text sagt, gilt es beim ersten Schritt der *lectio*, den Text – durchaus mehrfach – zu lesen und die Struktur, die tragenden Elemente und Schlüsselworte in ihrem biblischen Kontext zu erschließen.

◊ *Besinnung (meditatio)*: Die *meditatio* sucht auf die Frage, was sagt *mir/uns* dieser Text, eine Antwort zu finden, indem sie nach seinen uns heute noch betreffenden Botschaften und Werten fragt.

◊ *Gebet (oratio)*: In der *oratio* antwortet die glaubende Person beispielsweise mit einem Gebet der Anbetung, des Lobes, der Bitte, der Hingabe oder der Bitte um Vergebung.

◊ *Betrachtung (contemplatio)*: Das ausgedehnte Gebet wird zur Betrachtung Jesu Christi, der im zugrunde liegenden Text zu einem spricht, sich offenbart und das Wort als Tür benutzt, um im betenden Menschen »Wohnung zu nehmen«.

Im Verlauf des skizzierten Prozesses wird der Schrifttext immer persönlicher angeeignet. Entsprechend sagt Johannes Paul II.: »Es ist notwendig, dass das Hören des Wortes zu einer lebendigen Begegnung in der alten und immer gültigen Tradition der Schriftlesung wird, die im biblischen Text das lebendige Wort verspüren lässt, das befragt, orientiert, die Existenz formt.«[3]

Zu den vier traditionellen Schritten oder geistlichen Vollzügen lassen sich weitere hinzufügen, die erlauben, den vom Gebet zum Tun führenden Prozess besser zusammenzuschauen:

◊ *Tröstung (consolatio)*: Der innere, geistliche Trost entsteht in der Begegnung mit den im biblischen Text gegebenen evangelischen Werten, die das Herz mit Freude erfüllen. Letztlich wird die darin sich ereignende Übereinstimmung mit den Gedanken und Entscheidungen Jesu, die Angleichung an seine Person als »trostvoll« erfahren.

◊ *Unterscheidung (discretio)*: Die Erfahrung von Trost und Misstrost führt zur Unterscheidung der Geister, das heißt zum Fühlen, zu welcher inneren Haltung und zu welcher Handlungsweise der Geist Jesu, der mittels des meditierten Textes erfahrbar geworden ist, bewegt. Es wird spürbar, was »passt« und »stimmig« ist und was nicht.

◊ *Überlegung (deliberatio)*: Die Unterscheidung der Geister mündet in die Erwägung und Wahl einer Handlung gemäß dem Evangelium, so dass die Person in ihrer Entscheidung auf einen Ruf Gottes und eine Bewegung des Geistes antwortet.

◊ *Handlung (actio)*: Die konkrete Handlung wird so zu einer Frucht des Gebets.

Wir können die genannten acht Schritte und Perspektiven als die acht Pfeiler einer Brücke betrachten, die das Gebet mit dem Tun verbindet. Diese Verbindung ist zentral und stellt ein Wahrheitskriterium biblisch-christlichen Betens dar, da es für dieses keine Trennung von Beten, Leben und Tun gibt. Die alte Tradition der Kirche lädt ein und fordert auf, der Schriftlesung alle Tage einen Platz einzuräumen und sie zu einer Art geistlichem Sauerteig werden zu lassen, der das Leben der Christen immer mehr mit dem Geist Jesu Christi durchwirkt. Persönliche geistliche Lesung und Stundengebet, Leben mit einem besonders ansprechenden Schriftwort, waches Hören auf die Lesungen im Gottesdienst und Teilnahme an Bibelgesprächen sind verschiedene Möglichkeiten, dem Wort in sich und unter uns Raum zu geben und so christliche Gemeinschaft im Kleinen und in der großen Gemeinde aufzubauen und wachsen zu lassen.

Bedeutsam ist die Aufmerksamkeit auf das gelebte Leben als »erfüllte Schrift«. Das geschriebene Wort der Heiligen Schrift ist ein Wegweiser, ein Übersetzungsschlüssel, der helfen will, dem Geheimnis jenes Wortes zu begegnen, das »mitten unter uns Fleisch geworden ist« (vgl. Joh 1,1–17). So wie Jesus im Blick auf das Jetzt einer Begegnung und eines Geschehens sagt: »Heute hat sich dieses Schriftwort erfüllt« (vgl. Lk 4,21), so trägt er allen seinen Hörern auf, in den Zeichen der Zeit das lebendige Wort Gottes zu erkennen. Und für seine Jünger hieß dies, ihn selber als den Botschafter und die Botschaft Gottes wahr- und anzunehmen.

Beten und Bibel

6. Auf dem Christus-Weg:

»Vereint mit ihm leben« (1 Thess 5,10)

Nach dem Verständnis der Evangelisten und der Briefschreiber des Neuen Testaments ist Jesus Christus nicht nur ein Meister, der einige mehr oder weniger wichtige Tipps für das Beten gibt. Er ist für die Christen jener, durch den eine Transformation des ganzen Lebens geschieht. Ihr Leben besteht darin, mit ihm und in seinem Heiligen Geist zu leben. Es geht darum, »gesinnt zu sein wie es dem Leben in Christus Jesus entspricht« (Phil 2,5). Und es gilt nicht nur, gesinnt zu sein wie er, sondern mit ihm zu leben, zu sterben und aufzuerstehen: »Er ist für uns gestorben, damit wir vereint mit ihm leben« (1 Thess 5,10). Christen, Christus-Menschen haben Anteil an der Gottesbeziehung Jesu. Durch sie ist und wird Gott selber »alles in allen und allem« (vgl. 1 Kor 15,28). »In Christus«, »im Herrn« zu sein – über hundertmal schreibt Paulus davon – ist der Glaube und das spirituelle Lebensgefühl des Paulus.

So gesehen wollen die Worte der Schrift eine Inspirationsquelle sein, die in uns das bewirkt, was die Begegnung mit Jesus Christus in den Jüngern erwirkte: Umkehr, Umdenken, ja Transformation, Wandlung und Neuwerdung des ganzen Daseins; zunehmendes Einswerden mit der Liebe Gottes in Christus.

Aus der Sicht der ersten Christengenerationen ist Leben ein Leben mit und in Christus und Beten eine der wesentlichen, christlichen Lebensäußerungen. Man könnte formulieren: Das Gebet der Christen ist christlich, weil und insofern sie Christen *sind*, in der Taufe und Nachfolge geworden sind! Weil und insofern sie – im Sinn des Johannesevangeliums – in Christus, in seinem Wort, in seinem Gebot, in seiner Liebe bleiben und beten: »Wenn ihr in mir bleibt und wenn meine Worte in euch bleiben, dann bittet um alles, was ihr wollt: ihr werdet es erhalten. Mein Vater wird dadurch verherrlicht, dass ihr reiche Frucht bringt und meine Jünger werdet« (Joh 15,7f.). Beten heißt: durch Christus im Heiligen Geist in Gott »bleiben« und leben.

Carlo M. Kardinal Martini

7. Biblisch beten – den Geist in sich beten lassen

Biblisch beten heißt, das Liebesgebot auf das Beten zu übertragen: Beten aus ganzem Herzen, aus ganzer Seele, aus ganzer Kraft, mit ganzem Denken. Dies kann – in biblischen Bildern ausgedrückt – heißen: Mit Gott kämpfen wie Jakob, vor Gott tanzen wie Miriam, mit Gott rechten wie Jeremias, es von ihm wissen wollen wie Hiob, im Schweigen Gott vernehmen wie Elias, seine Verheißungsworte im Herzen bewegen wie Maria, Gott preisen wie Jesus, in Gott schweigend die Seele zur Ruhe kommen lassen wie der Psalmenbeter.

Biblisch beten heißt aber immer auch zu wissen, dass wir nicht richtig wissen, wie wir beten sollen, aber darauf vertrauen, dass der Geist in uns betet und seufzt und jubelt und uns ihm überlassen (vgl. Röm 8,26). Damit ist auch gesagt, dass es Jesus und der Schrift nicht um die Vermittlung einer Gebets-Methode, sondern um die Einladung zu einer Grundbeziehung des Anvertrauens geht. Welche konkrete Weise des Betens sich für jemanden dann anbietet, hängt von einer Berührung im Augenblick, von der »Tagesform«, vom jeweiligen geistlichen Bedürfnis, von hilfreichen Gewohnheiten, von einer lebenslangen Gebetsgeschichte und auch vom Charakter eines Menschen ab. Es gilt, die je »passendere«, das heißt: die in die Gottes- und Christusbegegnung tiefer hineinführende Gebetsweise jeweils neu im Geist Gottes herauszuspüren und sich schenken zu lassen. »Herr, lehre uns beten« – dies ist nicht nur eine Bitte, die vor 2000 Jahren gesprochen wurde, sondern eine, die bleibend unser Beten trägt.

1   *Ignatius von Loyola*, Geistliche Übungen und erläuternde Texte, übersetzt und erläutert von P. Knauer, Leipzig 1987, Nr. 104.130a.
2   *Zweites Vatikanisches Konzil*, Dogmatische Konstitution über die göttliche Offenbarung, Nr. 25.
3   *Johannes Paul II.*, Novo millennio ineunte, 2001, Nr. 39.

Beten im Angesicht des drei-einen Gottes

Gisbert Greshake

Gebet ist »sprechender Glaube«, so lautet eine treffende Kurz-
definition von Otto Hermann Pesch. Beten antwortet auf das, was Gott
in Schöpfung und Geschichte getan hat und tut. Mehr noch: Es gibt
Antwort darauf, dass Gott in diesem seinem Wirken dem Menschen
nahegerückt ist und sich ihm persönlich mitgeteilt hat. So richtet sich
der christliche Glaube nicht auf einen Gott, welcher der schlechthin
Entzogene ist oder den der Mensch sich selbst aus seiner religiösen
Anlage heraus entwirft oder der gar identisch ist mit der Tiefe des eigenen Selbst. Vielmehr hat Gott sich greifbar gemacht und sein innerstes
Wesen, seine trinitarische Lebensgemeinschaft, erschlossen. Weil dies
das christliche Beten zutiefst qualifiziert, haben wir diesen Punkt
zunächst ein wenig genauer in den Blick zu nehmen.[1]

1. Kleine Hinführung zum Glauben an den drei-einen Gott

Der christliche Glauben beruft sich auf die biblische Urerfahrung:
Menschen haben auf eine für sie »umwerfende« Weise persönlich
erfahren und dann bezeugt, dass in Jesus von Nazaret und in der Kraft
seines Geistes Gott selbst auf die Menschheit zugegangen ist. Dadurch
hat er uns nicht *etwas* von sich mitgeteilt, sondern buchstäblich *sich
selbst*: In Jesus Christus geht Gott persönlich in die Welt ein; unsere
Welt ist nun auch seine Welt; er durchmisst ihre tiefsten Abgründe und
wird mit ihr ganz und gar solidarisch, da er im Leben und Sterben
unser Geschick übernimmt. So stiftet er für immer intimste Lebensgemeinschaft zwischen sich und der Menschheit.

Das bedeutet aber: In Jesus Christus und – auf andere Weise – in
dem von ihm gesandten Heiligen Geist begegnen nicht Mittler-
gestalten, die nur auf Gott hinweisen (so wie auch Propheten oder
Heilige auf Gott verweisen), hinter denen aber das Göttliche selbst in

verborgener, unendlich erhabener Transzendenz dem Menschen entzogen bleibt. Nein, im Christusgeschehen bringt Gott *sich selbst* ins Spiel. Wer es mit Jesus, seinem Wort, Verhalten und Erleiden zu tun hat, wer seinen Geist in sich und um sich am Werk erfährt, hat es mit Gott persönlich zu tun. Wäre es anders, so würde Jesus, der als letztgültiges Wort Gottes und als unüberbietbare Darstellung der göttlichen Liebe auftritt, sich selbst widersprechen. Er wäre dann nicht die endgültige Vermittlung zwischen Gott und Mensch, die zu sein er doch beansprucht: »Wer mich sieht, sieht den Vater« (Joh 14,9). Und auch der Heilige Geist, der Jesus erfüllt hat und der uns in die Wirklichkeit Christi hineinnimmt und unmittelbaren Zugang zum Vater erschließt, würde uns im Bereich des rein Geschöpflichen belassen, wäre er nicht Gott selbst.

Wenn es nun aber Gott selbst ist, mit dem wir es in Christus und im Geschenk seines Geistes zu tun haben, dann muss das innerste Wesen dieses Gottes durch Unterscheidungen charakterisiert sein. Denn Jesus Christus wie auch der Heilige Geist unterscheiden sich in ihrem wechselseitigen Wirken und Verhalten sowohl vom Vater als auch voneinander: Jesus wird vom Vater gesandt und ist ihm gehorsam; er betet zum Vater und empfängt von ihm alle Herrlichkeit und Macht. Umgekehrt schenkt er aber auch dem Vater dessen »volles« Gottsein, da dieser erst durch die Unterwerfung des Sohnes »alles in allem ist« (1 Kor 15,28). Auch das Wirken des Geistes steht in einem wechselseitigen Verhältnis zum Vater und zum Sohn: Er kommt vom Vater auf Jesus herab, um dessen Sendung zu besiegeln und ihn zu verherrlichen. Jesus dagegen kündigt ihn als »den andern Tröster« an, der nach seiner Rückkehr zum Vater gewissermaßen die eigene Stelle einnimmt. Er kommt auf Bitten des Sohnes vom Vater her (Joh 15,26), »nimmt von dem, was diesem zu eigen ist« (Joh 16,14) und gibt es an die Glaubenden weiter, in denen er selbst zum Vater betet (vgl. Röm 8,15). Bei all dem geht es um wechselseitiges Schenken und Empfangen, um kommunikative, dialogische, ja, wenn man so will, trialogische Beziehungen.

Ist das alles nur »äußere Erscheinung«, in der uns zwar ein »Hauch« des Göttlichen begegnet, hinter der aber Gott selbst in erhabener Transzendenz verborgen bleibt? Spielt sich in diesem wechselseitigen Verhältnis von Vater, Sohn und Geist nur eine Art von »pädagogischem Theater« ab, das uns Menschen auf dem Weg zu Gott zwar hilfreich ist, das aber mit der Wirklichkeit Gottes selbst nichts oder nur wenig zu tun hat?

Es war Karl Rahner, der vor Jahrzehnten ein uraltes theologisches Prinzip wieder in Erinnerung gerufen hat: Wie Gott sich *in der Geschichte*, vor allem in Jesus Christus, gezeigt hat, so ist er auch *seinem innersten Wesen nach*. Wäre es anders, so gäbe es keine wirkliche Selbstmitteilung Gottes, und der »Anspruch«, der dem Christus- und Geistgeschehen von sich her innewohnt, müsste zurückgewiesen werden. Dann würde uns Gott nicht so begegnen, wie er in Wirklichkeit ist.

Nimmt man dagegen ernst, dass er sich in der Geschichte so kundgetan hat, wie er in sich ist, dann ist uns im Beziehungsgeschehen von Vater, Sohn und Geist, wie es die Schrift bezeugt, Einblick und Zugang zum göttlichen Leben eröffnet, so dass wir sagen können: Die Unterscheidung von Vater, Sohn und Heiligem Geist, wie sie uns in der Geschichte begegnet, gehört zum Wesen Gottes selbst. Anders gesagt: Gott ist Communio: Er ist die Beziehungseinheit dreier verschiedener Personen, die in vollendeter Liebe das ihnen gemeinsame göttliche Leben vollziehen.

Göttliches Personsein ist freilich nicht auf der gleichen Ebene einzutragen wie menschliches Personsein. Person in Gott ist – so formuliert es die Theologie – reine Beziehung, reines Voneinander-her- und Aufeinander-hin-Sein. Unter menschlichen Personen bleibt eine ständige Differenz zwischen Ich-Sein und Für-andere-Sein, zwischen In-sich-Sein und In-Beziehung-Sein. Eben dies ist in Gott anders. Die Personen in Gott gehen ganz und gar in ihren Beziehungen auf. Jede *ist* dadurch, dass sie den anderen gibt und von den anderen empfängt. Das Empfangen ist dabei nicht etwa ein Zeichen von Unvollkommenheit und Schwäche, wie es unter Menschen oft empfunden wird, weshalb

Gisbert Greshake

man gemeinhin folgert: Wer empfängt, empfangen muss, verfügt »leider« nicht selbst über das, was er da entgegenzunehmen hat. In der Tat: Wenn der autonome, über sich selbst verfügende Mensch als das Maß aller Dinge angesehen wird, dann zeigen sich Geben und Empfangen als Mangelformen. Doch im Blick auf den drei-einen Gott eröffnet sich ein anderes Wirklichkeitsverständnis. Hier ist das Sich-Geben die höchste Gestalt aller Wirklichkeit. Hier zeigt sich: »Es gibt nicht ein in sich stehendes Sein. Sein ist von allem Anfang an sich gebendes Geschehen« (Klaus Hemmerle).[2]

So stellt der Glaube an den trinitarischen Gott die Relation, das In-Beziehung-zum-anderen-Stehen, als höchste Gestalt der Wirklichkeit vor. Oder anders: Die radikalste Form der Einheit ist die Kommunikation vieler, ist die Einheit, die sich in den gegenseitigen Beziehungen, im gemeinsamen Zusammenspiel vollzieht. Deshalb liegt die Einheit des trinitarischen Gottes nicht vor der Vielheit der Personen. Ebensowenig resultiert die Einheit aus dem Zusammengehen der drei Personen, auch ist sie nicht durch Unterordnung einer Person unter eine andere geprägt. Vielmehr sind der eine Gott und die Vielheit (= Dreiheit) der Personen gleichursprünglich, gleichwesentlich, gleich wichtig. In diesem Sinn ist Gott, also der Urgrund und die Spitze aller Wirklichkeit, *Gemeinschaft.*

Diese Aussage klingt ungewohnt, und sie kann auch gründlich falsch verstanden werden. Ein solches Missverständnis ist beispielsweise der Tritheismus, eine »Drei-Götter-Lehre«, nach der drei in sich stehende Personen in einer Art »Göttergemeinschaft« einander verbunden sind. Das ist natürlich nicht gemeint. Hier darf unsere menschliche Erfahrung nicht auf Gott projiziert werden.

Für uns entsteht Gemeinschaft, wenn bis dahin selbständige Personen Beziehungen miteinander aufnehmen und im Vollzug ihrer Gemeinschaft immer auch in sich stehende Personen bleiben. In Gott dagegen sind nicht zunächst drei Personen, die dann aus ihrem Selbstsein heraus nachträglich in Beziehung zueinander treten. Vielmehr ist die Einheit Gottes eine über allem Begreifen liegende ursprüngliche Beziehungseinheit der Liebe. In ihr vermitteln sich die drei Personen gegenseitig das eine göttliche Leben und erweisen sich in diesem Austausch sowohl als höchst unterschieden wie auch als zuhöchst eins. So hält der christliche Glaube also am einen und einzigen göttlichen Leben fest, an der *einen Gottheit*, aber diese verwirklicht sich konkret im Lebens- und Liebesaustausch *dreier Personen*. Von daher tritt auch der Spitzensatz des Neuen Testaments »Gott ist die Liebe« (1 Joh 4,16) in sein volles Licht: Wenn der eine Gott die Liebe ist (gegenseitiges »Sich-Geben«), dann sind die drei Personen gleichsam die »Knotenpunkte«, zwischen denen sich der Rhythmus der Liebe vollzieht: Geben – Empfangen – Zurückgeben. Alle drei Personen sind damit – wie Hans Urs von Balthasar zutreffend formuliert – »die eine und selbe Liebe in drei Seinsweisen, die unentbehrlich sind, damit in Gott überhaupt Liebe, und zwar ... höchste selbstloseste Liebe sein kann«.[3] Der eine Gott ist Gemeinschaft, das heißt: Er ist das eine Liebesspiel, das sich zwischen den drei Personen ereignet: Lieben – Geliebtwerden – Mitlieben.

Dies alles war vorauszuschicken, um für die trinitarischen Dimensionen des christlichen Betens den rechten Verständnisrahmen zu schaffen. Denn als »sprechender« Glaube hat das Gebet dem Gott, an den es sich wendet, zu »entsprechen«. Und das ist der drei-eine Gott. Da dieser Glaube aber verschiedene »Facetten« hat, kann ebenso das korrespondierende Gebet verschiedene Formen annehmen. Es sind unterschiedliche Gesichtspunkte, die aber so zusammengehören wie die Seiten eines Dreiecks.

2. Die »westliche« Gebetsstruktur:
»Im Heiligen Geist durch Christus zum Vater«
Eine erste »Facette« trinitarischen Betens, die sich seit alters vor allem in der westlichen, abendländischen Kirche findet, ist das Gebet *zum* Vater – *durch* Christus – *im* Heiligen Geist. Diese Gebetsordnung entspricht perfekt der Weise, wie der drei-eine Gott sich in der Geschichte dem Menschen liebend zugewandt und Gemeinschaft mit ihm gesucht hat:

Gisbert Greshake

◊ der Vater ist der *Ursprung* aller guten Gaben, indem er die Welt erschafft und seinen Sohn zu den Menschen sendet;

◊ *durch* Christus vermittelt sich alles Leben und Heil;

◊ dieses zielt *hin auf* die Gabe des Geistes an die Menschen.

Diese sollen (nun gewissermaßen in umgekehrter Reihenfolge) *im* Geist – *durch* Christus – *zum* Vater gelangen. In diesem trinitarischen Prozess der »Sendung« aus dem Vater und der »Heimkehr« zum Vater ist das Gebet angesiedelt.

Nehmen wir zunächst die Bewegung des »*Heimwärts*« in den Blick. Hier ist das Gebet Ausdruck des Dankes, der Bitte und der Sehnsucht. Es ist Ausdruck des Dankes für die Liebe Gottes sowie für das empfangene und verheißene Heil. Es ist Ausdruck der Bitte um Beistand auf dem Weg zur Vollendung und Ausdruck der kontemplativen Sehnsucht, in der das Herz sich für die Gaben Gottes öffnet und bereithält. All diese Gebetsweisen sind trinitarisch strukturiert, da sie an den Vater gewandt sind und sich im Heiligen Geist mit dem Gebet des Mittlers Jesus Christus vereinen. Im Geist rufen wir durch ihn und mit ihm: Abba, lieber Vater (vgl. Röm 8,15).

Im Blick auf die Bewegung der »*Sendung*« nimmt christliches Beten an der Sendung Jesu zur Welt teil. Denn das Heil, das schon geschenkt wurde und weiter verheißen ist, bedeutet nicht nur Gabe an den je Einzelnen, sondern zugleich auch Auf-Gabe, sich für das gemeinsame Heil aller senden zu lassen. Betend erklärt der Glaubende seine Bereitschaft, sich in den Dienst nehmen zu lassen und dafür verfügbar zu sein, im Heiligen Geist Christus »zugesellt« zu werden (Ignatius v. Loyola) und in seine Sendung einzutreten. Auch das fürbittende und stellvertretende Gebet für die andern ist eine Weise des »Gebets der Sendung«. Denn auch darin wird die Sendung Jesu, der für uns Fürbitte geleistet hat und stellvertretend »in die Bresche gesprungen« ist, »verlängert«.

Gerade weil das betende Aus-Sprechen des Glaubens im Heiligen Geist gründet, muss es sich nicht unbedingt ausdrücklich artikulieren. »Oft« – so Paulus – »wissen wir gar nicht, was wir beten sollen, wie es sich gebührt« (Röm 8,26). Eben dann »kommt der Geist unserer

Schwachheit zu Hilfe« und »tritt für uns ein mit unaussprechlichen Seufzern«. Das heißt: Der Geist ist es, der uns im Verstummen und Unvermögen der eigenen Worte gleichwohl mit dem Gebet Jesu und seiner Sendung vereint und uns so in die unaussprechliche Wirklichkeit des Vaters einführt.

In all dem zeigt sich jene trinitarische Ordnung des Betens, die seit alters vor allem die liturgischen Texte der römischen Kirche bestimmt. In ihnen gibt es kaum ein Gebet zu Jesus Christus (und wenn, ist es auf gallischen Einfluss zurückzuführen) und noch weniger eines zum Heiligen Geist, wie etwa in zahlreichen Kirchen des Ostens, sondern nur ein an der trinitarischen Heilsgeschichte ausgerichtetes Gebet *zum* Vater – *durch* Christus – *im* Heiligen Geist.

3. Die »östliche« Perspektive:
Eingeborgen in die Gemeinschaft des trinitarischen Gottes

Richtet sich der Blick der westlichen Kirche vor allem auf das Handeln des trinitarischen Gottes *in der Geschichte*, so sind die Kirchen des Ostens von Anfang an von einer anderen Perspektive geprägt: vom Blick auf das Wesen Jesu Christi und des Heiligen Geistes und damit vom Blick auf die Wirklichkeit des drei-einen Gottes, wie sie *in sich* ist. Entsprechend sind diese Kirchen auch unmittelbarer von den Lehrentscheidungen der beiden großen »trinitarischen« Konzilien, dem von Nizäa (325) und Konstantinopel (381) beeinflusst. Danach kommt nicht nur dem Vater, sondern auch dem Sohn und Geist das eine und gleiche göttliche Wesen, das eine göttliche Leben, die eine göttliche Herrlichkeit zu. Deshalb wird die ursprüngliche Doxologie (Lobpreis) »Ehre sei dem Vater durch den Sohn im Heiligen Geist« (wie sie sich noch heute der Sache nach am Schluss des Römischen Hochgebets findet) umgeformt zu »Ehre sei dem Vater *und* dem Sohn *und* dem Heiligen Geist«. Das Gebet richtet sich also nicht mehr nur an den Vater, sondern in gleicher Weise an jede der drei göttlichen Personen. Diese stehen aber nicht gleichsam »nebeneinander«, so wenig der Glaube an den drei-einen Gott ein »Dreigötterglaube« ist. Vielmehr bilden sie eine – über allem menschlichen Begreifen liegende – Beziehungseinheit, in der sie in vollendeter Liebe ihr gemeinsames göttliches Leben vollziehen. Das Gebet als »sprechender« Glaube »entspricht« dieser Gegebenheit, indem sich der Beter in diese Gemeinschaft des drei-einen Gottes hineinnehmen lässt.

Natürlich bedeutet auch das anfangs skizzierte trinitarische Gebet der Westkirche Vereinigung mit dem drei-einen Gott. Aber Vereinigung meint in dieser ersten »Facette« eher, einbezogen zu werden in den heilsgeschichtlichen *Prozess* des Ausgangs und der Rückkehr (vom Vater durch Christus zur Geistgabe; vom Geistwirken durch Christus zum Vater). Demgegenüber akzentuiert die östliche Perspektive das trinitarische Beten eher als Einbeziehung in die trinitarische Communio selbst. Im Beten öffnet sich gleichsam ein Raum, in dem ich nicht mehr Gott gegenüberstehe, sondern buchstäblich in sein Leben hineingenommen bin. Auf anschauliche Weise illustriert dies das uralte Trinitätssymbol des Dreiecks: Der Beter steht nicht der im Dreieck symbolisierten Trinität *gegenüber*, sondern er hat seinen Platz *in* dem durch die Dreiecksseiten gebildeten Raum des dreifaltigen Gottes selbst.

An dieser »Facette« wird mehr noch als an der erstgenannten deutlich: Wir wenden uns im Gebet nicht an einen Gott, der wie eine einsame allmächtige Monade oder wie ein monarchischer »Supervater« irgendwie und irgendwo – mit Schiller gesprochen – »überm Sternenzelt« wohnt. Gott ist Gemeinschaft, in die wir uns durch das Gebet hineinnehmen lassen und betend »mitten darin« stehen. Im trinitarischen Beten zeigt das Pauluswort: »In ihm leben wir, bewegen wir uns und sind wir« (Apg 17,28) seinen letzten und tiefsten Sinn.

In der trinitarischen Gebetsbeziehung hat jede der göttlichen Personen ihre Besonderheit. Keine ist eine »Verdoppelung« der anderen. Darum kann ich auch mein Gebet in spezifischer Weise an die eine oder andere Person richten, so wie es meiner persönlichen Situation oder dem jeweiligen Gebetsinhalt am besten entspricht. Auf diese Weise blicken wir im Gebet gewissermaßen in dreifach verschiedener Weise auf Gott.

Er ist der

◊ *Vater,* der unendlich erhabene Gott »über uns«, der Urgrund allen
Seins, der uns Geschöpfe in sein göttliches Leben hineinziehen will;

◊ der *Sohn* Jesus Christus, das Wort Gottes, das uns anspricht, befreit
und sendet, der Gott »mit uns« und »um uns«, der bis in die letzten
Abgründe menschlichen Lebens hinein einer von uns wurde und
uns als Bruder durchs Leben begleitet;

◊ der *Heilige Geist,* der Gott »in uns«, der von innen her Gottes Wort
verstehen lehrt und zur Antwort befähigt und drängt. Und er ist der
Gott »in der Welt«, der alles Geschaffene untereinander und zur
Einheit mit Gott verbindet.

Wenn wir im Blick auf diese »Eigenarten« der göttlichen Personen
unser Gebet an die eine oder andere adressieren, heißt das nicht, dass
es nicht auch an die anderen gerichtet ist. Denn die »Besonderheiten«
der einzelnen Personen sind nichts »Exklusives«, also etwas, was die
eine von der anderen »unter-scheidet« im Sinne von trennt, absondert,
vereinzelt. Vielmehr hat jede Person ihr »Besonderes« in der Weise, dass
es durch sie zugleich auch den anderen zukommt und mit dem
Besonderen der andern sich zum Ganzen des göttlichen Lebens fügt.

Das Gemeinte lässt sich veranschaulichen am Beispiel des Leibes.
Hier hat jedes Glied und Organ seine bestimmte, spezifische Funktion.
So ist die Lunge etwa für die Sauerstoffversorgung des Leibes zu-
ständig. Aber diese ihre »Besonderheit« besteht nur, weil sie für das
Ganze des Leibes da ist. Durch sie wird alles mit dem lebenswichtigen
Sauerstoff versorgt. Das »Besondere« gibt sich also im Organismus an
das »Ganze« weiter. Umgekehrt könnte aber auch die Eigentümlichkeit
der Lunge nicht sein, wenn ihre »Besonderheit« nicht vom »Ganzen«
des Leibes getragen würde. So ist das organische Leben eines Leibes
ein schwaches Bild für interpersonales Wirken, auch für das Leben des
drei-einen Gottes: Was der eine an Besonderem besitzt, hat er für »das
Ganze« des einen göttlichen Lebens. Dieses wechselseitige Geschehen
wird in theologischer Fachsprache als »Perichorese« bezeichnet, als ein
»gegenseitiges Sich-Durchdringen«, wie es etwa auch in Joh 10,38 zum

Gisbert Greshake

Ausdruck kommt: »Erkennt, dass der Vater in mir ist und ich im Vater bin.« So stehen also die drei Personen weder tritheistisch wie drei getrennte Personen nebeneinander, noch verschmilzt ihr je spezifisches »Antlitz« mit dem der anderen, sondern sie sind in so enger Gemeinschaft verbunden, dass das Gebet an eine bestimmte Person sich zugleich auch an die anderen richtet.[4]

Diese zweite »Facette« trinitarischen Betens lädt eindringlich dazu ein, im Gebet nicht einem einsamen, uns unendlich entzogenen Gott gegenüberzutreten, sondern sich in die trinitarische Communio Gottes hineinnehmen zu lassen. Dadurch bleibt unsere Aufmerksamkeit dafür wach, dass in dieser Gemeinschaft mit Gott das Ziel unseres Lebens, Tuns und Lassens liegt.

4. Die Perspektive der Weltreligionen: »Oratio una in rituum varietate«[5]

Die Unterscheidung der trinitarischen Personen kann nicht nur unsere jeweilige Gebets-»Adressierung« und die entsprechenden Gebetsgehalte prägen. Sie kann uns auch bewusster und tiefer in die Solidarität mit dem Gebet anderer Religionen führen.

Das Phänomen des Betens gibt es in fast allen Religionen. Ja, gerade das Gebet ist der Faktor, der glaubenden Menschen gemeinsam ist und alle zutiefst verbindet. Allerdings zeigt sich bei näherem Zusehen, dass in höchst unterschiedlicher Weise gebetet wird. Kein Wunder, da nicht nur für das Christentum, sondern für alle Religionen die Definition zutrifft: Gebet ist »sprechender Glaube«. Und da der Glaube an Gott oder an ein »Letztes« und »Unhintergehbares« in den verschiedenen Religionen ganz verschiedene Ausprägungen besitzt, nimmt auch das entsprechende Beten unterschiedliche Formen an.

In den letzten Jahren haben Theologen darauf hingewiesen, dass der Unterschied von Vater, Sohn und Heiligem Geist – wie der christliche Glaube ihn versteht – auf verblüffende Weise den Grundtypen des Gottesbildes der großen Weltreligionen und damit auch den Grundtypen des Betens entspricht. Gehen wir dem im Einzelnen nach.

Erster Grundtypus: Beten zum geheimnisvollen Gott

Gott ist das uns entzogene unendliche Geheimnis, niemand kann ihn sehen, ohne zu sterben; er ist der »ganz andere«, der »Namenlose«. Man kann durchaus in einem richtigen Sinn sagen: ER *ist* nicht, er besitzt kein Sein.[6] Denn da Gott die Quelle allen Seins ist, kann er dieses selbst nicht sein. Indem man also auf Gott die Bezeichnung »Nichts« anwendet, bringt man zum Ausdruck, dass er von allen anderen Wirklichkeiten radikal unterschieden ist. Angesichts dieses unendlichen Geheimnisses Gottes ist ehrfürchtiges Schweigen die angemessenste Gebetshaltung.

Diese religiöse Einstellung findet sich in allen so genannten »*apophatischen Religionen*«, also in Religionen, für die Gott in solch absoluter Welttranszendenz steht, dass über ihn nur in Negationen gesprochen werden kann (ER ist *nicht* dies oder das, *nicht* so oder so). Hier ist vor allem die religiöse Welt des *Buddhismus* zu nennen, aber auch mystische Erfahrungen quer durch alle Religionen, die in frappierender Weise große Ähnlichkeiten untereinander aufweisen. Überall ist hier das letzte »Wort« über Gott das Schweigen. Denn in dem Augenblick, da man denkend oder sprechend Gott gegenüber einen »Standpunkt« einnehmen will, objektiviert man ihn, macht man ihn zu einem Objekt unter anderen Objekten. Im Versuch, ihn zu be-greifen, er-greift man ihn und ver-greift man sich an ihm, dem Unfassbaren.

Dem Typus dieses Gottesbildes entspricht im christlichen Trinitätsglauben der *Vater*. Dieser ist nicht nur der uns entzogene Urgrund aller geschaffenen Wirklichkeit, sondern auch des göttlich trinitarischen Seins selbst. Er ist das unfassbare Geheimnis des Sich-Verschenkens. In diesem Sinn kann ER »das Schweigen« genannt werden. Zwar hat sich diese Bezeichnung im christlichen Glauben nicht durchgesetzt, weil sie zur Zeit der trinitarischen Lehrentwicklung von gnostischen Irrlehren besetzt war. Doch findet sich bei Ignatius von Antiochien die Bemerkung, dass der Sohn, das göttliche Wort »ausging vom Schweigen« (IgnMag 8,2). Zudem wird in der frühchristlichen Ikonographie der Vater nie als solcher dargestellt, sondern stets nur in Zeichen, die auf seine Verborgenheit verweisen (beispielsweise als Wolke oder leerer Thron). Nicht zuletzt verstand sich große christliche Theologie immer auch als »theologia negativa«, die eher sagen kann, was Gott nicht ist, als was er ist, und deren letztes Wort Verstummen heißt.

Angesichts dessen ist die spezifische »Sprache« des Gebets, das sich an den Vater richtet, die schweigende Anbetung seines unendlichen Geheimnisses. Eine solche Gebetsweise verbindet somit das Christentum mit allen Religionen dieses Typus.

Zweiter Grundtypus: Beten zum ganz nahen Gott

Gott ist jemand, der aus seiner Verborgenheit und Transzendenz heraustritt und den Menschen anspricht. Deshalb kann man mit ihm in Dialog treten und in Kommunikation stehen. Da er uns nahe gekommen ist und sich uns offenbart hat, können wir ihm Namen geben, können wir sein Wort und seine Weisung vernehmen, auf sein Wirken vertrauen und seinen Verheißungen Glauben schenken.

Dieser Grundtypus des Gottesbildes ist der des *Theismus*, welcher außer im Christentum auch im *Judentum* und im *Islam* seinen Platz hat. Hier tritt man mit Gott, der auf den Menschen zugegangen ist und ihm sein Wort hat zukommen lassen, in ein »persönliches Verhältnis« und lässt sich von ihm zu einem heilvollen Ziel führen.

Im christlichen Trinitätsglauben steht für dieses Gottesbild die zweite göttliche Person, der *Sohn*. Faktisch wurde dieses am »Sohn« gewonnene Gottesbild dann auch auf den »Vater« übertragen, und dies zu Recht, wenn man das Wort des johanneischen Christus ernst nimmt: »Wer mich sieht, sieht den Vater« (Joh 14,9). In Christus hat sich auch der Vater (mittelbar) greifbar, erkennbar und ansprechbar gemacht. Und wir dürfen ihn mit Jesus als »Vater« anreden. Allerdings darf man diesen sich nicht einfach als »Verlängerung«, »Verdoppelung« oder »Steigerung« des Sohnes vorstellen,[7] vielmehr ist er »größer« als der Sohn (Joh 10,29; 14,28). Die Wirklichkeit des Vaters gründet in Urtiefen, die nicht einfach im Sohn sichtbar werden. Deshalb gehört der Vater zum ersten Grundtypus.

Der Glaube an einen persönlich nahe gekommenen und darum

fassbar gewordenen Gott führt zu einem dezidiert »persönlichen« Gebet: Man kann – ähnlich wie Juden, Moslems und Gläubige vieler so genannter »Naturreligionen« – Gott mit Du ansprechen und mit ihm »wie mit einem guten Freund verkehren« (Teresa v. Avila). Gerade diese Weise des Gebets, in dem der Beter sich Gott gegenübergestellt weiß und mit ihm spricht, ist den meisten Christen geläufig und selbstverständlich, so sehr, dass oft kaum noch andere Gebetsweisen bekannt sind.

Dritter Grundtypus: Beten zum einen Gott in allem

Gott ist die tiefste Einheit alles Seienden. Denn trotz aller Unterschiede und Besonderheiten in der Wirklichkeit gibt es einen »Punkt«, in dem und von dem her alle Spezifika, Differenzen, »Selbstheiten« überwunden sind und die Einheit eines jeden mit allem anderen gegeben ist. Nach dieser Einheit sehnt sich der Mensch. Eine Reihe von Religionen stellt diese Einheit pointiert als »das Göttliche« heraus und sieht in ihr das eigentliche Ziel des religiösen Prozesses. Nicht zu dieser Identitätserfahrung (von allem mit allem und meiner selbst mit allem) zu finden bedeutet hier, einem falschen Selbstverständnis und Ich-Wahn anzuhängen und im Endlichen fixiert zu sein. Während im ersten Typus der Mensch anbetend vor dem unendlichen Geheimnis steht und im zweiten Typus der Blick auf ein personales Verhältnis von Gott und Mensch gerichtet ist, kommt in diesem Gottesbild die Ganzheit, Fülle und die alles umgreifende Einheit des Göttlichen zur ausschließlichen Geltung.

Von diesem Verständnis legen vor allem einige Formen des *Hinduismus* (zumal die Upanishaden) Zeugnis ab. Darüber hinaus findet es sich auch in manchen Formen der *Mystik* (Meister Eckhard), wo nicht mehr der Dialog mit Gott die entscheidende Rolle spielt, sondern das »Bewusstsein«, in das »Meer« des Absoluten eingetaucht zu sein, ja in ihm aufzugehen.

Aus christlicher Sicht ist hier eine gewisse Nähe zum *Heiligen Geist* gegeben: Er ist derjenige, welcher sowohl Vater und Sohn miteinander wie auch alles Geschaffene mit Gott und untereinander verbindet. Er

Gisbert Greshake

ist die Einheit in aller Differenz. Wenn der Vater die Quelle des Seins ist und der Sohn der Strom, welcher der Quelle entspringt, dann ist – so R. Panikkar –»der Geist sozusagen das Endziel, der grenzenlose Ozean, in dem sich der Fluss des göttlichen Leben vervollständigt, zur Ruhe kommt und sich erfüllt … Zum Geist kann man [deshalb eigentlich] auch keine ›persönliche Beziehung‹ haben … Mit dem Geist gibt es nur eine beziehungslose Vereinigung. Man kann nur im Geist beten … der in uns betet.«[8]

Ein solches Beten im Geist vereinigt also mit vielen gläubigen Menschen aus asiatischen Religionen und nicht wenigen Mystikern, die ihre Gebetsbeziehung zu Gott in der erfahrenen All-Einheit im Heiligen Geist verwirklichen.

So zeigt sich der Glaube an den drei-einen Gott als ein gewaltiges Potential: Er kann die verschiedensten Gottesbilder und die ihnen entsprechenden Gebetsweisen widerspruchsfrei integrieren, sie von innen her verstehen, gelten lassen und respektieren. Indem der christliche Trinitätsglaube aber zum Gebet an den *drei*-einen Gott drängt, überwindet er zugleich die Einseitigkeiten von Gebetsformen, die jeweils nur auf ein einziges »Antlitz« Gottes blicken. Trinitarisches Beten ist mithin nicht nur Antwort auf die trinitarische Selbstoffenbarung Gottes, sondern führt auch in die ganze Weite und Vielfalt religiöser Erfahrungen.

5. Der drei-eine Gott – das Geheimnis unüberbietbarer Nähe

Ein Einwand kann sich am Schluss erheben: Verkompliziert das Beten im Angesicht des trinitarischen Gottes nicht das »einfache« Beten, das sich als vor eine einzige »Gottperson« gestellt erfährt? Wird die »einfache« Gebetssituation, in der sich das bedürftige Geschöpf an den Schöpfer wendet, nicht durch die trinitarische Dimension »unübersichtlich«?

Ganz und gar nicht! Die Ursituation des Gebets ist und bleibt die Anerkennung des Schöpfers durch das Geschöpf. Aber der Glaube an den drei-einen Gott sagt, dass der Schöpfer, der als solcher in einem unendlichen Abstand über dem Geschöpf steht, diesem in unerhörter Weise nahe gerückt ist. Trinitarisches Beten macht mit dieser radikalen Nähe Gottes Ernst:

◊ Es stellt sich ganz hinein in die vorbehaltlose Bewegung Gottes zum Menschen und lässt sich im Heiligen Geist durch den Sohn und mit ihm zum Vater führen.

◊ Es weiß sich hineingenommen in die (und nicht nur gegenübergestellt zur) Communio, die Gott selbst ist, und darf sich unmittelbar an jede der drei Personen mit ihrem je unterschiedenem »Antlitz« wenden.

◊ Es stimmt ein in die vielfältigen Gebetsweisen anderer Kulturen und Religionen, weil der drei-eine Gott einen Raum unendlicher Weite für die Begegnung mit dem Menschen erschlossen hat.

All das ist nicht kompliziert! Im Grunde lässt sich trinitarisches Beten auf die Formel bringen: Lass dich im Gebet schlicht und einfach hineinfallen in die Nähe Gottes, in die Gemeinschaft seiner unendlicher Liebe, die uns von allen Seiten umfängt. Gott ist »über uns«, er ist »mit uns und neben uns«, er ist »in uns«. »In ihm leben, bewegen wir uns und sind wir« (Apg 17,28). Beten im Angesicht des drei-einen Gottes weiß sich vom Geheimnis seiner unüberbietbaren Nähe umschlossen.

---

1   Ausführlicheres zum folgenden Abschnitt findet sich bei *Greshake, G.,* Kleine Hinführung zum Glauben an den drei-einen Gott, Freiburg i. Br. 2005; *ders.,* Der drei-eine Gott. Eine trinitarische Theologie, Freiburg i. Br. [4]2001.

2   Zitiert bei *Böhnke, M.,* Einheit in Mehrursprünglichkeit, Würzburg 2000, 158.

3   *Balthasar, H. U. v.,* Einleitung zu Richard v. St.-Victor, Die Dreieinigkeit, Einsiedeln 1980, 20.

4   Auch wenn also das Gebet an eine bestimmte Person »durchlässig« ist für die je anderen, darf es doch nicht zu einer Vermischung der personalen Besonderheiten kommen. Das geschah in problematischer Weise etwa seit der Germanen-Mission, wo man weithin Christus und »den Herrgott« gleichsetzte, ihn als »Vater« bezeichnete (so auch schon in der Benedikt-Regel!) und gar das Vaterunser an ihn richtete.

Gisbert Greshake

5   Variation eines Wortes von Nikolaus v. Kues, das im Original lautet: »Religio una in
     rituum varietate.«

6   So *Panikkar, R.*, Trinität, München 1993, 44, ein Werk, das auch für das Folgende
     wichtig ist.

7   Von daher ist auch die erst seit dem Mittelalter übliche ikonographische Darstellung
     des Vaters als alter Mann mehr als problematisch.

8   *Panikkar* (s. Anm. 6) 92f.

Durch ihn und mit ihm und in ihm
Zur Bedeutung Jesu Christi für das Beten

Andreas R. Batlogg SJ

Mike P. Zimmerman SJ (Pine Ridge/South Dakota) gewidmet

»Not lehrt beten« lautet ein bekanntes Sprichwort, das zwar fast wie eine Drohung klingt. Aber Naturkatastrophen von, wie es heißt, biblischem Ausmaß wie das Tsunami-Desaster in Südostasien Ende 2004 oder etwa Terroranschläge wie die Attentate auf New York und Washington vom 11. September 2001 haben weltweit nicht nur Entsetzen ausgelöst. Sie haben auch Millionen von Menschen wieder zum Beten veranlasst – aus Angst und Sprachlosigkeit zunächst, aus Ratlosigkeit, aus Verzweiflung oder selbst aus Wut. Durch globale Grenzerfahrungen werden wir gleichsam von der Wirklichkeit eingeholt, die grausam sein kann und ungerecht, was unsere Zeit mit ihrem Machbarkeitswahn gern verdrängt. Die Brüchigkeit und Brutalität des Lebens wird in dramatischen Augenblicken schlagartig bewusst: das Ausgeliefertsein an Naturgewalten ebenso wie an kriminelle Energie, die immer schlauer zu sein scheint als alle noch so ausgefeilten, hochmodernen Sicherheitsmaßnahmen.

Es mag sein, dass Not eine schlechte Lehrmeisterin ist, weil man in Panik und unter Druck geneigt ist, alles Mögliche zu versprechen; zu einem Gott zu beten, an den man gar nicht glaubt; Gott »unheilige Geschäfte« anzubieten. Wer nur aus Not beten gelernt hat, wird es vermutlich rasch wieder verlernen. Unübersehbar jedoch fragen viele Menschen, sehr ernst und sehr existentiell, neu nach Gott. Eine tiefe Sehnsucht verbindet sich damit: Dass da einer sei, irgendwo, der vielleicht Antwort gibt auf das Warum. Auch wenn sich Kirchen dann wieder schnell leeren können, die bohrenden Fragen bleiben: Wie kann Gott es zulassen, dass Hunderttausende in einer gigantischen Flutwelle umkommen? Warum verhindert Gott nicht, dass Millionen von Menschen obdachlos, Familien auseinandergerissen und Kinder zu Waisen werden? Warum konnte er die auf das World Trade Center und das Pentagon zusteuernden Flugzeuge nicht umdirigieren?

Gottes Abwesenheit wird beklagt. Oder es wird mindestens seine Ohnmacht festgestellt. Gott erscheint unendlich fern und machtlos. Und zu den großen Tragödien, die über Fernsehen und Internet mit schonungslosen Bildern in jeden Haushalt gelangen, gesellen sich die privaten Schicksalsschläge des Alltags, von denen eine breitere Öffentlichkeit keine besondere Notiz nimmt, die aber Menschen nicht weniger an Gott zweifeln oder verzweifeln lassen.

1. Gott – fern und nah zugleich

Christen bekennen, zusammen mit Juden und Muslimen, den *einen* Gott. Erfahren wird Gott als unendlich fern und zugleich als einer, der »mir innerlicher als mein Innerstes« ist (»interior intimo meo«), wie der Kirchenvater Augustinus († 430 n. Chr.) in seinen »Bekenntnissen« schreibt. Gott, der ganz Andere, bleibt auch für uns Christen unverfügbar, unaussprechlich und unbegreiflich. Er übersteigt alles, was wir von ihm denken (können), er ist immer größer als alle unsere Versuche, ihn mit Namen oder Begriffen zu belegen (»Deus semper maior«). In seiner letzten großen öffentlichen Rede hat Karl Rahner (1904–1984) zu Beginn laut darüber nachgedacht, ob er der »Unbegreiflichkeit Gottes« genügend entsprochen habe. Im Rückblick auf sein theologisches Lebenswerk meinte der Jesuit, alles Reden von Gott müsse »durchzittert« sein »von der letzten kreatürlichen Bescheidenheit, die weiß, wie man wirklich allein von Gott reden kann, die weiß, dass alles Reden nur der letzte Augenblick vor jenem seligen Verstummen sein kann, das auch noch die Himmel der klaren Schau Gottes von Angesicht zu Angesicht füllt.«[1]

Im Unterschied zu Juden und Muslimen bekennen und verehren Christen Gott als einen Dreifaltigen: als Vater, Sohn und Heiligen Geist. Gott ist nicht nur der unendlich Ferne und Unnahbare. Er ist nicht nur schweigendes, »unsagbares Geheimnis«. Er ist nicht nur das unbestimmte »Woraufhin« einer letztlich doch anonym bleibenden »Transzendenzerfahrung« des Menschen, die nicht weiß, ob sie auch wirklich bei irgendwem »landet«. Gott hat auch eine Geschichte, er hat ein Gesicht, er hat einen Namen. Wer Gott begegnen will, kommt als Christ an Jesus dem Christus nicht vorbei: »Wer Christentum sagt, muss Jesus Christus sagen.«[2] In einer Reihe von »Thesen zum Thema: Glaube und Gebet« betont Karl Rahner vor dem Hintergrund gerade des Gefühls der Abwesenheit Gottes in moderner Zeit: »Den Mut, Gott in einer säkularisierten Welt, in einer Welt des ›Todes Gottes‹, der ›Abwesenheit Gottes‹ anzureden, schöpft der christliche Mensch offensichtlich aus seiner Verbundenheit mit Christus, aus seiner Teilnahme am Leben und am Tod des geschichtlichen Jesus. Aber diese Beziehung zu Jesus Christus und die Teilnahme an seinem Geschick, die uns auf den *geschichtlichen Jesus* bezieht (weil sonst die Rede von unserer Beziehung zu *Christus* nur ein anderes Wort für unsere Beziehung zu Gott wäre), wird nicht so leicht in einer existentiellen Erfahrung erworben, wie man in der üblichen religiösen Praxis voraussetzt.«[3]

2. Gottes bleibende Nähe in Jesus von Nazaret

Christlich über Gott sprechen lässt sich nicht, ohne auf Jesus von Nazaret einzugehen, den der Prolog des Johannesevangeliums die »Exegese«, also die »Auslegung« Gottes nennt: »Niemand hat Gott je gesehen; der Einzige, der Gott ist und am Herzen des Vaters ruht, er hat Kunde gebracht« (Joh 1,18). In Jesus hat Gott gleichsam ein Gesicht erhalten: »Niemand hat den Vater gesehen außer dem, der von Gott ist; nur er hat den Vater gesehen« (Joh 6,46). Seine Jünger klärt er darüber auf: »Wer mich sieht, sieht den, der mich gesandt hat« (Joh 12,45). Und weiter: »Wer mich gesehen hat, hat den Vater gesehen« (Joh 14,9). Im Kolosserbrief wird Jesus gar »das Ebenbild des unsichtbaren Gottes« (Kol 1,15) genannt. Die Begründung dafür liefert zugleich eine theologische Spitzenaussage: »Denn Gott wollte mit seiner ganzen Fülle in ihm wohnen« (Kol 1,19).

In Jesus von Nazaret ist Gott, Gott bleibend, da: unverkürzt, unüberbietbar und unwiderruflich. Beides gilt: Wer sich auf Jesus einlässt,

Andreas R. Batlogg

bekommt es auch mit Gott zu tun. Und wer Gott sucht, wer sich ihm betend anvertraut, bekommt es auch mit Jesus zu tun. Wer sich nach dem »Wesen des Christentums« erkundigt, kann manchmal sehr theoretische und abstrakte Antworten erhalten oder aber mit Karl Rahner sehr konkret meinen: »Zunächst könnte man einfach sagen: Hoffnung. Hoffnung, dass dieses Schreckliche, Finstere, scheinbar Aussichtslose, das sich in einem Leben ereignet, dennoch einen seligen Ausgang nimmt. Christentum ist Hoffnung. Christentum ist Liebe zum Nächsten, und zwar eine Liebe zum Nächsten, die ihre letzte Kraft aus dem glaubenden Blick auf den Gekreuzigten und Auferstandenen gewinnt. Durch alle diese Erfahrungen wissen wir erst, was gemeint ist, wenn wir ›Gott‹ sagen. Nur der, der durch alle Finsternisse des Lebens hindurch auf einen letzten, seligen Sinn und Ausgang des Lebens hofft, der versucht, den Nächsten selbstlos zu lieben, der den Anschluss an Jesus den Gekreuzigten und Auferstandenen findet, weiß letztlich, wer mit diesem Wort ›Gott‹ gemeint wird; sonst stellen wir uns mit diesem Wort irgend etwas Seltsames vor, oder es ist nur eine leere Hülle, die man gebraucht, ohne zu wissen, was damit gemeint ist.«[4] Wer sich zu Jesus dem Christus bekennt, bekennt sich zugleich zum unbegreiflichen Gott: »Christ-Sein heißt, Gott anzubeten, ihn zu lieben, sich seiner Unbegreiflichkeit … anzuvertrauen, zu wissen, dass es ein ewiges Leben gibt, das in der Unmittelbarkeit der Anschauung Gottes nach dem Tod besteht. All dieses Verhältnis zu Gott ist getragen und legitimiert durch Jesus Christus, weil wir im Blick auf ihn, sein Kreuz und seine Auferstehung, im Blick auf die in ihm unüberbietbar gegebene Einheit zwischen Gott und den Menschen darauf vertrauen können, dass durch Gottes siegreiche Gnade diese Aufgabe unseres Lebens, Gott selbst in Unmittelbarkeit anzunehmen, wirklich glücken wird.«[5]

3. Christentum = Jesus der Christus

Es ist eine schlichte, fast schon banal wirkende Tatsache, auf die Karl Rahner vor bald 60 Jahren in einem Vortrag aufmerksam machte: »Im Christentum, das heißt in Jesus Christus, hat der lebendige, persönliche Gott den Menschen angeredet. Damit ist eine erschreckende

Tatsache in das Leben des Menschen getreten.«[6] *Ein* Kriterium christlicher Existenz besteht zweifellos darin, dass wir von diesem »Erschrecken« Zeugnis geben: Wir sind nicht allein, wir haben von Gott mit Jesus und in Jesus jemanden an unsere Seite gestellt bekommen. »Menschwerdung Gottes« ist keine leere Vokabel oder eine theologische Phrase, sondern meint Transzendenz nach unten: Gott hat sich auf uns eingelassen, er hat sich verwundbar gemacht, er leidet mit, er begnügt sich nicht mit einer Zuschauerrolle. Jesus wurde zu Gottes Solidarität mit uns Menschen: »Er war Gott gleich, hielt aber nicht daran fest, Gott gleich zu sein, sondern er entäußerte sich und wurde wie ein Sklave und den Menschen gleich. Sein Leben war das eines Menschen« (Phil 2,6f.). »Menschwerdung Gottes« in Jesus von Nazaret ist keine göttliche Intervention auf Abruf, sondern Gottes permanentes Engagement. Es dauert an.

Der Name »Jesus« besagt, worin Gottes Solidarität besteht: »Gott rettet«. Jesus wird zu einer einzigartigen Identifikationsfigur. Weil Jesus der Christus ist, ist uns gleichsam garantiert, dass wir uns nicht nur auf einen zwar vorbildlichen und herausragenden, aber letztlich austauschbaren *Menschen* einlassen, sondern auf jemanden, der in einzigartiger Weise mit Gott verbunden ist und für uns bei Gott einsteht. Was oft mit einem Eigennamen verwechselt wird, enthält auch das Programm: Christentum ist identisch mit einer Person – Jesus dem Christus, den Christen als den Messias, den von Gott gesandten Retter bekennen. Der Fundamentaltheologe Hans Waldenfels weist darauf hin: »Das Christentum tut gut daran, nicht von einer mit anderen kulturbestimmenden Weltanschauungen und Lebenswegen, Organisationen (Kirchen) und Systemen (Hierarchie, kirchliches Lehrsystem u. a.) vergleichbaren *Sach*größe auszugehen, sondern von einer *Person*größe, nämlich der Tatsache, dass im Glaubensverständnis der Christen Jesus von Nazaret eine auf die ganze Menschheit hin orientierte Bewegung ausgelöst hat, in der er über seinen Tod hinweg fortlebt.«[7]

Wer im Christentum nur ein System sieht, wird schwerlich eine Verbindung von Jesus dem Christus zu Gott herstellen können: »Das Christentum ist zuerst und zuletzt Christus selbst. Es ist im tiefsten

Andreas R. Batlogg

nicht eine Summe von Lehren und Gesetzen, von Dogmen und Vorschriften, sondern eine Wirklichkeit, die da ist, die immer aufs neue in unserem Leben gegenwärtig wird … Und diese göttliche Christuswirklichkeit ist nicht etwas mystisch oder metaphysisch Ungreifbares, sie braucht nicht ergriffen werden in einem mystischen, gnostischen, idealistischen Aufschwung des Geistes über die Welt hinaus, nicht durch ein Verlassen des Raumes unseres ›natürlichen‹ das heißt raumzeitlich greifbaren Lebens, sondern sie kommt zu uns selbst an irdischem Ort und in irdischer Stunde. Denn Christus ist der geschichtliche, fleischgewordene Heilswille Gottes … Von daher, nicht vom ungeschichtlichen Jenseits Gottes erreicht uns alle Gnade; sie trifft uns als Wellenring, der von diesem Punkt ausgehend auch im Medium der sichtbaren und greifbaren einen Menschheitsgeschichte bis zu uns weitergetragen wurde.«[8]

4. Beten zum Vater durch den Sohn im Heiligen Geist

Für christliches Beten bedeutet das: Sich freischwebend auf Gott hin überschreiten zu wollen in der Meinung, ohne Jesus auskommen zu können oder ihn gleichsam nur wie ein Sprungbett zu benutzen, ist ein Widerspruch in sich: »Es gibt«, lässt Karl Rahner seinen Ordensvater Ignatius sagen, »kein Christentum, das an Jesus vorbei den unbegreiflichen Gott finden könnte.«[9] Es ist gerade Jesus, durch den wir uns vertrauensvoll an Gott wenden können – ein ungeheures Privileg ebenso wie ein Schatz, der oft noch darauf wartet, erst richtig entdeckt und gehoben zu werden. Jesus sagt von sich: »Ich bin der Weg und die Wahrheit und das Leben; niemand kommt zum Vater außer durch mich« (Joh 14,6). Im übertragenen Sinn könnte man sagen: »Ich bin die Methode, die Theorie und die Praxis.« In Jesus ist alles zu finden: eine »Betriebsanleitung« gleichsam, um zu Gott zu gelangen.

Liturgisches Beten

Liturgisches Beten ist immer Gebet zum dreifaltigen Gott. Am Ende des Messkanons, also des eucharistischen Hochgebetes, unmittelbar vor dem Vaterunser, bekennt der große Lobpreis (Doxologie): »Durch ihn und mit ihm und in ihm ist Dir, Gott, allmächtiger Vater, in der Einheit des Heiligen Geistes, alle Herrlichkeit und Ehre, jetzt und in Ewigkeit. Amen.« Damit ist in einer Kurzformel auf den Punkt gebracht, wer in Gottesdiensten der Adressat der Gebete ist: Sie sind durch Jesus den Christus und mit ihm und in ihm an Gott, den Vater gerichtet, an das unergründliche göttliche Geheimnis. Die Gemeinde »unterschreibt« das Gebet des Priesters mit ihrem Amen. Gebete in der Liturgie schließen mit dem Wunsch: »Darum bitten wir durch Jesus Christus, deinen Sohn, unseren Herrn und Gott, der in der Einheit des Heiligen Geistes mit dir lebt und herrscht in alle Ewigkeit.« *Durch ihn* meint: Durch Jesus den Christus erfahren wir das Handeln Gottes, er vermittelt Erlösung, befreites Leben und Gemeinschaft mit Gott. Jesus der Christus betet für uns, wir beten durch ihn zum Vater. *Mit ihm* meint: Mit Jesus beten wir zu Gott dem Vater, Jesus wird gleichsam zum Vorbeter. *In ihm* schließlich meint: Durch die Taufe sind wir in das Leben Jesu – den Leib Christi – aufgenommen und eingeladen fortzuführen[10], was mit der Menschwerdung Gottes in Jesus von Nazaret begonnen hat. Das Leben Jesu muss sich gleichsam in unsere »›private‹ Heilsgeschichte fortsetzen«.[11] In uns, an uns handelt Jesus der Christus, unser Erlöser.

Christologische Streitigkeiten im vierten Jahrhundert haben dazu geführt, dass eine bis dahin geläufige, biblisch-heilsgeschichtliche Fassung (»Ehre sei dem Vater *durch* den Sohn *im* Heiligen Geist«) verdrängt wurde. Um die Gottgleichheit Christi unzweideutig zu betonen, setzte sich die aneinanderreihende (gleichstellende) Fassung »Ehre sei dem Vater *und* dem Sohn *und* dem Heiligen Geist« durch.

Jesus der Mittler

Damit ist nicht zuletzt die faktische Haltung vieler Christen beschrieben, die Jesus in frommer Vereinfachung an die Seite Gottes stellt und ihn kaum mehr als Mittler zwischen Gott und den Menschen sieht. (In diese Mittlerstelle rücken dann gleichsam die »Gottesgebärerin« Maria und die Heiligen nach.) Jesus der Christus ist und bleibt für Christen jedoch der »Mittler« zu Gott, selbst wenn der Ausdruck heute aus dem kirchlichen Sprachgebrauch weitgehend verschwunden

Andreas R. Batlogg

scheint. »Vermittlung« klingt für viele nach Unselbständigkeit, nach einer Instanz. »Unmittelbare« Gotteserfahrung ist gefragt, ohne überflüssige Zwischenstufen. Demgegenüber ist zu betonen: »Einer ist Gott; Einer auch Mittler zwischen Gott und den Menschen: der Mensch Christus Jesus« (1 Tim 2,5).

Nach christlichem Verständnis hat sich Gott mitgeteilt: nicht in abstrakten Ideen, sondern indem er *sich selbst* gab; indem er sich, theologisch gesprochen, offenbarte: »Er hat sich selbst hier unten bei uns bemerkbar gemacht bis zum handgreiflichen Fleisch seines wesensgleichen Sohnes.«[12] »Menschwerdung Gottes« ist nicht nur ein punktuelles, an einem konkreten Ort und in einer bestimmten Zeit erfolgtes Geschehen. Gott hat sich dadurch der Welt bleibend zugesagt und hat sich mit Jesus von Nazaret einzigartig und unvergleichlich verbunden. Im Blick auf diesen gilt: »Jesus der Mensch *war* nicht nur einmal von entscheidender Bedeutung für unser Heil, das heißt für das wirkliche Finden des absoluten Gottes, durch seine historischen und jetzt vergangenen Taten des Kreuzes usw., sondern er *ist* jetzt und in Ewigkeit als der Menschgewordene und Geschöpfgebliebene die *dauernde Offenheit* unserer Endlichkeit auf den lebendigen Gott ... derart, dass ohne diesen Akt auf seine Menschheit hin und durch sie hindurch (implizit oder explizit) der religiöse Grundakt auf Gott gar nicht sein Ziel erreicht. Man sieht in Ewigkeit den Vater nur durch ihn hindurch. Gerade so unmittelbar, denn die Unmittelbarkeit der Gottesschau ist keine Leugnung des ewigen Mittlertums Christi als des Menschen.«[13] Diese Vermittlung kann der Christ »nie hinter sich zurücklassen«, ja »man kann nicht Christ sein, ohne dauernd in der Bewegung des Geistes im Hl. Geist durch die Menschheit Christi hindurchzugehen«.[14]

Der Liturgiewissenschaftler Benedikt Kranemann hat die Konsequenzen für das Beten (innerhalb wie außerhalb der Liturgie) so zusammengefasst: »Christsein verwirklicht sich dadurch, dass sich Menschen mit Christus und durch Christus an den Vater richten. Liturgie meint in diesem Sinne die Begegnung und die Hingabe an Christus, der der Mittler des Vaters ist. Indem Christen die Gemeinschaft mit Christus suchen, erfahren sie das ihnen von Gott zuteil werdende Heil und können Gott durch Christus Lob und Dank entgegenbringen. Durch Christus, den Mittler wird Liturgie als Dialog zwischen Gott und Menschen realisiert. Die Feier der Liturgie ist dann vor allem Christusbegegnung auf den Vater hin.«[15] Josef Andreas Jungmann (1889–1975), einer der Wegbereiter der Liturgiereform auf dem Zweiten Vatikanischen Konzil, hat es so ausgedrückt: »Wenn die Betonung der Christozentrik nicht zur Christusphrase und im besonderen auch nicht zur Verwechslung von Christus und Gott führen soll, dann muss die Christozentrik von der Theozentrik unterschieden werden. Das liegt ja auch darin, dass Christus vor allem als Mittler das Bild der Glaubenswelt beherrschen soll. Mittlerschaft bedeutet Brücke, die zwei Ufer verbindet: in unserem Fall Gott und die Menschheit.«[16]

Das Gespräch mit dem Gekreuzigten

In seinen Geistlichen Übungen, den Exerzitien, verweist Ignatius von Loyola (1491–1556) den Übenden wiederholt auf das Leben Jesu und schickt ihn gleichsam in dessen Geschichte zurück. Dort soll einem »aufgehen«, dass es sich um mehr als um ein vorbildliches Leben handelt. Vielmehr können die Orte Jesu zu Orten der Begegnung mit Gott werden für denjenigen, der sich auf das Leben Jesu einlässt und im Schauen auf das Leben Jesu verwandelt wird. Die einzelnen Lebensereignisse sind die sichtbare Erscheinungsweise Gottes: Schnittstellen, an denen Gott sich berühren lässt, weil er sich im Ereignis der Menschwerdung an die Menschheit gebunden hat. Die Ereignisse des Lebens Jesu entpuppen sich so als Orte, an denen Gott sich unüberbietbar *selbst mitteilt*. Damit erkennt der Übende, dass dieser Jesus der Christus ist, und dass die Ereignisse seines Lebens Entfaltungen des einen Geheimnisses Gottes sind.

In Nummer 53 seines Exerzitienbüchleins schlägt Ignatius ein Gespräch mit dem Gekreuzigten vor: »Christus Unseren Herrn sich gegenwärtig und am Kreuz hängend vorstellen und ein Gespräch halten: wie Er denn als Schöpfer dazu kam, Sich zum Menschen zu machen und vom ewigen Leben zum zeitlichen Tod niederzusteigen und so für meine Sünden zu sterben. Dann den Blick auf mich selber richten und betrachten, was ich für Christus getan habe, was ich für Christus tue, was ich für Christus tun soll. Und angesichts des so Zugerichteten und so ans Kreuz Gehefteten durchgehen, was sich dargeboten hat. Das Gespräch wird mit richtigen Worten gehalten, so wie ein Freund mit seinem Freunde spricht oder ein Knecht zu seinem Herrn, bald um eine Gnade bittend, bald sich wegen eines begangenen Fehlers anklagend, bald seine Anliegen mitteilend und dafür Rat erbittend.«[17] Dieses Gespräch kann zu einem der intimsten Momente im Exerzitiengeschehen werden: zur wirklichen und wirksamen Begegnung mit dem Gekreuzigten und damit auch zur Einweisung in die Begegnung mit Gott.

Der Vorschlag des baskischen Heiligen erinnert nicht nur an Teresa von Ávilas (1515–1582) Auffassung vom inneren Gebet, das die Kirchen- und Ordensreformerin mit dem »Verweilen bei einem Freund« vergleicht, »mit dem wir oft und gern allein zusammenkommen, weil wir sicher sind, dass er uns liebt« (Leben 8,5). Darin spiegelt sich darüber hinaus die urmenschliche Sehnsucht, Gott so nahe wie möglich zu kommen.

Eindrucksvoll eingelöst hat diese Sehnsucht der italienische Schriftsteller Giovanni Guareschi (1908–1968). Seine Erzählungen von der Hassliebe zwischen dem ebenso dynamisch-schlagkräftigen wie listigen Priester Don Camillo Tarocci und dem kommunistischen Bürgermeister Giuseppe Bottazzo, genannt Peppone, sind erstmals zu Weihnachten 1946 in dem Satiremagazin »Bertoldo« erschienen. In den 50er und 60er Jahren wurden sie verfilmt und schrieben Kinogeschichte. Aus leichtem Holz wurde eigens ein lebensgroßes Kreuz angefertigt, mit dem sich Don Camillo laufend unterhält: Er spricht mit dem Gekreuzigten, lädt seine Sorgen bei ihm ab, äußert Wünsche, holt sich Rat. Und Jesus nimmt den Dorfpfarrer seinerseits in die Pflicht, wenn er mit unorthodoxen Methoden arbeitet, um Peppone auszutricksen. Der »sprechende Christus« hat auf mich als Kind einen nachhaltigen Eindruck gemacht: So, dachte ich mir, müsste man sich mit Jesus unterhalten können! So müsste mir Jesus täglich helfen können! Ein kindlicher Traum? Die Requisite (»Crocifisso parlante«) wurde nachträglich geweiht und ist jetzt in einer Seitenkapelle der Pfarrkirche von Brescello platziert. Auch der heutige Pfarrer (der den Don Camillo-Kult für übertrieben hält) redet täglich mit der Jesusfigur aus Holz.

Jesus begegnen – Jesus sehen

Zum Entsetzen von Müttern, die dann böse Blicke auf sich ziehen, kann es passieren, dass ein Kind in einem Gottesdienst laut zu reden beginnt oder unvermutet etwas in die andächtige Stille platzen lässt. Gleichsam als Kommentar zur liturgischen Wortlastigkeit kann man dann schon einmal zu hören bekommen: »Ich möchte Jesus sehen!« Ist das nur kindliche Ungeduld? Oder kommt darin vielleicht auch eine tiefe Sehnsucht zum Ausdruck, die Erwachsene oft gar nicht (mehr) auszusprechen wagen? Gott zu erfahren, ihm ins Gesicht zu schauen – das ist ein uralter Menschheitstraum. Christlichem Beten ist verheißen, dass solche Begegnung mit Gott im Blick auf Jesus den Gekreuzigten und Auferstandenen möglich ist.

In der Begegnung mit Jesus dem Christus kann sich ereignen, was Paulus den Korinthern geschrieben hat – die »Metamorphose desselben Bildes« zu werden: »Wir alle spiegeln mit enthülltem Gesicht die Herrlichkeit des Herrn wider und werden so in sein eigenes Bild verwandelt, von Herrlichkeit zu Herrlichkeit, durch den Geist des Herrn« (2 Kor 3,18).

5. Der endgültige Name Gottes: Jesus

»Glaubende«, so der Fundamentaltheologe Roman A. Siebenrock, »sind nicht zuerst weltmeisterliche ›Gut-Menschen‹, sondern Ausgesetzte in der Wüste der Unendlichkeit auf dem Weg zum Antlitz Gottes, das sich im Gekreuzigten gezeigt hat und noch heute zeigt.«[18] Der Glaube an den *einen* Gott wird durch die betende Hinwendung zu Jesus dem Christus nicht gefährdet, auch wenn es im durchschnittlichen Glaubensleben schwer fallen mag, zwischen Theozentrik und Christozentrik zu unterscheiden.

Das »Höre, Israel! Jahwe, unser Gott, Jahwe ist einzig« (Dtn 6,4–9), das Glaubensbekenntnis Israels, war das Gottesbekenntnis Jesu von

Nazaret: »Es bildete sein Credo. Es sollte Maßstab sein für alle Glaubensbekenntnisse derer, die sich auf Jesus berufen und ihm nachfolgen: Unser Gott ist *einer* (nicht mehrere) und er ist *der einzige Gott* (so dass keine anderen Gottheiten mit ihm konkurrieren).«[19] Gerade im Blick auf den jüdisch-christlichen Dialog ist es jedoch wichtig, die monotheistische Ausrichtung christlichen Glaubens nicht zu verdunkeln: »Um das ganz deutlich herauszustellen, lautet die Doxologie der Benediktiner auf dem Jerusalemer Zionsberg, in der Abtei Hagia Maria Sion (Dormitio-Abtei), nicht wie sonst üblich ›Ehre sei dem Vater und dem Sohn und dem Heiligen Geist. Wie im Anfang, so auch jetzt und alle Zeit und in Ewigkeit‹, sondern: ›Ehre sei dem Vater und dem Sohne und dem Heiligen Geist, dem einen Gott von Ewigkeit zu Ewigkeit.‹ Amen.«[20] Der Eingottglaube schließt indes die liebende, vertrauensvolle Hinwendung zu Jesus dem Christus im Gebet nicht aus, durch den Christen Zugang zu Gott haben.

Jeder fünfte Amerikaner bezeichnet sich heute (mit einem Buchtitel des Theologen Robert C. Fuller) als »Spiritual, but not Religious«[21]. Darin mag sich der Glaube an ein höheres Wesen ausdrücken und der Wunsch, irgendwie als »fromm«, aber nicht als »religiös« zu gelten, weil das in manchen Ohren altmodisch oder gar überholt klingt. Doch »Religion« meint wörtlich übersetzt gerade »Rückbindung« – an einen persönlichen Gott. Für Christen schließt das eine anonyme Transzendenzgläubigkeit aus. Diese will manchmal nicht mehr sein als eine Wohlfühlreligion, die sich »à la carte« aus allen möglichen Religionen und Bewegungen zusammenmixt, »was gut tut« – gemäß dem Motto: »Was Gott ist, bestimme ich!«[22] Christliche Religion kann indes nicht auf Jesus den Christus verzichten oder ihn relativieren.[23] Lautete ein populäres Motto in den 70er Jahren: »Jesus ja, Kirche nein!«, kann man heute hören: »Gott ja, Jesus nein!« Viele Menschen wollen »Gott erfahren«, und unsere Zeit ist so »gotteshungrig« wie selten zuvor. Aber diesen Hunger auch mit Jesus von Nazaret zu verbinden, den Christen als den Messias bekennen – das fällt vielen schwer. »Unübersehbar«, so Hans Waldenfels, »neigen nicht wenige Christen dazu«, in einer gewissen Faszination für Religionen (im Plural) und vermeintlicher Toleranz

»ihren Christusglauben durch einen eher unqualifizierten Gottesglauben meinen ersetzen zu sollen.«[24]

Außer Frage stand für Karl Rahner, dass sich beide gegenseitig
bedingen:»Gotteserfahrung und unmittelbare Jesusbegegnung, die
auch etwas anderes ist als bloßes historisches Interesse-Nehmen an
Jesus«.[25] Christen dürfen gerade den Mut haben, sich zu Jesus dem
Christus zu bekennen, weil sie sich damit auch zu Gott bekennen.
Christliches Beten darf darauf vertrauen, dass es ankommt: Dass es
nicht ins Leere hinein gesprochen ist, nicht einem namenlosen, ewig
fernen, unberührbaren Gott vorgesagt ist, sondern dass es mit Jesus
und durch ihn und in ihm Gott erreicht. In einer Predigt brachte es
Karl Rahner auf den Punkt:»In und an Jesus wissen wir, was wir an
Gott haben. Anders nicht. Er ist das Wort des Vaters, in dem als dem
Wort des Erbarmens Gott sich selbst sagt. Und wenn wir darum sagen
wollten, wer unser Gott ist, müssen wir ›Jesus‹ sagen. Wenn wir dieses
Wort vergäßen, würde Gott für uns in die finstere Unnahbarkeit ver-
schwinden. Wir Christen aber wissen den endgültigen Namen Gottes:
Jesus.«[26]

1   *Rahner, K.*, Von der Unbegreiflichkeit Gottes. Erfahrungen eines katholischen
    Theologen, hg. v. A. Raffelt, Freiburg 2004, 28.

2   *Waldenfels, H.*, Christus und die Religionen, Regensburg 2002, 22.

3   *Rahner, K.*, Thesen zum Thema: Glaube und Gebet, in: *ders.*, Chancen des Glaubens.
    Fragmente einer modernen Spiritualität, Freiburg 1971, 65–74, 73f.

4   *Ders.*, Das Ordensleben heute und morgen, in: *ders.*, Wagnis des Christen. Geistliche
    Texte, Freiburg 1971, 133–152, 134f.

5   *Ders.*, Theologisch denken – religiös erfahren, in: *ders.*, Horizonte der Spiritualität.
    Kleine Aufsätze, hg. v. G. Sporschill, Wien 1984, 101–110, 109.

6   *Rahner, K.*, Die ignatianische Mystik der Weltfreudigkeit, in: *ders.*, Schriften zur
    Theologie III, Einsiedeln 1956, 329–348, 337.

7   *Waldenfels* (s. Anm. 2) 12.

8   *Rahner, K.*, Der Pfarrer, in: *ders.*, Sendung und Gnade. Beiträge zur Pastoraltheologie,
    Innsbruck [5]1988, 259–270, 261f.

9   *Ders.*, Rede des Ignatius von Loyola an einen Jesuiten von heute, in: *ders.*, Schriften
    zur Theologie XV, Zürich 1983, 373–408, 385.

Andreas R. Batlogg

10 Vgl. *Batlogg, A. R.*, Die Mysterien des Lebens Jesu bei Karl Rahner. Zugang zum Christusglauben, Innsbruck ²2003, 368–370, 381–385.

11 *Rahner, K.*, Betrachtungen zum ignatianischen Exerzitienbuch, München 1965, 248.

12 *Ders.*, Die ewige Bedeutung der Menschheit Jesu für unser Gottesverhältnis, in: *ders.*, Sämtliche Werke XII: Menschsein und Menschwerdung Gottes, Freiburg 2005, 251–260, 251.

13 Ebd. 258.

14 Ebd. 260.

15 *Kranemann, B.*, Liturgisches Beten zu Christus? Zur Theozentrik und Christozentrik liturgischen Betens, zitiert nach: *Richter, K.*, Per Christum ad Deum. Der Adressat in den Präsidialgebeten der erneuerten Liturgie, in: *Lutz-Bachmann, M.* (Hg.), Und dennoch ist von Gott zu reden, Freiburg 1994, 277–295, 294.

16 *Jungmann, J. A.*, Glaubensverkündigung im Lichte der Frohbotschaft, Innsbruck 1963, 71.

17 *Ignatius von Loyola*, Die Exerzitien. Übertragen von H. U. v. Balthasar, Einsiedeln ⁷1981, Nr. 53.

18 *Hubert, R./Siebenrock, R. A.*, Mit Karl Rahner beten lernen, in: *Rahner, K.*, Von der Not und dem Segen des Gebetes, Freiburg 2004, 7–44, 27.

19 *Vorgrimler, H.*, Gott. Vater, Sohn und Heiliger Geist, Münster ²2003, 42.

20 *Richter, K.*, Jüdische Wurzeln christlicher Liturgie im Spiegel der neueren katholischen Liturgiewissenschaft, in: *Marcus, M./ Stegemann, E. W. u.a.* (Hg.), Israel und Kirche heute. Beiträge zum christlich-jüdischen Dialog, Freiburg 1991, 135–147, 147.
    – Noch deutlicher kommt es in der Liturgie des Benediktiner-Priorats in Tabgha am See Gennesaret zum Ausdruck, wo die Mönche beten: »Ehre sei dem Vater durch den Sohn im Heiligen Geist, dem einen Gott von Ewigkeit zu Ewigkeit. Amen.«

21 *Fuller, R. C.*, Spiritual, but not Religious. Understanding Unchurched America, Oxford 2001.

22 *Dalferth, I. U.*, »Was Gott ist, bestimme ich!« Theologie im Zeitalter der »Cafeteria-Religion«, in: *ders.*, Gedeutete Gegenwart. Zur Wahrnehmung Gottes in den Erfahrungen der Zeit, Tübingen 1997, 10–35.

23 Vgl. *Batlogg, A. R.*, Wieviel Jesus braucht die Fundamentaltheologie? Zur Relevanz des (unterschätzten) Lebens Jesu – eine Problemanzeige, in: *ders./Delgado, M. u.a.* (Hg.), Was den Glauben in Bewegung bringt. Fundamentaltheologie in der Spur Jesu Christi, Freiburg 2004, 402–422.

24 *Waldenfels* (s. Anm. 2) 89.

25 *Rahner, K.*, Unmittelbare Gotteserfahrung in den Exerzitien, in: Horizonte (s. Anm. 5) 25–34, 26.

26 *Ders.*, Im Namen Jesu, in: *ders.*, Glaube, der die Erde liebt. Christliche Besinnung im Alltag der Welt, Freiburg ⁵1971, 44f.

Beten – vom Heiligen Geist getragen

Norbert Baumert SJ

»Betet jederzeit im Geist« (Eph 6,18). – Ist diese Aufforderung des Apostels nicht eine glatte Überforderung? Entweder lässt sie uns mit einem schlechten Gewissen zurück, oder wir nehmen sie nicht ernst und schwächen sie ab. Dieses »jederzeit« kann doch kein Mensch leisten! Oder was heißt »im Geist beten«? Können wir das machen? Können wir über den Heiligen Geist verfügen? – Paulus spricht offensichtlich von einer Erfahrung der Urkirche her: die Christen der ersten Generation waren vom Heiligen Geist erfasst. Ist das nur Geschichte, Vergangenheit?

1. Der große Unbekannte

Theologisch scheint alles klar: Gottes Geist, der »am Anfang über den Wassern schwebte« (Gen 1,2), trägt und ordnet die gesamte Schöpfung und durchdringt sie (Weish 7,22–8,1; 11,20–12,2). Und da das Schöpfungsgeschehen bis heute anhält, ist er auch bis heute in allem am Werk, was Sein und Leben hat. Wir sind nicht ins Nichts geworfen, sondern empfangen im Heiligen Geist Leben und Urgeborgenheit. Geist-losigkeit gibt es nur dort, wo man ihn verdrängt oder nicht bis zu ihm vordringt! Sind *wir* aber bei all unserer Weltgestaltung auf ihn ausgerichtet? Oder bleiben wir im Vordergründigen hängen und begnügen uns mit den Gesetzen der Natur oder einer Innerlichkeit (Esoterik) und Spiritualität, die zwar von »Geist« redet, aber nicht den Geist Jesu Christi meint? Dann mag man sogar von »Gebet« sprechen, aber es erreicht nicht den wahren Gott, sondern ist an fremde Götter gerichtet.

Der Heilige Geist hat sich tiefer geoffenbart, seit Maria vom Engel hörte: »Heiliger Geist wird über dich kommen« (Lk 1,35). Wie Jesus die Mitte der Offenbarung ist, so ist der Heilige Geist derjenige, der dieses zentrale Geschehen einleitet, begleitet (Lk 4,14), durchträgt (Hebr 9,14) und zu Pfingsten vollendet. Der ewige Vater offenbart sich nicht nur neu *in seinem Sohn* (Joh 14,9), sondern zeigt sich auf neue Weise auch *in dem Geist*, den er uns sendet (Apg 2,33). Pfingsten ist somit ein *heilsgeschichtliches* Ereignis: Denn wie seinen Sohn, sandte Gott auch den Geist seines Sohnes (Gal 4,4–6). Entsprechend sprachen die Kirchenväter von den »beiden Händen des Vaters«, die er der Menschheit entgegenstreckt.

Aber wer kennt ihn so? Wer ergreift die beiden Hände Gottes gleichermaßen? Bleiben wir nicht oft bei dem Sohn stehen, der sich in Wort, Sakrament und Kirche für uns greifbar macht? Der Heilige Geist hingegen bleibt ungreifbar – und darum auch unbegreiflich. Zwar ist jeder von beiden eine göttliche Person, aber der Heilige Geist ist es doch in einer sehr eigenen Weise; er scheint gerade kein Gegenüber zu sein und bekommt für uns keine Konturen. Er ist die Kraft und der Atem Gottes, kommt über Propheten und Totengebeine, ist erfrischend wie der Tau in der Frühe und wie Feuer, das vom Himmel fällt, reinigt und erleuchtet die Menschen, drängt sie von innen her zum Lobpreis und zum Bekenntnis Gottes und ist die Liebe Gottes, die ausgegossen wird in unsere Herzen (vgl. Röm 5,5). Wir können ihm folgen; aber wenn wir ihn fassen wollten, entzieht er sich und verweist uns auf den Vater und den Sohn.

Wie Jesus und der Heilige Geist in der Zeit des irdischen Lebens Jesu zusammenwirkten, so auch nach dessen Erhöhung. Jesus hat also nicht, wie manche meinen, mit der Himmelfahrt seine Tätigkeit beendet, als ob seit Pfingsten der Heilige Geist ihn gleichsam abgelöst hätte. Vielmehr wurde Jesus zur Rechten Gottes erhoben, um von dort nun seine Kirche zu leiten; und der Heilige Geist wird seitdem als anderer Beistand gesandt – er, der schon immer in der Schöpfung war, nun auf neue Weise –, nicht etwa anstelle des irdischen oder auferstandenen Jesus, sondern als weiterer, zweiter Beistand, mit ihm zusammen. Dass Jesus erst fortgehen musste (Joh 14,15–21.25–28; 15,26; 16,7.12–15) meint, dass er zunächst sterben müsse, bevor er den Geist in der neuen Weise senden könne, aber nicht, dass er ihm – etwa durch die Himmelfahrt – sozusagen Platz machen müsse! Seine Erhöhung zur Rechten des Vaters ermöglicht vielmehr ein neues Miteinander dieser beiden Personen. Seitdem wird der Heilige Geist mit dem Vater und dem Sohn zugleich angebetet und verherrlicht, wie wir im Credo bekennen. Anbetung wäre also das erste Gebet.

2. Den Heiligen Geist wahr-nehmen

Aber wie können wir anbeten, was oder wen wir nicht kennen? An dieser Stelle ist unser Glaube gefragt: Nehmen wir als Wahrheit an, was Gott uns so deutlich gesagt hat? Wir sollten bei diesen Wahrheiten verweilen, sie betrachten und verinnerlichen: Der Heilige Geist ist da, als Schöpfer und Erlöser. Wir sollten uns ihm öffnen und ihn bitten zu kommen, sich zu offenbaren und zu zeigen, so wie er sich den ersten Christen gezeigt hat. – Doch könnte jemand erwidern: »Darf man denn den Heiligen Geist bitten, sich zu manifestieren? Heißt es nicht: ›Selig die nicht sehen, und doch glauben‹?« Nun, waren denn die Apostel und die ersten Christen weniger selig? Wir dürfen das Sehen-Wollen nicht zur Bedingung machen; aber könnte es nicht sein, dass wir ihn selbst dort nicht wahrnehmen, wo er sich schon zeigt, nur weil wir gar nicht mit seiner Wirkung rechnen, sozusagen nicht auf Empfang eingestellt sind?

Wie konnten die ersten Christen so direkt vom Heiligen Geist sprechen? Noch nach der Aufnahme Jesu zur Rechten des Vaters wussten die Jünger nicht, was es bedeuten solle, dass sie »mit Geist getauft«, das heißt überschüttet und erfüllt werden sollten; aber seit Pfingsten wussten sie es (Apg 1,5; 2,16.33). Was ist da geschehen? War die Begegnung mit dem irdischen Jesus durch die äußeren Sinne vermittelt, sichtbar und hörbar, so überraschte sie nun die *ruach*, das *pneuma*, das heißt der »Wind« Gottes, den man nicht sieht«. Sie hörten zwar einmal sein Brausen, doch das blieb entschieden die Ausnahme, denn die Wahr-Nehmung des Heiligen Geistes geschieht normalerweise mit den inneren Sinnen: man ist betroffen oder getröstet, spürt seine Kraft und wird vielleicht von ihm berührt (was also den inneren Tastsinn anspricht) oder erfüllt. So jedenfalls wird uns in der Bibel seine Wirkung beschrieben. All das sind eher subjektive Empfindungen als objektive Tat-Sachen.

Soll man sich aber auf dieses gefährliche Gebiet einlassen? Nun, die Jünger wurden nicht gefragt, ob sie diese Wahrnehmungen haben wollten, sondern nachdem sie sich grundsätzlich für die Botschaft Jesu geöffnet hatten, kam der Heilige Geist über sie, überraschte sie. Sie waren dafür dankbar und erfuhren von da ab immer wieder neu den Tröster und Beistand (beispielsweise in Apg 4,31). Aus dieser Kraft heraus gaben sie Zeugnis, und die Kirche wuchs, wobei auch die neu Hinzukommenden den Geist in ähnlicher Weise erfuhren; denn Gott ließ seine Zeugen nicht im Stich! So ist die Apostelgeschichte ein Dokument über das ständige Zusammenwirken des (nun gewöhnlich unsichtbaren) erhöhten Herrn und des (immer wieder spürbaren) Heiligen Geistes. Christus-*Begegnung* und Geist-*Erfahrung* gehören zusammen.

Die Apostel wussten, dass sie für jeden Getauften unter Handauflegung um den Heiligen Geist bitten sollten. Sie taten es, und es geschah etwas: die Betreffenden waren verändert in ihrer Beziehung zu Gott und zu den Menschen, so dass sie selbst und andere es merken konnten (Apg 8,17–19). Sie waren voll Freude und lobten Gott wie die Jünger an Pfingsten (Apg 2,26; 11,15–17). Manchmal äußerte es sich darin, dass sie »in Sprachen beteten« und »prophetisch redeten« (Apg 2,4; 19,6). So wurden die ersten Christen ganz unmittelbar vom Heiligen Geist zum Gebet und zum Lobpreis geführt, also dazu, von innen heraus zu Gott »Vater« zu sagen (Röm 8,15) und Jesus als ihren Herrn anzurufen (1 Kor 12,3). Ihr Gebet war getragen vom Heiligen Geist.

Ein solches heilsgeschichtliches Kommen des Geistes muss sich aber *auch in meiner Heilsgeschichte* ereignen, immer wieder und immer mehr. In der Praxis der Westkirche wurden später infolge der Kindertaufe die beiden Handlungen – Eintauchung und Handauflegung – als zwei getrennte Sakramente zeitlich auseinander gezogen. Die Kirche hielt dabei immer daran fest, dass erst, wenn der Bischof unter Handauflegung und Salbung sagt: »Empfange die Gabe des Heiligen Geistes«, die Eingliederung in den Leib Christi, die Initiation vollendet ist.

Freilich trat der Erfahrungscharakter der Firmung, wie man nun sagte, allmählich zurück. Nur wenige, die dieses Sakrament empfangen, spüren heute etwas von einer Wirkung des Geistes. Wir halten zwar im Glauben daran fest, dass Gott in diesem Sakrament etwas tut, doch was, das bleibt den meisten verborgen. Wie können wir dann lernen, »im Geist zu beten«?

3. Sehnsucht im Gebet – oder Angst vor dem Heiligen Geist?

In vielen Christen gibt es zwei widersprüchliche Tendenzen: Einerseits eine verborgene Sehnsucht nach dem von Jesus verheißenen Heiligen Geist; andererseits meinen sie, keine Wahrnehmungen dieser Art zu haben (»bei mir passiert nichts«), so dass die Sehnsucht leicht in Enttäuschung umschlägt. Man findet dann viele Gründe, dies zu rechtfertigen, etwa:

– »Die starke Geist-Erfahrung war etwas für den Anfang der Kirche, um den Glauben zu wecken. Später war dies nicht mehr nötig; denn wenn man glaubt, braucht man das nicht mehr.« – Doch könnte darin ein geheimer Stolz liegen? Den Heiligen Geist brauchen wir immer, jede und jeder Einzelne, in jeder Situation. Er ist für alle Zeiten verheißen. Warum sollten wir dann die Wahrnehmung seiner Gegenwart nicht brauchen? Und was ist mit denen, die nicht (mehr) glauben? Wie, wenn sie ihn wahrnehmen würden? Ich kenne genügend Menschen, die so vom Heiligen Geist überrascht wurden und zum Glauben fanden.

– Andere sagen: »Wenn es wirklich der Heilige Geist ist, der so spürbar in Menschen wirkt, dann kann ich nichts dazu tun; es ist seine Sache, mir so etwas zu schenken, wenn er will. Mag er mich überraschen!« – Aber bin ich wenigstens offen dafür? Und ist es angemessen, sich so wenig auf das göttliche Gegenüber einzustellen? Oder ist es unangemessen, Gott um Gefühle zu bitten, etwa um Trost? Doch sollen wir ja um den Heiligen Geist bitten! Wir dürfen ihn nicht mit Gefühlen verwechseln, aber ihm auch nicht verwehren, uns seine Freude und seinen Trost mitzuteilen.

– »Aber«, so wird erwidert, »die Gläubigen der Urkirche sind vom

Heiligen Geist erfüllt worden, überschüttet wie von Tau, von ihm berührt und durchdrungen, und solche Empfindungen sind verdächtig!« – In der Tat, hier liegt wohl ein Hauptgrund für die geheime Angst vor dem Heiligen Geist. Werden mich nicht *meine* Gefühle *täuschen?* So hält man sich lieber an die »objektiven Wahrheiten« unseres Glaubens. Und wenn jemand gar bei anderen den Eindruck hat, dass sie allzu überschwänglich von Geist-Erfahrungen reden, dann ist er umso vorsichtiger – gegen wen? Gegen den Überschwang dieser Menschen oder gegen den Heiligen Geist? Wenn der Heilige Geist es riskiert, in der Sprache der Gefühle zum Menschen zu sprechen, durch Freude, Schmerz, Kraft, Tröstung und Zärtlichkeit, dann sollten wir ihm zutrauen, dass er diese Sprache beherrscht. Er ist »ausgegossen in unsere Herzen«, und zwar als »Geist der Liebe« (Röm 5,5; Gal 4,6). Können (wollen) wir uns vielleicht nicht auf seine Liebe einlassen? Er ist da, in Ehrfurcht vor unserer Freiheit! Sind wir bereit, seine Sprache zu lernen?

Übrigens: Wer Gefühle ignoriert, umgeht oder verdrängt, muss sich bewusst sein, dass sie auf andere Weise wiederkehren. Und wer bestimmte Gefühle auszuschalten versucht, wird auf Umwegen von anderen Gefühlen tyrannisiert. Nur wenn diese gesund integriert sind, ist eine Persönlichkeit reif und lebt authentisch. Und der Heilige Geist hilft uns dabei; er gibt Klarheit unserem Geist und bewirkt auch die Erlösung unserer Gefühle. Wir brauchen uns ihrer nicht zu schämen, und erst recht nicht des Heiligen Geistes.

Wenn wir mit solchem Vertrauen ins Gebet gehen, schafft das einen weiten Raum in uns. Statt uns selbst anzuspannen und zu verkrampfen, ist unser Blick und unsere Erwartung ganz auf den gerichtet, der in uns anwesend ist und unser Beten tragen und führen möchte. Vielleicht erinnern wir uns an Momente, in denen wir ihn wahrgenommen haben – nicht um das zu reproduzieren, sondern zur Stärkung unseres Glaubens, dass er anwesend ist, und um der Sehnsucht nach ihm Raum zu geben. Wenn nach einer Schriftlesung oder Betrachtung die Begegnung mit dem Herrn Ruhe und Zuversicht hinterlässt, »Frieden und Freude in heiligem Geist« (Röm 14,17), dann ist dies durchaus wahrnehmbar, ist eine Wirkung des Heiligen Geistes und nicht nur aus eigener Anstrengung zu erklären. Dies zeigt auf ihre Weise auch die Trostlosigkeit: Sie ist nicht ein Beweis, dass der Heilige Geist plötzlich abwesend wäre, sondern dass er uns nun auf andere Weise, auch in unseren Gefühlen, läutern will. So gibt es geistliche Wahrnehmung in vielen Arten, Graden und Stufen.

4. Einbildung oder Unterscheidung?

Doch wie weiß ich, dass etwas wirklich *seine* Auswirkung ist und ich nicht doch nur bei mir selbst gelandet bin, ob es nun Einsichten, Anregungen oder Gefühle sind? Die Antwort darauf kann ich nur im Gebet erfahren, indem ich mich also ausdrücklich und mit Ehrfurcht an Gott wende. Denn nur Gott selbst kann sich selbst ausweisen. Und das tut er dem Demütigen, nicht dem Stolzen gegenüber. Glaube ich also, dass Jesus alle Tage bei uns ist und der Heilige Geist die Verheißung Jesu wahr macht (Apg 2,39; Joh 14,16; Mt 28,20; Ps 4,4; 50,13)? Glaube ich, dass er mich hört? Und dass er antwortet und diese Antwort auch bei mir ankommen kann? Wie dialogisch ist mein Gebet? Bleibt es nicht oft deshalb ein Monolog, weil nur ich rede und dann zur Tagesordnung übergehe, statt mir Zeit zu nehmen, auf Gottes Antwort zu lauschen? Fairerweise sollte ich ihm in diesem Gespräch die Hälfte der Zeit einräumen.

»Aber seine Sprache ist so verschlüsselt«, sagt man, »so indirekt!« Nun, wenn in mir Staunen und Ehrfurcht vor Gott, Dankbarkeit und Anbetung wach werden, wenn meine Gedanken hell und klar, meine Überlegungen und Entschlüsse bestätigt oder korrigiert werden, nachdem ich sie bewusst und geduldig ihm hingehalten habe – ist das nicht schon eine Antwort? Und wenn das nicht geschieht, könnte darin nicht eine Aufforderung liegen, weiter zu beten und neu zu betrachten oder zu überlegen? Jedenfalls darf ich, wenn ich mich bewusst auf Gott ausrichte, damit rechnen, dass er sich dann auch mir zuwendet! Und seine Antwort ist gekennzeichnet durch seine göttliche Eigenart. Man erkennt den Heiligen Geist an seiner Frucht, nämlich an »Liebe, Freude, Friede, Langmut, Zuverlässigkeit, Selbstbeherrschung« (Gal 5,22), also daran, dass sein Impuls die Kraft zu den entsprechenden Haltungen mitbringt (auch wenn deren Ausführung dem Empfänger noch schwer fallen mag und nicht sofort gelingt). Und wenn ein Impuls in mir ein Schriftwort neu zum Leuchten bringt, dann ist dies ein Ausweis der Echtheit jener inneren Regung. So kann man noch viele Kennzeichen nennen; letztlich muss jeder Mensch in seinem eigenen Erfahrungsbereich schauen, wo und wie für ihn unbezweifelbar das Wirken Gottes spürbar war; dann kann er das aktuelle Geschehen, das er prüfen möchte, im Gebet damit vergleichen, ob es in seiner Art dazu passt oder nicht.

Hilfen für diesen Klärungsprozess finden wir etwa in den Exerzitien des heiligen Ignatius, besonders in seinen »Regeln zur Unterscheidung«. Ignatius rechnet fest damit, dass jemand, der sich auf den Weg Gottes begibt, geistliche Wahrnehmungen macht; seine Regeln helfen dazu, diese im Gebet von bloß menschlichen und von zum Bösen führenden Einflüssen zu unterscheiden. Solch geistliche Unterscheidung (»Wahrnehmung / Aesthetik« Phil 1,9f.) ist gewiss oft mühsam; aber nur so werden wir mündige Christen. Ist uns die Nachfolge Jesu dies wert? Der Heilige Geist jedenfalls will uns zu geistlicher Selbständigkeit und Reife führen, damit wir in neuen Situationen selbständig seine Führung erkennen können.

5. Mühe und Freude des Betens im Geist

Bin ich mir so beim Eintritt ins Gebet der Gegenwart des Heiligen Geistes bewusst, bitte ich ihn, dass er jetzt von neuem zu mir kommt: »Komm, Heiliger Geist, und führe mein Gebet«. Danach ein wenig verweilen, bis dieses Gebet auch aus dem Herzen kommt, nicht nur von den Lippen. Oft wird das im blinden Glauben geschehen, da »wir nicht wissen, wie wir beten sollen«; doch der Heilige Geist ruft in mir »Abba, Vater« und »tritt – Gott entsprechend – für Heilige ein« (Röm 8,15.26f.). Dann bete ich, was ich mir vorgenommen hatte, sei es ein mündliches Gebet wie Stundengebet oder Rosenkranz, seien es Schriftlesung, Schriftbetrachtung, die Feier der Liturgie oder eine andere Weise des Betens, ob einzeln oder in Gemeinschaft.

Es wird Momente geben, in denen ich aufmerksam werde, innehalte und vielleicht zu einer Zwiesprache mit Gott komme. Dann ist es wichtig, zu verweilen, zu hören und zuzusehen, ob von innen her Worte kommen, etwa der Anbetung, der Liebe, des Lobes, der Bitte oder der Klage zu Gott hin. Unter Umständen sollte ich länger dabei verweilen und insofern den vorgegebenen Text oder Ablauf zurückstellen. Jedenfalls ist ein solches Achten auf die innere Führung ein Weg dahin, für den Heiligen Geist empfänglich zu werden. Dann kann er leichter mit seinen Anregungen zu mir vordringen, mich trösten, stärken, anfragen und korrigieren und so mein Gebet tragen. Dabei werde ich darauf achten, wo sich der wahre, geistliche Friede einstellt oder wo Unruhe bleibt. Und manchmal entdecke ich dann staunend, dass der Heilige Geist mit seiner zuvorkommenden Gnade mich schon lange gezogen hat.

Zuweilen ist es gut, für die Betrachtung Schrifttexte zu wählen, die ausdrücklich vom Heiligen Geist sprechen. Nicht selten hört man freilich die Meinung, das Wesen des Heiligen Geistes bestehe *nur* darin, zum Vater und zu Jesus hinzuführen. Er selbst bleibe völlig im Hintergrund und darum solle man nicht ihn selbst zum Thema machen. Das klingt zwar fromm, aber ist es wahr? Warum dieses »nur«. Gewiss ist es das Herzensanliegen des Heiligen Geistes, jeden Menschen zum Vater und zu Jesus zu führen; aber er ist dabei selbst doch auch Jemand, eine Person, die *wir* beachten sollen. Er will nicht nur die anderen beiden göttlichen Personen offenbaren, sondern auch *sich selbst mitteilen!* Denn erst dann kann er uns auch die Dreifaltigkeit tiefer offenbaren. Warum sind wir an dieser Stelle nicht aufmerksamer? Ist die Geistvergessenheit, die man der Westkirche im zweiten Jahrtausend nachsagt, nicht zugleich eine Vernachlässigung des Geheimnisses der Trinität? Und wie der Heilige Geist uns auf den Vater und auf Jesus hinweist, so der Vater und Jesus auf den Heiligen Geist! Jede göttliche Person hat ihre unverwechselbare Eigenart und insofern auch eine eigene Beziehung zu uns, die wir entsprechend im Gebet pflegen müssen. Sollten wir den Heiligen Geist etwa deshalb weniger beachten, weil er so bescheiden ist? – Es gibt unterschiedliche Phasen im geistlichen Leben;

Norbert Baumert

wenn wir einmal bewusst eine Zeit lang die Verehrung der dritten gött-lichen Person pflegen, führt er uns neu zum Vater und zum Sohn, aber auch jeden Menschen zu sich selbst und zu seinen Mitmenschen. Dann erfahren wir vielleicht, was es heißt, im Gebet vom Heiligen Geist getragen zu sein.

6. Eine neue Erfrischung mit dem Heiligen Geist

Und manchmal kommt er überraschend, von sich aus, pro-vozie-rend, also heraus-rufend, und doch sich immer wieder ausweisend als derselbe Geist, gestern, heute und morgen. Das sehen wir im Leben vieler Heiliger und im Aufbruch geistlicher Bewegungen, an denen die Kirche heute so reich ist. Einer Spur soll nun am Schluss besonders nachgegangen werden: Seit Beginn des 20. Jahrhunderts mehren sich in immer noch wachsendem Maße die Zeugnisse, dass Menschen eine Erfüllung mit dem Heiligen Geist erfahren, die der von Pfingsten ähn-lich zu sein scheint, weshalb man die zuerst in reformatorischen Kir-chen aufgebrochene Strömung als »Pfingstbewegung« bezeichnet hat. Auch als 1967 – schließlich – in der katholischen Kirche Ähnliches in breiterem Maße bezeugt wurde (die Bewegung hat nirgends einen Gründer), sprach man von »katholischer Pfingstbewegung«, bevor man den Namen »Charismatische Erneuerung in der katholischen Kirche« wählte. Heute zählen mehr als 500 Millionen Christen zu dieser Strömung, darunter etwa 100 Millionen Katholiken.

Der Kern ist immer: Menschen werden so stark und tief zum Lob und zur Anbetung Gottes hingezogen, zur Heiligen Schrift, zum Gebet und zu einem Dienst, dass sie nicht zweifeln können, dies sei eine »Erfüllung mit dem Heiligen Geist«, von vielen auch »Geisttaufe« ge-nannt. Viele beginnen dann, »in Sprachen zu beten« (vgl. Mk 16,17; Apg 10,44–46; 19,6; 1 Kor 14), eine Gabe, die ihr Gebet sehr vertieft, weil der Heilige Geist gleichsam ihr Inneres ergreift, in unbekannten Worten das ausdrückt, was sie bewegt und so ihr Beten trägt. Und wenn sie sich Gott zuwenden, dann kommt dies Sprachengebet bald aus ihrem Herzen, so dass sie sich leicht dem zuwenden können, der ihre Seele liebt. Nicht selten kommen andere ungewohnte Charismen hinzu, etwa prophetische Worte und Bilder oder eine besondere Vollmacht im Gebet für andere (Apg 2,16–18), woraufhin diesen oft ein ähnliches Geist-Geschenk gegeben wird. Aber es gibt keinerlei Garantie für eine solche »Geisttaufe«; sie ist stets eine freie, souveräne Gabe des Heiligen Geistes, der jedes Mal »zuteilt, wie er will« (1 Kor 12,4–11), nicht selten solchen, die neu zum Glauben kommen. Das ist jedes Mal der Anfang eines neuen Wegabschnittes, mit Höhen und Tiefen, Gefährdungen und Erfahrungen der Führung Gottes.

7. Jeder, wie der Heilige Geist ihm zuteilt

Es ist verständlich, dass viele nun meinten: »Das müssten doch alle erfahren! Der Heilige Geist ist ja allen, die glauben, verheißen.« Nun, obwohl viele Heilige den Heiligen Geist in großer Fülle erfahren haben, wäre es doch gewaltsam und falsch, diese Erfahrungen alle mit dem heute geprägten Begriff »Geisttaufe« zu bezeichnen. (So ist beispielsweise das Sprachengebet nur von wenigen Heiligen bezeugt.) Man meint zwar, der Begriff »Geisttaufe« sei aus der Bibel entnommen, aber bei genauem Zuschauen muss man sagen: Das »Mit-dem-Geist-Überschütten« oder »Übertauen, Benetzen« (Mk 1,8) meint *jede Art* von Geistmitteilung im Namen Jesu, ob auffallend oder mehr verhalten, während »Geisttaufe« im 20. Jahrhundert nur datierbare Durchbruchserlebnisse mit der Gabe des Sprachengebets meint. In der Urkirche haben keineswegs alle in Sprachen gebetet (1 Kor 12,30), aber alle wurden vom Heiligen Geist erfüllt. – Und auch der Begriff »Charisma« hat sich gewandelt: Meint das griechische Wort im Neuen Testament jede Art von (göttlichem) Geschenk (beispielsweise das ewige Leben, Röm 6,23, oder den Aposteldienst, 1 Kor 12,28), so ist es heute eingegrenzt auf solche Gaben, die der Heilige Geist nicht universal jedem gibt (wie die Grundsakramente oder Tugenden), sondern die er »zuteilt, wie er will« (1 Kor 12,11), dem einen dies, der anderen jenes, aber jedem etwas von dieser je persönlich zugeteilten Art.

Wie durch manche anderen Aufbrüche in der Kirche will Gott aber damit *alle* Menschen auf eine bestimmte Wahrheit neu hinweisen (was er durch ein Handeln tut, nicht durch Belehrung), etwa: »Öffnet euch *alle* dem Heiligen Geist, *jeder auf die Weise, die ihm gegeben ist* oder die ihm von mir gezeigt wird.« Gott will gewiss jeden Menschen mit seinem Heiligen Geist *erfüllen*, und zwar immer wieder neu, auch nach der Firmung, und jeder muss dafür offen sein und auch häufig darum beten. Aber *wie* Gott es dann tut, das ist seine Sache; es kann, aber muss nicht in der Form der »Geisttaufe« sein. Und Gott schenkt unterschiedliche Charismen: des Gebetes, der Prophetie, eines sozialen oder politischen Dienstes – wie er es für gut hält. Es wäre nur schlimm, wenn wir etwas davon blockieren.

Das Wort aus dem Epheserbrief, mit dem wir begonnen haben (Eph 6,18), spricht nun von einem solchen prophetischen Wort. Paulus sagt nicht, dass wir *immerfort* im Geiste beten sollten (wer kann das?), sondern gibt eine Hilfe, etwa wenn wir durch eine massive Versuchung in Bedrohung und Gefahr sind. Dann, sagt Paulus, sollen wir die »Waffenrüstung Gottes« anziehen, zum Schutz und zur Hilfe, denn wir sind nicht wehrlos dem Bösen ausgeliefert. In diesem Zusammenhang sagt Paulus: »Ergreift das Schwert des Geistes, das heißt ein Gotteswort, indem ihr bei allem Beten und Bitten *in jeder Krise* im Geist betet« (so ist der Urtext zu lesen). Paulus denkt dabei, wie in 1 Kor 14,15, wohl daran, dass Menschen im Herzen vom Heiligen Geist ein Wort empfangen, das ihnen in einer solchen geistlichen Bedrängnis helfen soll – sei es eine Prophetie, ein Wort der Schrift oder vielleicht einfach ein »Stichwort«. Um es zu empfangen, muss man sich aber im Gebet in jenen Raum begeben, in dem der Geist in uns wohnt und wirkt, und zwar indem man vielleicht in Sprachen betet, oder einfach nach innen geht und nach oben hört und insofern »im Geist betet«. Der Apostel sagt also: Wenn ihr so zum Heiligen Geist eure Zuflucht nehmt und Gott euch dann ein Wort schenkt, dann »ergreift es« und haltet es dem bösen Geist entgegen (wie Jesus in der Wüste). So beten aber sollen wir *jedes Mal* in einer schwierigen Situation, nicht etwa »jederzeit«.

8. Grundwasser und Springbrunnen

Seit dem 19. Jahrhundert fordert bei vielen Marienerscheinungen die Mutter Gottes dazu auf, um den Heiligen Geist zu beten. Und als

Sr. Elena Guerra, Gründerin der »Schwestern vom Heiligen Geist«, um 1890 im Auftrag Gottes Papst Leo XIII. mehrmals darum bat, die Verehrung des Heiligen Geistes zu fördern, da schrieb dieser schließlich zwei Enzykliken darüber, forderte die ganze Kirche auf, die Pfingstnovene zu halten und betete am 1. Januar 1900 öffentlich die Pfingstsequenz für die Erneuerung der Kirche und der Welt. Später wurde die Pfingstnovene ökumenisch aufgegriffen, und schließlich betete Johannes XXIII. vor dem Konzil um ein neues Pfingsten. Man könnte sagen: Das Grundwasser des Heiligen Geistes stieg. Am gleichen 1. Januar 1900 aber empfing in Topeka / USA eine Gruppe von Bibelschülern eine Erfüllung mit dem Heiligen Geist und das Sprachengebet – der Anfang der Pfingstbewegung. Wenn man will: Springbrunnen des Heiligen Geistes, die allmählich an vielen Stellen der Erde den trockenen Boden fruchtbar machten. Ist es nicht wie eine doppelte Einladung Gottes an *alle* Menschen, aus ganzem Herzen immer wieder zu beten: »Komm, Heiliger Geist«?[1]

---

1 Zu diesem Artikel vgl.: *Zweites Vatikanisches Konzil*, Lumen Gentium 12, aber auch 2.4.5.7.8.9.13.15.34–36.39.40.44. – *Ignatius v. Loyola*, Geistliche Übungen, Würzburg 1998. Die Regeln des Ignatius zur »Unterscheidung der Geister« (ebd. Nr. 313–336) sind auch abgedruckt und erklärt in: *Baumert, N.*, Dem Geist Jesu folgen, Münsterschwarzach 1988, 45–94. – Weitere Hinweise zur Unterscheidung in: *ders.*, Jesus ist der Herr. Kirchliche Texte zur Charismatischen Erneuerung, Münsterschwarzach 1987, 29–34. – Ferner eine grundlegende biblische und theologische Klärung in: *ders.*, Charisma – Taufe – Geisttaufe; Band I: Entflechtung einer semantischen Verwirrung; Band II: Normativität und persönliche Berufung. Würzburg 2001. – *Wrembek, Ch.*, Der Heilige Geist und das Reich Gottes. Neue Gedanken zu einem alten Thema, in: Geist und Leben 64 (1991) 167–183.

Betende Freiheit
Beten zu einem personalen Gott

Gabriela Grunden

1. Hinführung

»Wenn man nicht glauben kann, muss man beten« sagte der Psychologieprofessor zu seinem erstaunt blickenden Assistenten. Dieser Satz, in einem Seminar über das Verhältnis von Spiritualität und Psychologie gesprochen, verblüffte alle. Kommt mit dem Beten der Glaube? Kann man glauben, ohne zu beten? Und wenn Menschen beten, zu wem beten sie? Wer ist Adressat des Gebets? Das eigene Selbst, die Weltseele, die Transzendenz, Gott?

Wenn ich diese Fragen stelle, bewege ich mich auf unübersichtlichem Terrain. In den Industriestaaten boomt der Spiritualitätenmarkt: Esoterik und Therapiegruppe, Kontemplation und Meditation, sich selbst und die eigene Mitte suchen (auch finden?), Yoga und Antistresstraining, die Schule der Aufmerksamkeit entdecken, Beten lernen. Die Angebote sind vielfältig und jeder Einzelne kann zwischen unzähligen Variationen auf dem Markt der Möglichkeiten wählen. Dem wachsenden Interesse für Esoterik und spirituelle Erfahrung steht ein wachsendes Desinteresse an Politik, Gesellschaft und sozialem Engagement gegenüber.

Der Markt reagiert auf die Sehnsucht nach Glück und Geborgenheit, nach Orientierung und Verbindlichkeit. Umso dringlicher stellt sich die Frage nach dem Sinn und Ziel der Welt, nach dem Woher und Wozu des eigenen menschlichen Lebens.

Braucht es dazu das Gebet als Ort gläubiger Praxis? Für Menschen aus der jüdisch-christlichen Tradition ist die Frage eindeutig mit Ja zu beantworten. Gebet und Glaube sind auf die Wirklichkeit und Wahrheit gerichtet, die den Namen Gott und Jesus Christus trägt.

In diesem Beitrag möchte ich der Spur nachgehen, die verständlich werden lässt, was Gebet und Glaube an den personalen Gott bedeuten kann. Ich möchte aufzeigen, dass das Gebet zu Gott konkrete Konsequenzen für das eigene Leben, ja für alle Lebensformen und Beziehungsweisen hat. Gebet ist aktiv und kontemplativ zugleich, es prägt das eigene Selbstbild und das Menschenbild, es hat Auswirkungen auf die gesellschaftlichen, kirchlichen und politischen Dimensionen unseres Lebens.

Zunächst: Es ist erstaunlich, wie schnell und gründlich sich die Verstehensvoraussetzungen für die Frage nach Gott, nach Jesus Christus und die Rede von ihm ändern. War Jesus noch in den 70er und 80er Jahren ein gesellschaftsfähiges Thema, wurde er noch als Sozialrevolutionär oder als neuer sanfter Mann gedeutet, so scheint er heute nur noch eine historisch ferne Person zu sein, der man kaum noch Gedichte und Lieder widmet. Hier und da erscheint noch mal ein Buch über Jesus, doch als »maßgebender Mensch« (Karl Jaspers), dessen ganzes Leben von der Gottheit durchleuchtet war, als »Jesus, der Christus« (Walter Kasper) ist er kaum gefragt.

Gott, Transzendenz, Geheimnis, Mysterium dagegen sind Begriffe, die scheinbar unhinterfragt akzeptiert werden. Bei den Worten Personalität, Gottesbeziehung, Christusbeziehung wird es schwierig. Die Rede von dem personalen Gott ist erklärungsbedürftig. Bisweilen sind Positionen zu vernehmen, die die Rede von dem personalen Gott als eine Vorstufe religiöser Entwicklung darstellen (Willigis Jäger). Eine schleichende Entpersonalisierung Gottes ist die Folge. Die Tatsache, dass sich Gott in Jesus Christus selbst gezeigt, sich selbst geoffenbart hat, für uns, damit wir leben, stößt zunehmend auf Schwierigkeiten und Unverständnis. Diese Entwicklung ist nicht harmlos. Vernunft und Glaube werden getrennt. Und die Vernunft wird verdächtigt, die mystische, geheimnisvolle Seite des Glaubens zu verneinen.

Was ist heute mit dem Glauben an Gott gemeint, der immer auch betend bewahrheitet werden will? Ein Glaube, der die Vernunft mit ins Gebet nimmt, und damit nicht auf das Mysterium des Glaubens verzichtet, sondern es vielmehr bewahrt und hütet? Es muss ein kommunikationsfähiger Glaube sein, der nicht vorschnell ins Geheimnis flüch-

Gabriela Grunden

tet, wo es noch viel zu fragen und zu erläutern gilt. Wenn wir von Gott sprechen, sprechen wir immer auch über uns selbst und unser Menschenbild. Jede Auskunft der Theologie ist zugleich eine Auskunft über den Menschen. Unter dieser Perspektive möchte ich meinen Ausführungen drei Gedanken voranstellen:

Leben, Tod und Auferweckung Jesu Christi bilden einen Bedeutungszusammenhang und dürfen nicht auseinanderdividiert werden.

Gott hat in Jesus Christus sich selbst endgültig als Gott der unbedingten Liebe erwiesen.

Von Personalität Gottes zu sprechen heißt insbesondere die Beziehungsweise Gottes zu betonen. Die Erfahrung, dass Gott Liebe ist und sich dem Menschen mitteilt, ist nicht gegen die Erfahrung der dunklen, unverständlichen Seiten Gottes, der Einsamkeit und des Schweigens auszuspielen. Geheimnisvoll ist doch, dass es Menschen zu allen Zeiten gegeben hat und immer noch gibt, die angesichts großer Gottferne an ihrem Gott nicht verzweifelt sind, die ihn auch in größter Not und Dunkelheit bezeugen und – wider alle Hoffnung – auf seine Liebe setzen.

Die Liebe Gottes kann als Beziehungs- und Freiheitsgeschehen verstanden werden.

Im Folgenden möchte ich diese drei Punkte erläutern. Im Rahmen dieses kleinen Beitrags kann es sich nur um Anklänge an eine viel komplexere Thematik handeln.

2. Biblische Perspektiven

In der Bibel begegnet uns nicht etwas, sondern Gott selbst. Die Schöpfungserzählung berichtet, dass Gott den Menschen als Mann und Frau, als sein Ebenbild erschuf. Gott selbst beginnt einen Dialog mit den Menschen. Er greift befreiend, liebend und erlösend in die Geschichte der Menschen ein. Vor aller Deutung und Interpretation steht die konkrete Erfahrung mit dem einen Gott Israels, der dem Menschen nachläuft, ihn sucht, Tränen trocknet und tröstet. »ICH: Ich bin JHWH, der dich aus Ur in Chaldäa herausgeführt hat« (Gen 15,7). Auffällig ist in den biblischen Befreiungsgeschichten das Motiv des

Herabsteigens Gottes. (Neutestamentlich bekommt dieses Motiv in der Person Jesu Christi und seiner Befreiungstat neue Qualität, vgl. Phil 2,6–11). Gott beginnt mit den Menschen, die sich von ihm ansprechen lassen, eine große Heilsgeschichte. Mit dem Sinai-Geschehen offenbart Gott seinem erwählten, berufenen Volk seinen Namen (Ex 3,14). Der Name ist sowohl präsentisch als auch futurisch übersetzbar: »Ich bin da«; aber auch: »Ich werde da sein«. Beide Aspekte werden im Namen Gottes vereinigt. Der, der er jetzt ist, wird er auch zukünftig für sein Volk sein. Bedeutsam ist diese Ich-Zusage Gottes, mit der er selbst seinem Volk Wert und Würde zuspricht, indem er selbst es befreit (Ex 20,1–5).

Das Sch'ma Jisrael, also das Credo Israels: »Höre, Israel! Jahwe, unser Gott, Jahwe ist einzig« (Dtn 6,4), vertieft diese Bundesbeziehung zwischen Gott und Mensch. Der Mensch wird am Du zum Ich, schreibt Martin Buber. Die Ich-Du Relation ist für das Gottesverhältnis elementar.[1]

Das Alte Testament scheut sich nicht, dabei die wirkliche Sprache von Verliebten zu benutzen: In rührender Einfachheit entfaltet sich das Hohelied in einer Atmosphäre von Dankbarkeit und Freude, in der man das Geschenk und die Freude der Liebe Gottes selbst wahrnehmen kann. Es entsteht das Bild eines Gottes, der wie ein Liebender um seine große Liebe wirbt und sich für sie verzehrt. Es ist der Gott, bei dem Menschen Schutz und Geborgenheit finden in Trauer und Angst, in Freude und Hoffnung. Ihn rufen sie an, zu ihm schreien sie, ihn bitten, ihm danken, ihn loben sie. Die alttestamentlichen Beter und Beterinnen entwerfen das Bild einer dynamischen Partnerschaft zwischen Gott und Mensch. Gott kann enttäuscht sein und besorgt, eifersüchtig und zornig und bleibt doch seinem Bund treu, auch wenn Menschen seine Treue verraten (Hos 11,2ff.). Die Bibel spricht von Gottes Antlitz, im Hebräischen: »panim«. Gott suchen heißt sein Antlitz suchen.[2] In der Septuaginta wird das hebräische Wort »panim«, Antlitz, wiedergegeben mit dem griechischen Wort »prosopon«. Im Lateinischen übersetzte man »prosopon« mit »persona«.

Gabriela Grunden

Wort und Person

»Im Uranfang war Er, das Wort … Alles ist durch Ihn geworden, und ohne Ihn geworden ist nicht eines. Was geworden, war Leben in Ihm. Und das Leben war das Licht der Menschen« (Joh 1,1–4 nach Fridolin Stier). Biblisch gesehen gehören Wort und Person zusammen. Das Johannesevangelium macht deutlich: Wenn Gott sich uns nicht so geoffenbart hätte, dann wäre er für unser menschliches Verständnis eine unpersönliche Kraft, ein Es, das kein Du kennt. Gott ist Liebe, lautet die biblische Auskunft. Im Hebräischen steht für Lieben dasselbe Wort wie für Erwählen.

Neutestamentlich kommt etwas Einzigartiges hinzu. Gottes Wort bekommt in Jesus Christus endgültig Antlitz und Gestalt. Einzig gebunden an den Gott der Liebe ist er frei für andere, ist er frei, sich mit seinem Leben ganz hinzugeben und die Ohnmacht am Kreuz auf sich zu nehmen, im grenzenlosen Vertrauen auf die rettende, erlösende Kraft Gottes. Gott offenbart sich selbst in Leben, Tod und Auferstehung Jesu von Nazaret. Die Aussagen über Jesus als den Sohn Gottes bekräftigen die Personalität Gottes. Der Indikativ, dass Gott liebt, und zwar bedingungslos liebt, geht dem Imperativ, Gott zu lieben und frei für ihn und die Menschen zu werden, voraus. »Das Evangelium ist kein Buch unter anderen: Es ist eine Begegnung, die Christus jedem und jeder von uns schenkt, bis ans Ende der Zeiten; eine Begegnung von Person zu Person, ein wahres, intimes, konkretes Herz-zu-Herz.«[3]

3. Identitätsbildung und Gottesbeziehung

Zu allen Zeiten haben Menschen darum gerungen, die biblische Wahrheit in adäquater Weise für die jeweilige Zeit zu erschließen. Wie also heute vom Gott der Liebe reden? Ist es nicht doch zu naiv, an einen Gott zu glauben, der so partnerschaftlich dynamisch mit den Menschen umgeht, wie es viele biblische Schriftsteller bezeugen? Und was, wenn aufmerksame Menschen die biblischen Schriften zwar gerne lesen, aber eine gewisse Scheu haben, so unmittelbar mit Gott zu reden? Vielleicht macht ja ihre Befangenheit auf Wesentliches aufmerksam. Sie schützt vor einer Banalisierung von Gottesrede und Gotteserfahrung. Gott bleibt der ganz Andere, geheimnisvoll nah und fern, er bleibt unverfügbar. »Die Schrift ist Voraussetzung und Hilfe für den Christusglauben, aber die Schrift führt nicht von selbst zu Jesus als dem Christus.«[4]

Die Fragen sind wichtig, und ebenso notwendig ist es, den Kern unseres Glaubens wieder neu in den Blick zu nehmen. Die grundlegende christliche Erfahrung ist eine Beziehungserfahrung und hat biblisch-theologische Wurzeln. Im biblischen Teil haben wir gesehen, dass die Liebesgeschichte Gottes mit den Menschen sich als konkrete Freiheitsgeschichte erfahren lässt. »Zur Freiheit hat uns Christus befreit« (Gal 5,1). Für Paulus bedeutet Freiheit Geschenk, Gnade und Auftrag zugleich. Keiner allein kann frei sein. Was Freiheit bedeutet, kann theologisch gedacht werden im Ausgang von der kommunikativen Gemeinschaft, die Vater und Sohn eint. Die Freiheit Jesu ist antwortende Freiheit. Freiheit ist die Fähigkeit zur Selbstbestimmung und schließt die Übernahme der eigenen Verantwortung ein. Identitätsbildung geschieht, wo Menschen aus sich heraustreten und sich für andere öffnen, für die Mitmenschen, für Gott. Der Mensch wird am Du zum Ich, schreibt Martin Buber. Wer Freiheit, wer Liebe missbraucht, verfehlt nicht nur den anderen, sondern letztlich sich selbst. Beglückend ist Freiheit erst, wenn die Wertschätzung und Ehrfurcht voreinander gegenseitig geschenkt werden. Hier aber zeigt sich ein Risiko oder Wagnis: Das, worauf wir am meisten angewiesen sind, ist zugleich das Freiste, Unverfügbarste. Eben dies macht ja das Glück und die Not menschlicher Beziehungen aus: Da wir frei geliebt werden wollen, müssen wir einander auch frei lassen. Freiheit erwächst aus der Beziehungsdynamik, sie entspricht einem Kommunikationsgeschehen mit offener Zukunft. Das gilt auch für das Gottesverhältnis.

Dass Menschen heute immer wieder diese personale Beziehung zu Gott suchen und finden, habe ich in einem Gespräch erlebt, in dem mir ein junger Mann sagte: »Ich möchte nicht irgendwann mit irgendeinem Geist verschmelzen, das kann nicht der Sinn meines Lebens sein«. Für ihn war das der Grund, sich von der Esoterik zu verabschieden und den Weg des Christwerdens einzuschlagen.

Gabriela Grunden

Der Monismus, der die Verschmelzung mit dem Göttlichen als Ziel nennt, deutet es anders. Biblisch kann ich dafür keine Grundlage entdecken. Es stellt sich mir die Frage, inwieweit Verschmelzung wirklich mit Freiheit und Liebe, die den anderen um seiner selbst willen liebt, vereinbar ist. Verschmelzung meint die Aufhebung der Personalität, des Besonderen, des Andersseins. Sie zielt nicht auf belebende Beziehung, sondern auf Auflösung derselben.

Wenn wir theologisch von der Selbstoffenbarung Gottes in Jesus Christus als Liebe sprechen, so meinen wir damit, dass Gott sein endgültiges Ja zum Menschen gesagt hat und diesem Ja treu bleibt. Wir sind eingeladen, als freie Menschen zu leben, niemandem untertan, sondern allein der Liebe verpflichtet zu sein. Liebe aber kann nur gelingen, wo ihr vertraut wird. Das gilt, weil jeder, ohne die Freiheit des anderen berechnen zu können, anfangen muss, wenn überhaupt etwas glücken soll. Unter dem Gesetz der Angst könnte es wohl kaum gelingen. In diesem Sinne sind wir einander ausgesetzt und zugemutet. Diese Angewiesenheit macht uns verwundbar und bedürftig. Denn, was jeder Mensch sich zutiefst ersehnt, angenommen zu sein und geliebt zu werden, kann er nur geschenkt bekommen.

Wie nah liegt daher die Versuchung, sich dieser Angewiesenheit zu entziehen durch Machtspiel, Manipulation, Gleichgültigkeit und Gewalt, um den Anderen, wie raffiniert auch immer, zu beherrschen. Zur Fratze der Freiheit wird dann der unbändige Wille zur Macht. Wer auf die Liebe und die Freiheit setzt, für den kann es nicht gleichgültig sein, was auf kirchenpolitischer, gesellschaftspolitischer, lokaler wie internationaler Ebene geschieht. Er wird alle Verhältnisse, in denen Menschen unterdrückt, benachteiligt oder in ihrer Würde verletzt werden, kritisieren und menschenwürdig zu gestalten versuchen. Auf die Liebe, auf die freie Kommunikation setzen, heißt riskant leben, gerade dann, wenn die Anerkennung einseitig bleibt, wenn der persönliche Einsatz gefährlich wird und vielleicht sogar vergeblich erscheint.

4. Verbundenheit mit Christus

»Den Mut, Gott in einer säkularisierten Welt, in einer Welt des Todes Gottes, der Abwesenheit Gottes anzureden, schöpft der christliche Mensch offensichtlich aus seiner Verbundenheit mit Christus, aus seiner Teilnahme am Leben und am Tod des geschichtlichen Jesus. Aber diese Beziehung zu Jesus Christus und die Teilnahme an seinem Geschick, die uns auf den geschichtlichen Jesus bezieht (weil sonst die Rede von unserer Beziehung zu Christus nur ein anderes Wort für unsere Beziehung zu Gott wäre), wird nicht so leicht in einer existentiellen Erfahrung erworben, wie man in der üblichen religiösen Praxis voraussetzt. Dafür ist schon eine tiefere und genauere Theologie vonnöten, als sie gewöhnlich geboten wird«.[5] Gott hat sich in Jesus Christus in einmaliger Weise auf die Geschichte eingelassen, ist in sie eingegangen, ohne in ihr aufzugehen (Hebr 5,8). Gott handelt in der Geschichte der Menschen. Von einem Handeln Gottes können wir aber nur sprechen, wenn Gott als freie Subjektivität und als durch sich und in sich selbst bestimmte Persönlichkeit zu denken ist.[6]

Wer diesem Gedankengang skeptisch gegenübersteht, wird erläutern müssen, »ob denn überhaupt noch sinnvollerweise von einem Handeln Gottes geredet werden kann, wenn diese Voraussetzung, dass der eine Gott in Kategorien der Freiheit und der Personalität zu denken ist, nicht mehr gemacht wird beziehungsweise nicht mehr gemacht werden kann.«[7] Von Gott in Jesus Christus reden, heißt von Beziehungsweisen zu sprechen, die Beziehung von Vater und Sohn im Heiligen Geist.

Christliches Beten führt darum nicht in die Privatisierung und in den Rückzug auf Glaubensinseln, sondern ermächtigt zu freimütiger Liebe und provoziert identitätsbildende Glaubensvollzüge. Der Blick auf das Gebet Jesu verdeutlicht dies: »Im Beten Jesu finden wir eine existenzielle Eindringlichkeit, die das christliche Beten von jeher davor bewahren will, liturgisch zu ›verfeierlichen‹ und zu ›verkulten‹ und so vor dem sich erniedrigenden, sich schenkenden und erbarmenden Gott in einen abgehobenen Unernst zu geraten, der die Deszendenz Gottes nur weihrauchartig verbirgt.«[8]

Gabriela Grunden

5. Gebet als Einübung in die Freiheit

Die Annahme, dass Gott uns bedingungslos bejaht, ist grundlegend für die Beziehung zu Jesus Christus und entscheidend für die Gebetspraxis. Vielleicht ist dieses Annehmen der bedingungslosen Liebe Gottes zugleich das Schwierigste. Denn es schließt ein, dass wir uns selbst vor Gott aushalten, uns ihm aussetzen mit der je eigenen Wirklichkeit: schön und schäbig, erleuchtet und verfinstert, erhaben und erbärmlich. Wer sich mit dieser Echtheit auf Gott einlässt, der kann sich auch anderen zumuten, ohne sich verstellen zu müssen. Er braucht sich weder zu überheben noch zu verkleinern. Aus diesem Vertrauen kann er handeln und sich für andere einsetzen, ohne selbst die Herrschaft übernehmen zu wollen. Menschen können vergeben, weil sie sich selbst als geliebter Sünder oder geliebte Sünderin von Gott erkannt und angenommen erfahren. Wer sich auf die Beziehung zu Gott einlässt, wird empfänglicher für das Geschenk der Liebe. Er verändert die Einstellung zu Haben und Sein, zu Eigentum, Arbeit, Leistung, Erfolg.

Der kategorische Imperativ gläubiger Praxis könnte so lauten: »Gib niemals einen Menschen auf und verweigere ihm deine Anerkennung nicht, auch wenn er sie (noch) nicht erwidert oder nicht mehr erwidern kann.«[9]

Gebet im christlichen Sinne ist darum nie nur ein Sich-Versenken, sondern ein Sich-Öffnen für Gottes Gegenwart in allen Begegnungen. Jede Beziehung, das heißt auch jede Gebetsbeziehung lebt von der Hingabe und Leidenschaft füreinander, im Bewusstsein der Verschiedenheit. Unter dem Beziehungsaspekt möchte ich auf drei Komponenten christlicher Spiritualität hinweisen:

◊ Die Beziehung zu Gott: Gott, Jesus Christus wird als Gegenüber, als Du erfahren.

◊ Die Beziehung zu mir selbst: Identitätsbildung oder Entfaltung der Persönlichkeit als Wachstum im Glauben.

◊ Die Beziehung zu anderen oder der gemeinschaftliche und kirchliche Aspekt: die Gemeinschaft der Glaubenden als Leib Christi.

Wollte man es bildlich darstellen, so ergäbe es ein gleichschenkliges Dreieck aus Du, Ich, Wir, das im Idealfall alle drei Beziehungsweisen in ausgeglichener Spannung hält. Die personale Gottesbeziehung ist damit wesentliches Element des menschlichen Beziehungsgefüges. So kann deutlich werden, dass sich christlicher Glaube als Beziehungsweise, als Lebensweise zu Menschen, zu Gott und zu sich selbst realisiert.

Christliche Mystik ist in diesem Sinne Begegnungs- oder Beziehungsmystik. Sie hat eine universale Dimension und schließt die Treue zu den Toten ein. »Gibt es eine andere Gestalt nicht verzweifelnder Treue zu den Toten, als für sie zu beten, das heißt in ihrem Namen Gott anzurufen?«[10]

Beten als dialogische Mystik
»Im Christentum, das heißt in Jesus Christus, hat der lebendige persönliche Gott den Menschen angeredet. Damit ist eine erschreckende Tatsache in das Leben des Menschen getreten.«[11]

Aus dieser Beziehungsdynamik lebt das Gebet. Dazu gehören der Schmerz und die Trauer, der Erfolg und das Scheitern, die Sehnsucht nach Glück und die Enttäuschung im Alltag. Der einzelne Mensch, seine Hoffnungen und sein Scheitern, seine Sehnsucht und Suche nach erfülltem Leben werden zur Basis göttlichen Handelns. Im Zentrum steht die Beziehung des Menschen zu Jesus Christus, der ihn anspricht, ruft, in Dienst nimmt und sendet. Erst im Sich-Einlassen und Sich-Öffnen für diese Liebesbeziehung entdecken Christinnen und Christen ihre Bestimmung, erfahren sie Trost und entzündet sich Hoffnung, die den eigenen Lebenshorizont weit übersteigt.

Gebet will, wie jedes Geschehen der Liebe, den Anderen um seiner selbst willen, unverzweckt. Es ist personale Antwort auf das Evangelium, auf den Ruf Christi.

Ob sich hinter mancher Abwehr der Christusbeziehung auch Furcht verbirgt? Die Furcht vor einem Gott, der dem Menschen nahe kommt, nahe bis auf die Herzhaut (Hilde Domin); der bewegt und berührt? Ein Gott also, der berührbar geworden ist? Könnte es nicht

Gabriela Grunden

sein, dass mit dem Gebet ein offener Dialog beginnt, dessen Verlauf ungewiss ist, und manche Menschen sich vor dieser Ungewissheit fürchten und lieber einen Gott wünschen, der vornehm in der Ferne thront oder antlitzlose Energie ist?

Karl Rahner hat in knappen Worten angesprochen, was ich die dialogische Mystik nach Ignatius von Loyola nennen möchte. In seinen geistlichen Übungen empfiehlt Ignatius, sich immer wieder auf das Leben Jesu einzulassen und Aug' in Aug' mit Christus, dem Gekreuzigten zu reden, so wie ein Freund mit seinem besten Freund redet. Ignatius ist Realist, ein nüchtern gläubiger Christ mit einem großen Gespür für Projektionen und fromme Versuchungen. Darum werden nicht Nischen frommer Sonderwelten aufgesucht, sondern konkret im Alltag muss sich bewähren, dass die Liebe mehr in die Werke als in die Worte zu legen ist. Denn die Liebe, wie jedes Freiheitsgeschehen, besteht in der Mitteilung von beiden Seiten. Jede Stunde, jedes Ereignis kann zum Schauplatz der Gottesbegegnung werden. Hier ist der Ort, wo unterschieden und entschieden wird. Hier wird auch die Freiheit geübt, die letztlich nur Gott selbst erfüllen kann. Sie lebt aus dem Dialog mit Jesus Christus, aus der Hingabe und Übergabe an den vertraut-fremden Gott, sie ist betende Freiheit.

Das Wagnis des Betens auf sich zu nehmen und dabei dem personalen, unverfügbaren freien Gott zu begegnen, bleibt keinem erspart, der Gott sucht. Beten, das heißt auch, sich dem nagenden Zweifel stellen, sich der bisweilen existentiellen Not des Nicht-Beten-Könnens aussetzen; es heißt, die eigene seelische Dürre und geistige Armseligkeit aushalten und die Einsamkeit erfahren (auch erleiden), die mit der Not und dem Segen des Gebets verbunden ist. Beten heißt Standhalten und dem Wunder der Liebe trauen. Christinnen und Christen glauben an den Gott, der auf uns Menschen setzt, mit all unserer Liebenswürdigkeit, trotz aller Ungeheuerlichkeit. Ein Gott, der auf unsere freie Antwort auf seine Liebe hofft.

Gott hat begonnen, er setzt seine Hoffnung auf uns, »soll es denn heißen, wir hofften jedoch nicht auf ihn« (Ch. Péguy) und trauten seiner Freiheit nicht?

1   *Wilckens, U.*, Theologie des Neuen Testaments I. Geschichte der urchristlichen Theologie, Teilband 1, Geschichte des Wirkens Jesu in Galiläa, Neukirchen-Vluyn 2002, 9.

2   *Berger, K.*, Ist Gott Person? Ein Weg zum Verstehen des christlichen Gottesbildes, Gütersloh 2004, 89f.

3   *Delbrél, M.*, zitiert nach: *Schleinzer, A.*, Gott einen Ort sichern, Ostfildern 2002, 42.

4   *Zenger, E.* u.a., Einleitung in das Alte Testament, Stuttgart 2004, 14.

5   *Rahner, K.*, Thesen zum Thema Glaube und Gebet, in: *ders.*, Chancen des Glaubens. Fragmente einer modernen Spiritualität, Freiburg 1971, 65–74, 73f.

6   *Striet, M.*, Offenbares Geheimnis. Zur Kritik der negativen Theologie, in: *Müller, K./Pröpper, Th.* (Hg.), ratio fidei. Beiträge zur philosophischen Rechenschaft der Theologie XIV, Regensburg 2003, 245.

7   Ebd. 247.

8   *Schürmann, H.*, Das Gebet als Schlüssel zum Verstehen Jesu, Leipzig 1990, 142.

9   *Pröpper, Th.*, Erlösungsglaube und Freiheitsgeschichte. Eine Skizze zur Soteriologie, München 1988, 224.

10 Ebd.

11 *Rahner, K.*, Die ignatianische Mystik der Weltfreudigkeit, in: *ders.*, Schriften zur Theologie III, Einsiedeln 1956, 329–348, 337.

Die visionäre Kraft des Gebets
in der Ohnmacht des Lebens
nach Mechthild von Magdeburg

Hildegund Keul

Mechthild von Magdeburg lebte im 13. Jahrhundert, in einer Zeit der Umbrüche in Kirche und Gesellschaft. Von Geburt her war sie eine Adelige und stammte von einer Burg im Umland von Magdeburg. Aber mitten in eine turbulente Zeit gestellt, wollte sie schon als junge Frau nicht den sicheren Weg gehen, der ihr gesellschaftlich vorgezeichnet war. Sie kehrte ihrem adeligen Stand den Rücken, ging in die Stadt Magdeburg und wurde dort Begine. Sie schloss sich damit einer religiösen Bewegung von Frauen an, die sich durch ein besonderes Interesse an Gottesfragen auszeichneten. Ihr Alltag sollte ein Zeichen dafür sein, dass Gottes- und Nächstenliebe im Christentum untrennbar zusammen gehören. Beten und arbeiten, Kranke pflegen und Gottesdienst feiern gehörten zu ihrem Tagesplan. Die Beginen waren Teil der Armutsbewegung und setzten sich für die Menschen ein, die in den aufblühenden Städten des Hochmittelalters unter die Räder gerieten: Arme und Kranke, Sterbende und Trauernde, Witwen und Waisen. In ihrer Zeit rumorte es religiös und gesellschaftlich an allen Ecken und Enden. Die tradierte Ordensstruktur geriet ins Wanken, die Geldwirtschaft wurde eingeführt und griff immer weiter Raum, geistliche Bewegungen verschiedenster Art durchzogen das Land. Viele Frauen wollten religiös leben, aber das nicht unbedingt in einem Kloster. Mitten im alltäglichen Leben wollten sie für die Menschen da sein, die sie dringend brauchten.

Wer mit Menschen lebt, die arm sind und von Resignation und Verzweiflung bedroht werden, braucht sowohl Realitätssinn als auch visionäre Kraft. Mechthild von Magdeburg liegt beides am Herzen, denn sie weiß, dass das Eine nicht ohne das Andere zu haben ist. Visionen, die an der Realität vorbeigehen, laufen ins Leere. Realitätssinn, der keine Vision vor Augen hat, führt zum beengenden Tunnelblick. Aber es gibt eine Lebensmacht, die es den Menschen der Armutsbewegung ermöglicht, Realitätssinn und visionäre Kraft miteinander zu verbinden. Mechthild von Magdeburg nennt diese Lebensmacht »Das fließende Licht der Gottheit«.[1] Über dieses *fließende Licht* schreibt sie ein Buch, das auch in heutigen Fragen des Gebets befragbar ist. Denn das Gebet ist nach Mechthild entscheidend, wenn es darum geht, in einer hoffnungslos scheinenden Lage visionäre Kraft zu entwickeln.

1. Das Gebet – »Es macht ein zaghaftes Herz kühn«

Mechthild von Magdeburg hat einen kurzen Text über das Gebet geschrieben, der zu den aussagestärksten Texten christlicher Spiritualitätsgeschichte gehört. Sie schreibt:

»Das Gebet hat große Macht,
das ein Mensch verrichtet mit seiner ganzen Kraft.
Es macht ein bitteres Herz süß,
ein trauriges Herz froh,
ein armes Herz reich,
ein törichtes Herz weise,
ein zaghaftes Herz kühn,
ein schwaches Herz stark,
ein blindes Herz sehend,
eine kalte Seele brennend.
Es zieht den großen Gott in ein kleines Herz,
es treibt die hungrige Seele hinauf zu dem Gott der Fülle.
Dort reden sie viel von Liebe« (FLG V, 13).

Erfahrungen mit sich selbst und in der Seelsorge haben die Mystikerin zu diesem Text bewegt, der die Macht des Gebetes so leidenschaftlich beschreibt. Sie hat am eigenen Leib gespürt und mit eigenen Augen gesehen, welche Wandlungsmacht Gebete haben können. Allerdings wirken sie nicht automatisch segensreich. Auch vor Kriegs-

Hildegund Keul

zügen, die mit Unrecht und Gewalt zum Himmel schreien, wird gebetet – häufig auf beiden Seiten. Viele Kriegstreiber der Geschichte und der Gegenwart sind eifrige Beter. Ein Gebet kann der Versuch sein, den eigenen Interessen mit Hilfe einer höheren Macht Geltung zu verschaffen und Gott damit in den Dienst des eigenen Willens zu stellen. Das Gebet steht vor einem Machtproblem, denn es ist häufig mit einer Machterwartung verbunden. Auch diese Seite des geistlichen Lebens ist der Mystikerin vertraut. Mehrfach erscheint ihr ausgerechnet im Gebet das Böse in Person. Einmal tritt der Teufel sogar in der Gestalt Christi auf, gezeichnet mit den Wundmalen, um sie in Versuchung zu führen. Vieles hat er versucht und war erfolglos, jetzt spielt er seine größte Karte aus:»Willst du nach meinem Rat leben, so werde ich dir große Ehren geben. Du solltest den Leuten diese Gnade erzählen, viel Gutes würde daraus entstehen« (FLG IV,2). Die Mystikerin soll ihr geistliches Leben, ihre Bereitschaft zum Gebet, die Gnade ihrer Berufung dazu nutzen, dass sie Macht über andere gewinnt. Sie ist besser als die anderen, frömmer, begnadeter, ihre Berufung ist ehrenvoller. Damit kann sie alle anderen in den Schatten stellen und mundtot machen. Aber das ist genau der Punkt, wo sie Gott das Wort im Mund herum dreht – daher der Auftritt des Teufels. Oder wie sie es an anderer Stelle sagt, dass »Gottes Wort in meinem Munde ertötet« wird (vgl. FLG II,24). Dies ist das Schlimmste, das in einem Gebet passieren kann: dass es kein Gebet ist, keine Bitte um das Wort Gottes, sondern dass es dieses Wort tötet, indem es dazu gebraucht wird, andere zu unterwerfen.

Vor dem Hintergrund dieser Versuchung gesehen gewinnt der anfangs zitierte Text über das Gebet eine neue Bedeutung. Denn hier wird benannt, wo das Gebet seinen Ort hat und seine Wirkungsmacht erlangt, das der Richtung des Vaterunser folgt und daher christlich zu nennen ist: in menschlicher Schwäche und Not. Mechthild beschreibt die Wirkung eines Gebets, das sich Not und Elend von Menschen aussetzt. Hier geht es um ein Herz, das verbittert ist in den Enttäuschungen des Lebens; um ein trauriges Herz, das seines Lebens nicht mehr froh wird; um ein armes Herz, das den Reichtum des Lebens nicht mehr sieht; um ein törichtes Herz, dem die Weisheit fehlt; um ein zaghaftes Herz, das nicht mehr zupacken kann; um ein schwaches Herz, dem die eigene Stärke abhanden gekommen ist; um ein blindes Herz, das die Orientierung verloren hat; und um eine kalte Seele, nach der der Tod schon gegriffen hat, obwohl der Leib längst noch lebendig ist.

Dieses angegriffene Herz, diese kalte Seele, gibt sich im Gebet dem *fließenden Licht der Gottheit* anheim. Im Gebet geht es um nichts weniger als um eine Metamorphose, eine radikale Verwandlung der eigenen Denkweisen und Handlungsmuster: Das zaghafte Herz wird kühn, das bittere Herz süß, das blinde Herz sehend, die kalte Seele brennend. Gebete bewirken keinen magischen Zauber. Aber sie haben die Kraft, die Betenden zu verwandeln, wenn diese nicht versuchen, die Ohnmacht des Lebens umzukehren in Herrschaftsgelüst. Es geht nicht darum, dass der eigene Wille mit aller Gewalt durchgesetzt wird, sondern dass sich die Not des Lebens zum Segen wandelt, weil das Wort Gottes wirksam wird. Dieser Segen aber macht andere nicht sprachlos und stumm – im Gegenteil. Denn er unterwirft andere nicht dem eigenen Willen, sondern macht sie dort sprachfähig, wo sie in der Not des Lebens verstummt sind. Weil das Gebet vor einem Machtproblem steht, hat das Schweigen hier besondere Bedeutung. Zunächst ist das Gebet wortorientiert, insofern es Fragen und Bitten, Klagen und Nöte vor Gott benennt. Diese Wortorientierung schließt jedoch das Schweigen nicht aus, sondern sie erfordert es geradezu. Wer betet, lässt los und hört auf das, was in der Ohnmacht von Menschen sprachlos macht und nicht sagbar ist. Im Lebensraum des Schweigens wird das Streben nach Macht losgelassen und auf Gott hin transformiert.

An einer Stelle ihres Buches beschreibt Mechthild eine Situation, in der sie selbst das Gebet und seine Lebensmacht dringend braucht. Mechthild wusste sich berufen, ein Buch über »*Das fließende Licht der Gottheit*« zu schreiben. Diese Berufung war aus verschiedenen Gründen keine leichte Sache. Es war damals nicht üblich, dass Frauen sich in theologischen Fragen öffentlich zu Wort melden. Außerdem hatten die Menschen des Hochmittelalters große Ehrfurcht vor dem

Hildegund Keul

geschriebenen Wort, weil es für sie innerlich verbunden war mit dem Wort Gottes. Schrift ist Heilige Schrift. Und zudem lebte Mechthild nicht in einem Kloster, das eine eigene Schreibtradition hätte, sondern als Begine und damit in einer Lebensform, die Frauen nur wenig Sicherheit bietet. Dennoch greift Mechthild zur Feder und schreibt ein Gottesbuch. Dies brachte sie jedoch in Schwierigkeiten. Es meldeten sich Stimmen, die das Buch befürworteten, und Stimmen, die ihm heftig widersprachen. Dabei ging es sowohl um den Inhalt des Buchs als auch um die Frau, die es geschrieben hatte. Darf eine Frau, die nicht einmal der lateinischen Sprache mächtig ist, sich zu theologischen Fragen äußern? Ist es nicht vielmehr notwendig, dass Gottesfragen den Gelehrten und ihrer lateinischen Sprache vorbehalten bleiben? Wohlmeinende Stimmen raten Mechthild davon ab, weiter an ihrem Buch zu schreiben. Es ist feuergefährlich.

»Ich wurde vor diesem Buche gewarnt und von Menschen also belehrt: Wolle man nicht davon absehn, dann wird es in Flammen aufgehn« (FLG II,26).

Dieser Ratschlag bringt Mechthild in Bedrängnis. Vielleicht haben die Gegner ihres Buches Recht und sie sollte besser mit dem Schreiben aufhören? Voll Zweifel an sich selbst und ihrer eigenen Sicht der Dinge, wendet sie sich an Gott.

»Da tat ich, wie ich als Kind schon pflegte, wenn ich betrübt war, musste ich immer beten. Ich wendete mich zu meinem Lieben und sprach: ›Eia, Herr, nun bin ich um deiner Ehre willen geschlagen, soll ich von dir jetzt ungetröstet bleiben?‹« (FLG II,26).

Weil die Mystikerin überfordert ist in dem Zwiespalt, mit dem sie konfrontiert wird, sucht sie im Gebet Zuflucht. Sie will die Stimme Gottes zur Sprache kommen lassen in einer Situation, wo ihr Leben in Gefahr ist. Lebensbedrohung erzeugt leicht einen Tunnelblick und verzerrt die Wahrnehmung der Realität. Die Stimme Gottes rückt hingegen das in den Blick, was die Mystikerin aufgrund ihrer Verstrickung in Angst und Verzweiflung zunächst nicht sieht. Sie löst aus dem Tunnelblick des Konflikts und orientiert auf die Sache hin, um die es geht. Die Bewegung des Gebets geht dahin, Klarheit zu erlangen in einer Situation, die nur schwer zu durchschauen ist. Die Mystikerin braucht einen realistischen Blick auf die Dinge. »Realistisch« heißt aber nicht »pessimistisch«, wie dies der heutige Sprachgebrauch oft suggeriert. Einen klaren Blick erlangen heißt vielmehr, auch die Zeichen der Hoffnung zu entdecken, die sich in einer bedrohlichen Situation zeigen. Mit aller Klarheit werden die Gefahren zur Sprache gebracht, aber genauso auch die Chancen benannt, die vielleicht noch verborgen, aber dennoch bereits präsent sind.

In der Bedrohung ihres Lebens ist die Mystikerin herausgefordert, über ihren eigenen Schatten zu springen und sich einer Verwandlung zu unterziehen. Dies ist aber eine Überforderung, der die Frau nicht ohne weiteres gewachsen ist. Deswegen sucht sie Zuflucht im Gebet. Hier findet sie aber keine Beruhigung, keine Beschwichtigung, die sie stillstellt und zum Schweigen bringt. Vielmehr meldet sich hier eine Stimme zu Wort, die sie in Bewegung bringt und zum Sprechen ermutigt. Mechthild nennt diese Stimme die »Frau Minne«. Im Mittelalter ist *Minne* das alltägliche Wort für *Liebe*, das damals seltener gebraucht wird und sich erst im 15. Jahrhundert gegenüber *Minne* durchsetzt. Die »Frau Minne« ist die Liebe selbst, die das Wesen Gottes ausmacht. Sie ist die Lebensmacht, die Gott und Mensch sowie die Menschen untereinander aufs innigste verbindet. Denn die Minne ist eine Verführerin zum Leben. Sie steht für das Leben ein, das sich allen Wunden und aller Verletzung zum Trotz Bahn bricht. Die Minne überschüttet die Seele mit ihrem *fließenden Licht* und bringt Erleuchtung in die Finsternis des Lebens. Sie reißt die Mystikerin über sich selbst hinaus und stürzt sie in einen Taumel der Entgrenzung in der unio mystica. »Denn die Gottheit ist ein heißer Brand, wie es dir ja gut bekannt. Alle die Feuer und alle die Gluten, die Himmel und Heilige entflammen und durchfluten, alles ist ausgeflossen aus seinem göttlichen Atem und aus seinem menschlichen Munde und aus dem Rate des Heiligen Geistes« (FLG I,44). Die Seele trinkt den unvermischten Wein der Minne. Eine Sinnlichkeit breitet sich in ihr aus, eine Intensität, die die Seele belebt, selbst wenn sie den Leib überfordert. Die Frau ist wach bis in die Fingerspitzen, lebendig bis zum Zerbersten.

Hildegund Keul

Ein Gebet, »das ein Mensch verrichtet mit seiner ganzen Kraft«, birgt ein visionäres Potential, das aus dem Tunnelblick drohender Gewalt befreit. Hierin liegt seine Stärke, seine Lebensmacht. Zugkräftige Visionen fallen nicht vom Himmel. Aber sie wachsen aus den Mühen des Alltags heraus, die im Gebet zur Sprache kommen. Das Wort »Vision« hat sich aus dem lateinischen »videre« entwickelt, das sagt: »Schau hin«. Visionen laden nicht dazu ein, wegzuschauen und die Hände in den Schoß zu legen, sondern sie provozieren zum Hinschauen, Benennen und Handeln. Sie sind notwendig, wo Brüche im Leben Menschen zu zerreißen drohen. Das Gebet lenkt den Blick auf die kleinen Schritte und die scheinbar unscheinbaren Handlungen, die in den Brüchen des Alltags Leben eröffnen.

2. Das marode Weinfass und die unwiderstehliche Lebensmacht der Liebe

Das christliche Gebet hat im menschlichen Alltag seinen Ort sowie in Umbrüchen des Lebens, die oft schmerzlich sind und dem Leben seinen Schwung rauben. Das menschliche Leben ist Verschleiß und Zerstörung ausgesetzt. Es raubt Energie, nutzt Kräfte ab, ist von Gewalt bedroht und treibt unaufhörlich auf den Tod zu. Menschen wissen um diese Endlichkeit und spüren sie besonders dort, wo Konflikte den Lebensmut rauben, Krankheiten aufbrechen und der Tod fast schon mit Händen zu greifen ist. Zuviel Vergeblichkeit hat sich angesammelt, schleichend macht sich Mutlosigkeit breit. Burnout, ausgebrannt statt entflammt. Der »Aschenkuchen der Gebrechlichkeit« (FLG II, 25–63) wird übermächtig. Leicht erhält hier die Resignation die Oberhand, und von einem begeisterten Leben ist nicht mehr viel zu spüren. Ausgelaugt und überfordert fehlt dem Alltag das Sprühende, das doch das Leben ausmacht. Stattdessen rücken Nützlichkeit und Pflichterfüllung in den Mittelpunkt.

Auch Mechthild von Magdeburg hat diese Ermüdung gekannt, die sich mitten in aller Pflichterfüllung breit macht. Diese Ermüdung macht sie zum Thema in einem Dialog, der ein Gebet besonderer Art darstellt (im Folgenden FLG II,23). Der Dialog wird zwischen einer

Seele geführt, die als träge und abgestumpft bezeichnet wird, sowie einer Stimme, die diese Seele aus ihrer Resignation herauslocken will. Es ist die Stimme der Minne, der Liebe zum Leben. Die Seele hält der Minne entgegen:

>Ich bin in einem heiligen Orden, ich faste, wache, ich bin ohne Hauptsünden, ich bin genug gebunden.«

Die Seele ist gebunden an die Ordnung, in der sie lebt. Sie begeht keine schweren Sünden. Sie hält sich an die Regeln der Askese in Fasten und Wachen. Sie gehört sogar einem Orden an und denkt, dass sie damit »schon sehr hoch stehe.« Aber die Erfüllung der Regeln ist kein Selbstzweck, wenn die Seele dabei einschläft und gegen die Liebe zum Leben immun wird. Deswegen antwortet die Minne:

>Was nützt es, wenn man ein marodes Weinfass gut verbindet und der Wein dennoch ausrinnt? Man muss es füllen mit Steinen der äußeren Mühe und mit Asche der Vergänglichkeit.«

Hier findet Mechthild ein sprechendes Bild für das geistliche Leben, das alle Gebetspflichten erfüllt, dabei aber die Fülle des Lebens verliert: das »ital vas«, das unbrauchbare Weinfass. »ital« bedeutet *leer, vergänglich, nichtig, wertlos, unnütz, vergeblich.* »Ital« ist ein Fass, wenn es marode, rissig und brüchig wird. Der wertvolle Wein rinnt aus einem solchen Fass aus, vielleicht zunächst unbemerkt. Aber wenn es erst einmal soweit ist, nutzt es nichts mehr, das Fass zu verbinden – als Weinfass ist es nicht mehr brauchbar. Der köstliche Wein, der dem Leben seinen berauschenden Schwung gibt, rinnt aus. So kann man es nur noch füllen mit Steinen der äußeren Mühe und mit Asche der Vergänglichkeit. Das marode Weinfass steht für ein Leben, das in der Erfüllung geistlicher Regeln unmerklich entgleitet. Die Seele ist nicht mehr in der Lage, das Leben zu lieben. Sie verwirft das Sprühende, das ja immer auch einen Kraftaufwand braucht, und meint, mit dem Erfüllen von Geboten und einem regelmäßigen Sprechen von Gebeten sei dem geistlichen Leben Genüge getan. Aber Leben fließt in diesem Beten nicht mehr zu.

Gerade damit schneidet sich die Betende von der Quelle des Lebens ab. In dieses marode, brüchige Weinfass kann Gott den besten Wein des Lebens gießen, er rinnt doch immer wieder aus. Und es nützt nichts, das Fass mit neuen Vorschriften und Regeln zu verbinden. Das Weinfass bleibt brüchig. Dies hat fatale Folgen. Denn wer selbst nicht mehr begeistert lebt, kann auch andere Menschen nicht begeistern.

»Manche Menschen, die mit gutem Willen heilige Werke vollziehen, besitzen doch so schwierige Unarten und machen sich durch ihre Heftigkeit so unbeliebt, dass man sie kaum ertragen kann« (FLG VII,62).

Das Herz dieser Menschen wird bitter, sie verlieren sich selbst in ihrer Lustlosigkeit und werden auch für andere unerträglich. Wenn das sprühende Leben im Alltag versiegt, dann hat auch das geistliche Leben bald ein Ende, weil Menschen dann nichts mehr vom Leben verstehen. Das Leben trocknet aus, der Blick verhärmt, das Gesicht verbittert. Manchmal ist der Alltag ein marodes Weinfass, dessen Risse den köstlichen Wein des Lebens ausrinnen lassen. Aber die Minne belässt die Seele nicht in diesem beklagenswerten Zustand. »Eia, Liebe, nun lass dich wecken!« – so ertönt ihr Lebensruf. Sie flötet der Seele die Lust am Leben ins Ohr. Sie lockt aus der Einsamkeit, in die sich die Seele vergraben hat. Die verhärtete Seele aber will nicht gestört werden und nennt dafür viele Gründe. Und besorgt fragt sie: »Wie soll ich mich hüten vor Schaden und zugleich deine Last aufladen?« Aber die Minne lässt nicht locker und fordert die Seele auf, ihre Trägheit zu überwinden. Denn die Seele hat das Leben nicht, um es ängstlich zu verschlafen, sondern um es im Dienst am Leben zu verschwenden.

Die Minne ist eine Verführerin zum Leben und bringt das Werben Gottes ins Wort: »Eia, Liebe, nun lass dich minnen, und wehre dich nicht mit finsteren Sinnen.« Sie führt aus der Todesstarre des Alltags heraus zum Leben aus der Kraft der Liebe. Die Minne lockt dazu, die Starre der Gewohnheit ins Fließen zu bringen. »Träge Seele, schau dich um und um, tu auf deine blinden Augen.« Die Liebe wirbt um eine sonnenhafte Zustimmung zum Augenblick, in dem das Leben aufblüht und singt. Die Seele wiederum lässt sich locken, sie wirft ihre Bedenken über Bord, und plötzlich bricht sich das Leben Bahn: »O weh, wo bin ich gewesen, ich unselige Blinde, dass ich solange lebte ohne große Minne?« Die Überzeugungskraft der Liebe öffnet der Blinden die Augen. Der Weckruf der Minne hat die von Überdruss und Unlust, Langweile und Ekel geplagte Seele erreicht.

Der Dialog zwischen der abgestumpften Seele und der vor Lebenslust sprühenden Minne führt die Bedeutung des christlichen Gebetes vor Augen. Auch hier steht das Gebet vor einem Machtproblem, denn die Ohnmacht des Lebens hat in der abgestumpften Seele die Oberhand gewonnen. Sie hat sich den Erfahrungen von Enttäuschung, Verletzung und Niedergeschlagenheit anheim gegeben. Doch mitten in diesem resignierenden Aufgeben meldet sich die leise Stimme der Minne zu Wort, die der Lebensmacht Gottes das Wort redet. Sie erinnert an die Auferstehung Jesu Christi, die bezeugt, dass Resignation und Verzweiflung, Gewalt und Tod nicht das letzte Wort im Leben haben. Das Gebet, in dem sich der Dialog von menschlicher Seele und der Minne Gottes vollziehen, stärkt den Glauben an diese Macht der Auferstehung. Es bestärkt darin, dass die Seele ihr Leben wieder in die Hand nimmt, statt es resigniert entgleiten zu lassen. Das Leben lebt im Hier und Heute, in der Intensität des Augenblicks. Mechthild von Magdeburg hat auch hierfür ein eigenes Wort. Sie nennt es mittelhochdeutsch die »gegenwúrtigkeit«. Gegenwärtig sein, wach sein bis in die Fingerspitzen, lebendig bis zum Zerbersten, das ist die Lebenshaltung der Mystik. Denn *geistlich* leben heißt *begeistert* leben. Die »Gegenwärtigkeit« wiederum ist ein Geschenk des Heiligen Geistes, der feurig ist und sprühende Lebenskraft verleiht.

3. »Heiliger Geist, du bist mein Atem« –
die Wandlungskraft des Gebets

Von der Quelle des Lebens abgeschnitten zu sein, der ermüdenden Qual des Alltags zu erliegen und nur noch der Pflicht zu gehorchen, ist ein alltäglich-unerträglicher Zustand. Das Gebet aber macht diese Quelle wieder zugänglich und legt den Weg zum begeisterten Leben frei. Zwar ist das Leben an seiner Quelle vom Tod angesteckt. Aber das Wunder der Verwandlung ist jederzeit möglich. Dies geschieht im Gebet, in dem die Seele die Lebensmacht des *fließenden Lichts der Gottheit* anruft. Dieses Licht hat die Kraft, das marode Weinfass neu zu schaffen und ihm den Wein des Lebens in überquellender Fülle zu geben.

»Der große Überfluss göttlicher Liebe, der nie stillesteht, der fließt immerdar ohne Unterlass, ohne irgendwelche Anstrengung immer unverdrossen in so süßem Strome, dass unser kleines Gefäß voll und überfließend wird, würden wir es nicht mit unserm eigenen Willen verstopfen, so würde unser Gefäß immer von Gottes Gabe überfließen« (FLG VII,55).

Hier denkt Mechthild das Bild vom Fass weiter und verstärkt es, denn das Fass ist nicht nur undicht, sondern auch noch so verstopft, dass gar kein Wein einfließen kann. Aber die Quelle des Lebens ist da, es gibt einen Überfluss göttlicher Liebe. Damit diese Liebe fließen und wirksam werden kann, stellt sich die Mystikerin dem Gebet. Sie ruft die Kraft des Heiligen Geistes an, dessen *fließendes Licht* die Finsternis erhellt und Verwandlung bewirkt. Im Gebet bringt die Mystikerin die Differenzen zur Sprache, die ihr Leben zu zerreißen drohen. Sie stellt sich den Brüchen, die lähmen und ihr alle Kraft rauben. Dabei setzt sie darauf, dass der Heilige Geist sie erhört, wo andere sie zum Schweigen bringen wollen:

»Heiliger Geist, du bist mein Atem!« (FLG V,6)

Der Heilige Geist ist die Kraft großer Veränderungen, nicht weil er Revolutionen bewirkt, sondern weil er die Geistesgegenwart im Alltag stärkt. In der unscheinbaren Macht, die in der Ohnmacht des Lebens zufließt, liegt seine Stärke. Der lebendige Lebensatem der Liebe zerreißt die finstere Nacht und strahlt ein warmes Licht in die verlassene Welt. Dieses fließende Licht ist ansteckend mit seiner Lebendigkeit und Begeisterung. Es reißt aus der Resignation und spielt dem Leben zum Tanz auf. Begeistert beten heißt, geistesgegenwärtig werden und andere Menschen begeistern können von diesem Leben, das mit seinen Brüchen schmerzlich ist, aber auch im Alltag seine Wunder zeigt. Mystik macht sich diesen Wundern auf die Spur, in denen sich das Geheimnis des Lebens offenbart. Mystik ist eine äußerste Möglichkeit des Seins, eine flammende Anrufung des Lebens aus der Gotteskraft der Liebe. Es ist die Lebenskraft der Liebe, die im Gebet die Meta-

morphose bewirkt. Sie gibt die Fähigkeit, über sich selbst hinauszu-
wachsen und so den Überforderungen des Lebens gewachsen zu sein.

Im Gebet gibt sich die Mystikerin dem Lebensstrom hin, der sie an
der Grenze des Todes mitten ins Leben hinein reißt. Aufgewühlt wie
das tobende Meer, brennend vor Sehnsucht verliert sich die Seele in
der Grenzenlosigkeit des Lebens. Im Gebet werden alle Empfindungen
durchlebt und durchlitten, zu denen die Seele fähig ist, die ganze Skala
möglicher Erfahrung kommt zum Ausdruck: Lachen und Weinen,
Zorn und Zärtlichkeit, Hunger und Trunkenheit, das Schweigen des
Todes und der Schrei des Lebens. Getrieben von der Sehnsucht nach
Liebe bis in den Tod, aufgewühlt in Entzücken, hingegeben in Ekstase,
versunken im Kuss – so ist die Mystikerin im Gebet. Sie will die pure
Gegenwart in höchstmöglicher Intensität, ohne sich darum zu scheren,
welche Folgen dies haben wird. Hemmungslos überschreitet sie das
Gebot, mit den eigenen Kräften zu haushalten. Sie ist darauf aus, alle
vorhandene Energie in einem Augenblick zu verschwenden. Die
Mystikerin verliert den Boden unter den Füßen, sie riskiert alles, um
das göttliche Leben zu erlangen – und lebt nur um so heftiger, je mehr
sie sich dem Tod aussetzt.

Zum Treffen kommt diese Gebetserfahrung bei Mechthild erneut,
als sie selbst alt und gebrechlich wird und Tag für Tag den Tod erwartet. Mittlerweile lebt sie nicht mehr als Begine in Magdeburg, sondern
seit etwa ihrem 60. Lebensjahr im Kloster Helfta. Im Gegensatz zu vielen Menschen ihrer Zeit mangelt es Mechthild im Alter weder an einer
Unterkunft noch an Verpflegung noch an medizinischer Versorgung.
Die Schwestern in Helfta sind selbstverständlich für sie da. Dennoch
verliert sie viel: irdische Güter, das Augenlicht, die Kraft der Hände, die
Macht des Herzens. Aber gerade in dieser Situation offenbart sich ihr,
was sie selbst ein Leben lang war: eine Bettlerin, der in ihrer Armut und
Armseligkeit die Fülle des Lebens zufließt. Im siebten und letzten Buch
Mechthilds heißt es im vorletzten Kapitel: »So spricht eine Bettlerin
in ihrem Gebete zu Gott« (FLG VII,64). Und weiter: »Alle, die mit lau-
terem Herzen alle Dinge Gott zuliebe lassen, sind Erzbettler« (ebd.).
Die Gottesliebe verleiht die Kraft, sich selbst am Abgrund des Todes

114

dem Leben in die Arme zu werfen. Es ist erstaunlich, wie konsequent die Mystikerin diese Richtung beibehält. Als ihr alles versagt, sieht sie noch das, was ihr geschenkt wird.

»So spricht eine Bettlerin in ihrem Gebete zu Gott: ›Herr, ich danke dir, da du mir mit deiner Liebe allen irdischen Reichtum genommen hast, dass du mich jetzt mit fremdem Gute kleidest und speisest; denn alles, was mir in Anhänglichkeit und Lust im Herzen haftet, das muss mir nun fremd werden. Herr, ich danke dir, da du mir die Macht meiner Augen genommen hast, dass du mir nun dienst mit fremden Augen. Herr, ich danke dir, da du mir die Macht meiner Hände genommen hast, dass du mir nun dienst mit fremden Händen. Herr, ich danke dir, dass du mir genommen hast die Macht meines Herzens, dass du mir nun dienst mit fremden Herzen« (FLG VII,64).[2]

Vieles wurde der Mystikerin genommen, Vieles hat sie freiwillig gegeben. Doch am Ende steht ihr Dank für ein Leben, das in der Liebe seine Erfüllung gefunden hat.

4. Mystik und Gebet – verschwiegene Gottesrede

Mechthild von Magdeburg zeigt exemplarisch, dass Mystik und Gebet innerlich verbunden sind. Daher stellt sich zum Abschluss des Artikels die Frage, welches Profil das Gebet aus dem Blickwinkel der Mystik zeigt. Was trägt die Mystik zur Frage nach dem Gesicht christlichen Betens bei?

Mystik – Das Geheimnis des Lebens in der Gottesliebe

Wenn es um das Gesicht christlichen Betens geht, ist die Mystik gefragt. Das Gebet bietet der Mystik eine unverzichtbare Lebensquelle, und umgekehrt hat jedes Gebet eine mystische Dimension. Im Gebet kommen Menschen mit jenem Geheimnis in Berührung, das im unscheinbaren Alltag verborgen ist und sich in Gipfelerfahrungen menschlichen Lebens offenbart. Mit diesem Geheimnis hat es auch die Mystik zu tun. Das Geheimnis des Lebens, das sich in Jesus Christus verkörpert, bildet den Kern, der Gebet und Mystik verbindet. Der Begriff »Mystik« hat sich aus dem griechischen Wort »mysterion«

(Geheimnis) entwickelt, das wiederum von »myein« kommt und »verschließen« bedeutet. Der Mystikos, der mit den Mysterien der Religion vertraut ist, schließt die Augen, um sich auf das Wesentliche zu konzentrieren. Und er verschließt den Mund, denn er versteht es zu schweigen.[3]

In den ersten Jahrhunderten verwendete das Christentum die Wörter im Umfeld von »mysterion« zurückhaltend, weil sie bereits von den antiken Mysterienkulten besetzt waren. Weil aber das Geheimnis der Auferstehung Jesu Christi im Mittelpunkt stand, ließ sich die Verwendung dieses Wortes im Christentum nicht vermeiden. Auf dieses Geheimnis, in dem sich die Liebe Gottes zur Menschheit offenbart, orientiert es seine mystischen Traditionen. Dabei schälte sich mit der Zeit eine mehrfache Bedeutung heraus: Der »mystische Sinn der Heiligen Schriften« besteht darin, in ihnen das Heilsmysterium Jesu Christi zu entdecken, selbst wenn es nicht explizit benannt war. Zudem wurde die Präsenz Christi im Sakrament als »mystisch« begriffen. Und die Theologie wird zur »mystischen Theologie« (Pseudo-Dionysius um 500), insofern sie sich als Aussagen des Unaussagbaren versteht.

Die klassisch gewordene Definition von Mystik besagt, dass sie eine »cognitio experimentalis de Deo« sei. Bezeichnender Weise ist diese Definition auch auf das Gebet anwendbar: Es eröffnet eine Erkenntnis Gottes aus der Erfahrung heraus.

Diese Linie fortführend, begreift Karl Rahner die Mystik als »eine echte, aus der Mitte der Existenz kommende Erfahrung Gottes«. Er definiert die christliche Mystik von der Gotteserfahrung her und kommt zu dem Schluss, »dass der Christ der Zukunft ein Mystiker sei oder nicht mehr sei«.[4] Diese Sichtweise widerspricht einer landläufigen Auffassung, nach der das Wort »Mystik« nur auf bestimmte Personen anwendbar sei, die eine außerordentliche, für andere unerreichbare Form der Vereinigung mit Gott erfahren. In der Mystik – auch in einer Mystik des Gebets – geht es um die Liebe zwischen Gott und Mensch. Das christliche Gebet richtet Menschen auf die Gottesliebe aus, die das Leben in neuem Licht aufscheinen lässt, die Tunnelblicke aufbricht und ein begeistertes Leben eröffnet.

Hildegund Keul

Wie Mystik zur Sprache kommt

Mystik verweist auf die visionäre Kraft, die das Gebet in der Ohnmacht des Lebens freisetzt. Sie benennt, wo Gott in menschlicher Freude und Hoffnung, Trauer und Angst zu finden ist. Wer wiederum die verborgene Präsenz Gottes in der Welt begreift, dem oder der wird die schöpferische Kraft Gottes zugänglich. Im Gebet gibt sich der Mensch der Schöpfungskraft Gottes anheim. Die Mystikerin Gertrud von Helfta zeigt dies in ihrem Exerzitienbuch, als sie Gott um Neuschöpfung bittet:»O Gott-Liebe, mich hast du erschaffen: in deiner Liebe schaffe mich neu.«[5] Neuschöpfung ist notwendig, wo die eigene Kraft versagt, die Zuversicht schwindet und das Leben erstirbt. Im Zuspruch Gottes entsteht eine tragfähige Vision vom Leben, die neue Wege und damit Zukunft eröffnet.

In den Rissen und Brüchen, in der Schönheit und Verletzlichkeit des Lebens kommt Gott als dessen schöpferisches Geheimnis ins Wort. Dieses Geheimnis hat kein Mensch in der Hand. Niemand kann darüber verfügen, denn sein Kern ist die Liebe selbst. Die Liebe aber wird umso geheimnisvoller, je mehr sie sich zeigt. Dies merken Menschen, die sich schon lange Zeit lieben, die sich aber noch immer ein Geheimnis sind. Jedes Mühen um eine Liebeserklärung macht nur umso deutlicher, dass die mit dem in Berührung bringt, was sich nicht sagen lässt.

Der Mystik liegt daran, die Gottesliebe zu benennen, weil diese Benennung Lebenskraft freisetzt. Aber wie kann das ins Wort kommen, was alle Sprache überschreitet? In der Mystik fokussiert sich ein Sprachproblem, vor dem auch das Gebet steht. Denn beide sind verortet in der Bedrängnis des Lebens, die Menschen sprachlos macht. Im Verstummen des Lebens will die Gottesliebe zum Zug und daher ins Wort kommen. Die Mystik führt den Betenden vor Augen, dass es die Sprache noch nicht gibt für das, was es zu sagen gilt. Im stummen Schrei der Menschen lauscht sie auf das Schweigen Gottes. Wie vom Geheimnis des Lebens sprechen? Die Mystikerinnen und Mystiker werden nicht müde zu betonen, dass ihre Sprache schwach und kraftlos ist, dass sie selbst lieber schweigen würden und dass es beim Sprechen überhaupt erst auf das Schweigen ankommt. Hadewijch von Antwerpen kommentiert die Niederschrift ihrer Visionen: »Alles, was ich dir gesagt habe, das ist, als ob es kein Deutsch dafür gäbe.«[6]

Der Mystik ist die Polarität von Reden und Schweigen eingeschrieben. Die Präsenz Gottes in der Bedrängnis des Lebens will zu Wort kommen, damit sie nicht verschwiegen bleibt; wenn sie aber zu Wort kommt, muss das Schweigen mitsprechen, in dem das Geheimnis sich zeigt. Die Mystik verweist darauf, dass es im Gebet nicht nur auf das ankommt, was gesprochen wird, sondern auch auf das, was zwischen den Zeilen steht. Die christliche Tradition des Gebets ist wortorientiert. Zugleich lebt sie aus der Kraft des Schweigens, in dem sich das Unsagbare zeigt. Wer in der Not des Lebens zu beten versucht, dem oder der verschlägt es die Sprache. In der Bitte an Maria »bitte für uns Sünder jetzt und in der Stunde unseres Todes« kommt die Bedrängnis eigener Schuld zwischen den Zeilen zu Wort und führt zur Bitte um Beistand in Tod und Sterben. Mit wenigen Worten schafft dieses Gebet Raum für all das, was im eigenen Leben unsagbar ist.

Im Gebet gibt es keine Worte, in denen nicht der Lebensraum des Schweigens spricht; und kein Sprechen, das nicht verschwiegen wäre. Mystik verweist auf diesen Zusammenhang. Sie hat da ihren Ort, wo es Menschen in der Not ihres Lebens die Sprache verschlägt – und wo sie eine Lebensmacht erfahren, die sie aus dem Verstummen hinausführt. Von dieser Lebensmacht sprechen die Mystiker, obwohl oder gerade weil sie dies selbst an die Grenze ihrer Sprache treibt. In Konfrontation mit dem Tod, der sich überraschend auf das Leben hin öffnet, kommen Menschen mit dem Geheimnis des Lebens in Berührung. Die Lebensmacht der Auferstehung erweist sich stärker als der Tod. Die christliche Mystik versucht, diese Lebensmacht zu benennen. Sie bewegt sich an der Grenze der Sprache und macht sich hier jenem Wort auf die Spur, das *vor* allen Worten ist.

Mystik spricht eine Sprache, die das Versagen menschlicher Sprache vor dem Geheimnis des Lebens markiert. Sie ist verschwiegene Gottesrede.[7] In ihr Sprechen schreibt sich das Verstummen von Menschen genauso ein wie das ehrfürchtige Schweigen vor dem Ge-

Hildegund Keul

heimnis des Wortes, das sich den Verstummten offenbart. Marguerite Porete, eine Mystikerin aus dem 13. Jahrhundert, nennt jenes Geheimnis den »Fernnahen«, *loingprés.*[8] Bei diesem Wort handelt es sich um ein Oxymoron, also um einen Begriff aus zwei sich widersprechenden Wörtern, die auf etwas Drittes verweisen, das nur in diesem Widerspruch sagbar ist. Die Mystik verwendet diese Sprachform bevorzugt. Sie spricht vom *beredten Schweigen;* vom *dunklen Licht;* von der *weiselosen Weise.*

Eins mit dem »Fernnahen«

Mit dem Namen »Der Fernnahe« kommt der Geheimnischarakter der Gotteserfahrung ins Wort. Gott ist im Gebet nah und fern – und beides ist nicht ohne das jeweils andere zu haben. Wer im Gebet die Nähe Gottes sucht, ist vielleicht plötzlich mit aufrüttelnder Gottesfremde konfrontiert. Und wer mit den Gedanken gar nicht bei der Sache ist, wird plötzlich im Innersten angerührt. Die Mystik des Gebets lebt aus solchen bewegten Kontrasten. Nähe und Distanz; Vertrautheit und Fremde; Alltag und Fest; Einheit und Differenz; Reden und Schweigen – in diesen Polaritäten verortet die Mystik das Gebet.

»Im Zentrum der Mystik steht die Unio.«[9] Die Mystikerinnen haben wunderbare Texte verfasst, die diese Einheit von Gott und Mensch beschreiben. »Ich bin in dir, du bist in mir, wir können einander nicht näher sein, denn wir sind beide in eins geflossen und sind in eine Form gegossen und verbleiben so ewig unverdrossen« (*Mechthild von Magdeburg:* FLG III,5). Die Unio meint Augenblicke im Leben, wo alle Zeit der Welt zusammenfließt im Hier und Jetzt der Liebe. Das Ewige wird in der Zeit gegenwärtig, die Transzendenz in der Immanenz erfahrbar. Die Seele wird mitgerissen von einer Intensität, die alles umfasst, von einer Flut, die alles mit sich reißt, von einem Licht, das alles durchglüht.

Gertrud von Helfta beschreibt diese Erfahrung in Lichtmetaphern: »Die wunderbare Wirkung des Lichts ergriff all meine Glieder, es drang bis ins innerste Mark; es schien mir Fleisch und Bein aufzulösen, und ich hatte die Empfindung, als sei mein Körper und meine Seele nichts als Licht, göttliches Licht.«[10] Die Liebe ist eine radikale Grenzüberschreitung. Sie reißt die Person über sich selbst hinaus und macht sie zunichte. Die Unio »kann und darf [wird] niemand empfangen, er sei denn über sich hinaus gekommen und zunichte geworden« (*Mechthild von Magdeburg:* FLG I,2). In der Liebe verliert die Seele alles, was sie jemals gewonnen hat. Die Grenzen des Ich werden überschritten in die Unendlichkeit Gottes hinein.

Gerade in der Entfremdung des Zunichtewerdens wächst Neues: »Du bist mein Spiegelberg, meine Augenweide, ein Verlust meiner selbst, ein Sturm meines Herzens, ein Fall und Untergang meiner Kraft, meine höchste Sicherheit« (*Mechthild von Magdeburg:* FLG I,20). Im Gebet verliert die Seele sich selbst – und gewinnt eine neue, »höchste Sicherheit«. In der Berührung von Gott und Mensch ereignet sich Einheit, die Differenz eröffnet; und es sind die Differenzen zwischen Gott und Mensch, die Vereinigung ermöglichen. Beredt erzählt die Mystik von der Verwandlungskraft, die diese Liebeserfahrung im Alltag wie in Brüchen des Lebens freisetzt. Wo das Gebet dieser Spur folgt, wird es selbst zu einer mystischen Erfahrung.

1 Im Folgenden wird Mechthilds Werk als »FLG« (mit Buch- und Kapitelangabe) zitiert; neuhochdeutsche Übersetzung: *Mechthild von Magdeburg, Das fließende Licht der Gottheit.* Neubearbeitete Übersetzung von M. Schmidt, Stuttgart u.a. (Mystik in Geschichte und Gegenwart I/11) 1995; mittelhochdeutscher Text: *dies., Das fließende Licht der Gottheit.* Nach der Einsiedler Handschrift in kritischem Vergleich mit der gesamten Überlieferung, hg. von H. Neumann, Bd. I, München 1990.

2 In der Übersetzung von Margot Schmidt ist der letzte Satz wohl versehentlich ausgelassen.

3 Josef Sudbrack verweist auf diese Wortbedeutung: »Mystik kommt etymologisch von gr. myo = schließen, verschweigen« (*Sudbrack, J.* in: *Dinzelbacher, P.* [Hg.], Wörterbuch der Mystik, Stuttgart [2]1998, 367).

4 *Rahner, K.,* Zur Theologie und Spiritualität der Pfarrseelsorge, in: *ders.,* Schriften zur Theologie XIV, Zürich u.a. 1980, 148–165, 161.

5 *Gertrud von Helfta:* Exercitia spiritualia – Geistliche Übungen, hg. von S. Ringler, Elberfeld 2001, 497.

Hildegund Keul

6   *Hadewijch*, Die Werke der Hadewych I (Die Briefe). Aus dem Altflämischen über-
    setzt von J. O. Plassmann, Hannover, 36.

7   Vgl. *Keul, H.,* Verschwiegene Gottesrede. Die Mystik der Begine Mechthild von
    Magdeburg, Innsbruck 2004.

8   Vgl. *Leicht, I.,* Marguerite Porete – eine fromme Intellektuelle und die Inquisition,
    Freiburg 1999.

9   *Köbele, S.,* Bilder der unbegriffenen Wahrheit. Zur Struktur mystischer Rede im
    Spannungsfeld von Latein und Volkssprache, Tübingen 1993, 30.

10 *Gertrud von Helfta,* Gesandter der Göttlichen Liebe. Übersetzt von J. Lanczkowski.
    Heidelberg 1989, 48f.

»Er mache uns auf immer zu einer Gabe, die dir wohlgefällt«
Eucharistische Anbetung in der Spiritualität Charles de Foucaulds

Doris Broszeit PSE

Manchmal scheint in der Lebensgeschichte eines Menschen auf, welche Bedeutung ein Wort im christlichen Grundvokabular hat. So ist es auch mit dem Lebensweg von Charles de Foucauld, in dessen Geschichte die Anbetung Gottes immer mehr Raum gewinnt: von einer einsamen Sinnsuche über lebensträchtige Begegnungen hin zu einem Sich-finden-Lassen von Gott. An einem Wendepunkt seines Lebens schreibt er eine Meditation, aus der später in den Gemeinschaften, die sich auf ihn berufen, dieses Gebet reift:

»Mein Vater, ich überlasse mich dir,
mach mit mir, was dir gefällt.
Was du auch mit mir tun magst, ich danke dir.
Zu allem bin ich bereit, alles nehme ich an.
Wenn nur dein Wille sich an mir erfüllt
und an allen deinen Geschöpfen,
so ersehne ich weiter nichts, mein Gott.
In deine Hände lege ich mein Leben:
Ich gebe es dir, mein Gott,
mit der ganzen Liebe meines Herzens,
weil ich dich liebe und weil diese Liebe mich treibt,
mich dir hinzugeben, mich in deine Hände zu legen, ohne Maß,
mit einem grenzenlosen Vertrauen,
denn du bist mein Vater.«[1]

1. Charles de Foucauld – eine Lebensbeschreibung

Auf den ersten Blick scheint das Leben Charles de Foucaulds (1858–1916) voller Brüche: Geboren in Straßburg, verbrachte er Kindheit und Jugend im Elsass. Der Tod beider Eltern machte ihn und seine Schwester sehr früh zu Waisen. Es folgten eine militärische Karriere in Frankreich und Algerien, Forschertätigkeit in Marokko und Paris, ein Leben als Trappistenmönch in der waldreichen Ardèche und im kargen Syrien; später dann ein Dasein als Einsiedler im Schatten eines Klarissenklosters in Nazaret und in den letzten 15 Jahren seines Lebens als Mönch und Missionar inmitten des Beduinenstamms der Touareg in Algerien.[2]

Eine lange Suche nach der Wahrheit

Wie viele seiner Generation verlor Charles de Foucauld seinen Glauben bereits als Jugendlicher. Früh schon stieß er sich daran, dass die Menschen mit der gleichen Absolutheit verschiedenen Religionen und Weltanschauungen anhingen: Das machte für ihn alle unglaubwürdig. So sagte Charles de Foucauld von sich selbst, dass er zwölf Jahre gelebt hat, ohne zu glauben, aber auch ohne den Glauben zu leugnen. Und doch spiegelt sich in diesen Lebensjahren, gerade in den vielfältigen Ausschweifungen, seine ständige Suche nach Sinn wider.

Viele Stunden verbrachte er als junger Erwachsener in der Stille der Kirchen von Paris, ein eigentümliches Gebet auf den Lippen: »Mein Gott, wenn es dich gibt, lass mich dich erkennen.«[3] Zum Wendepunkt in seinem Leben wurde ihm im Oktober 1886 die Begegnung mit Abbé Huvelin, den er in der Kirche St.Augustin aufsuchte, um Religionsunterricht zu erbitten. Mit spirituellem Takt erahnte jener, dass er einen suchenden Menschen vor sich hat, der die Begegnung mit Gott längst ersehnt, und er schlug ihm vor, das Bußsakrament zu empfangen und gleich darauf zu kommunizieren.

Die Bekehrung von Charles de Foucauld ist auf das Engste mit dem Geheimnis der Eucharistie verbunden. Er hat in dieser Stunde Gott als Liebenden erfahren. »Sobald ich verstanden hatte, dass es einen Gott gibt, war mir klar, dass ich nur für ihn leben konnte.«[4] Jesus Christus wird zum Dreh- und Angelpunkt seines Lebens, und Foucauld versucht, dem eigenen Leben mehr und mehr die Form zu geben, die seinem Empfinden nach dem Beispiel Jesu am ehesten entspricht. Sein Glaube ist christuszentriert und sein Leben steht für den Satz: Wer Jesus findet, findet Gott.

Nazaret oder: Die Entdeckung des nahen Gottes

Eine Pilgerreise ins Heilige Land berührte Charles de Foucauld ungemein. In Nazaret entdeckte er das 30 Jahre lang verborgene Leben Jesu unter den Menschen seines Umfeldes: In Jesus Christus zeigt sich der große Gott, dessen barmherzige Liebe Charles erfahren durfte, als der so nahe Gott. Gott, unerkannt gegenwärtig im Handwerker aus Nazaret.

Foucauld trat in ein Trappistenkloster ein, das ein Priorat in Syrien besaß. Hier meinte er am ehesten die »Kopie« des Lebens Jesu zu finden, der als armer Handwerker in Nazaret gelebt hat. Später führte ihn sein Weg aus dem Orden heraus, weil er in den Armen, die in der Nähe des Klosters lebten, eher den »armen Jesus« erahnte als in seiner Gemeinschaft. Zutiefst bedrückte ihn die Christenverfolgung, der die Einheimischen ausgesetzt waren, von der die Ausländer aber verschont blieben. »Wir leben arm, aber nicht so arm, wie die Menschen um uns herum.«[5]

Was er erlebte, ließ ihn immer wieder am Evangelium und an Jesus Christus Maß nehmen und seine eigene Lebensform neu in Frage stellen. So entschloss er sich, nach Nazaret zurückzukehren, an den für ihn in seiner Glaubensgeschichte so wichtigen Ort. Er wurde inkognito Hausbursche bei den Klarissen und verbrachte seine Zeit mit kleinen Diensten und vielen, vielen Stunden des Gebets und der Schriftbetrachtung.

Den Menschen Bruder werden

In den Jahren in Nazaret, in der Stille der Kontemplation wuchs in Foucauld die Sehnsucht, die Heilssorge Jesu zu teilen. Es ist vor allem die eucharistische Anbetung, die ihn Jesus Christus nach und nach

Doris Broszeit

auch in den Armen entdecken lässt. Gegen Ende seines Lebens schreibt er an seinen Freund Louis Massignon:»Ich glaube, es gibt keine Stelle im Evangelium, die auf mich einen tieferen Eindruck hinterlassen und mein Leben mehr verändert hat, als folgende: ›Alles, was ihr einem dieser Geringsten tut, das habt ihr mir getan.‹ Wenn man bedenkt, dass diese Worte aus dem Mund dessen kommen, der das Urbild der Wahrheit ist, und dass sie aus dem gleichen Mund kommen, der ›Dies ist mein Leib, dies ist mein Blut‹ gesprochen hat, so spürt man, mit welcher Kraft man dazu angetrieben wird, JESUS in den Geringsten, den Sündern, den Armen zu suchen und zu lieben.«[6]

Nach langem Zögern entschloss er sich zur Priesterweihe, da er immer mehr den Sinn von Nazaret im »Gehen zu den Anderen«, im »Sein für die Anderen« entdeckte. In einer Meditation lässt er Jesus sprechen:»Siedle dich in der Nähe der Menschen an, dort wirst du mich nachahmen können in der Nächstenliebe. Was die Stille angeht, so ist es nicht die Abgeschiedenheit und Entfernung von meinen Kindern, sondern die Liebe, die dich zur Sammlung führt, um innerlich in mir präsent zu sein. Sieh mich in ihnen und, so wie ich es in Nazaret tat, lebe in ihrer Nähe, verloren im Vater.«[7]

Als Foucauld sich schließlich 1901 in Nordafrika niederließ, wollte er Bruder der Menschen werden. Aber er lebte einen so asketischen Lebensstil, dass ihm niemand folgen konnte. Erst langsam lernte er, im Umgang mit anderen und mit sich selbst Grenzen und Bedürfnisse zu akzeptieren. In erstaunlicher Weise gelang es ihm jedoch, freundschaftliche Beziehungen mit den Touareg zu knüpfen und sein Leben an das ihre zu binden. Das Geheimnis von Nazaret wird für ihn so nach und nach zu einem Geheimnis der Solidarität Gottes mit den Menschen und seiner Option für die Armen und Benachteiligten.

Charles teilte das Leben mit den Touareg, war aufmerksam auf ihre Kultur, lernte ihre Sprache und erstellte über Jahre hinweg ein Wörterbuch. Er erlebte das Angewiesensein aufeinander in jener kargen Landschaft des Hoggargebirges; als er an Skorbut erkrankte, ernährten die Touaregs ihn mit Ziegenmilch und retteten ihm das Leben. Dadurch erfuhr er am eigenen Leib, wie sich eine Gegenseitigkeit entwickelte, die die Voraussetzung aller wahren Evangelisierung ist. »Ich möchte, dass alle Bewohner dieses Landes, Christen, Muslime, Juden … in mir ihren Bruder sehen, den Bruder aller Menschen. Sie beginnen das Haus ›die Bruderschaft‹ zu nennen und darüber freue ich mich sehr.«[8]

Wiewohl Foucauld sich danach sehnte, eine Gemeinschaft von Brüdern und Schwestern zu gründen, blieb er allein. Erst Jahre nach seinem gewaltsamen Tod in den Wirren des ersten Weltkrieges im Jahr 1916 entstanden, inspiriert von seinen Schriften und einer ersten Biographie, Gemeinschaften, die sich auf die Intuitionen seines Lebens berufen.

2. Von einem eucharistischen Kult zu einem eucharistischen Leben

Die Eucharistiefrömmigkeit Charles de Foucaulds hat in den ersten Jahren nach seiner Bekehrung etwas kindlich Naives. Dennoch gehen seine Intuitionen und seine Lebenspraxis weit über seine theologische Reflexion hinaus. Zunächst wächst er selbstverständlich in die Frömmigkeitsform der eucharistischen Anbetung hinein – ist doch nach dem Krieg 1870 die Kirche Sacre Cœur in Paris gebaut worden, um in der bis heute Tag und Nacht andauernden »ewigen Anbetung« eine spirituelle Erneuerungsbewegung nach dem Debakel des Krieges auszudrücken. Charles de Foucauld begegnet also einer damals »modernen« Gebetsform und es ist daher nicht ungewöhnlich, dass er diese nach den Jahren seiner religiösen Indifferenz zu schätzen lernt. Seine Originalität liegt darin, dass er nach und nach den tiefen Sinn der Anbetung so in sein Leben übersetzt, dass sie nicht nur seine Gebetsform ist, sondern in ihr auch die Botschaft seines Lebens aufscheint.

Von Jesus Christus ergriffen in der Sehnsucht,
ihm gleichgestaltet zu werden (vgl. Phil 3,12)

Anbetung ist für Charles de Foucauld zunächst eucharistische Anbetung. Sein Verständnis gründet auf einer ganz einfachen Überzeugung: Er will Jesus Gesellschaft leisten. Und da derjenige, den er liebt,

Doris Broszeit

ganz in der Eucharistie präsent ist, möchte er zu seinen Füßen anbetend verweilen. Man kann dies mit der Verrücktheit eines verliebten
Menschen vergleichen: Ein solcher ist bereit, seine Zeit zu verschwenden, will mit dem anderen sprechen und ihm zuhören. Er möchte nicht
bestimmte Dinge tun, sondern will ganz einfach nur lieben lernen und
sich lieben lassen. Das ist ein wesentlicher Aspekt des Betens Charles
de Foucaulds.

Die vielen Stunden der Anbetung bringen Charles de Foucauld auf
einen inneren Weg. Er macht einen Prozess der Wandlung durch, so
dass allmählich in ihm der Wunsch reift, in der Verehrung der Eucharistie nicht nur dem geliebten Gegenüber zu begegnen, sondern selbst
ein eucharistisches Leben zu führen – ein Leben also, das dem Leben
Jesu Christi gleichgestaltet ist.

Die Jahre in Nazaret, aus denen die meisten seiner heute erhaltenen
Schriften stammen, sind geprägt von langen Zeiten der Anbetung sowohl am Tag wie auch in der Nacht. Sie lassen erahnen, welche innige
Beziehung Foucauld mit Jesus Christus hat knüpfen können. In deren
Rahmen will er all sein Tun und Denken stellen. »Das Gebet ist ein ver-
trauensvolles Zusammentreffen mit dem Geliebten. Ich schaue ihn an,
ich sage ihm, dass ich ihn liebe, ich freue mich zu seinen Füßen zu sit-
zen und ich sage ihm, dass ich dort auf ewig bleiben möchte.«[9]

Die Konfrontation mit dem Geheimnis der Eucharistie und der
Schrift lässt in ihm in Nazaret die Frage reifen: »Was muss ich tun?«
Gewiss ist es für die damalige Zeit eine prophetische Intuition, Eucha-
ristie und Schrift zusammenzuschauen. Entsprechend sieht Foucauld
in seiner Regel für die Brüder vor, dass Bibel und Tabernakel in den
Kapellen nah beieinander sein sollen, und er selbst verbringt viele
Stunden eucharistischer Anbetung mit Schriftmeditationen, denn:
»Wir müssen versuchen, uns vom Geist des Herrn durchtränken zu
lassen, indem wir unablässig seine Worte und seine Beispiele lesen und
wieder lesen, betrachten und wieder betrachten, damit sie in unserer
Seele wirken wie der Wassertropfen, der wieder und wieder auf die-
selbe Stelle einer Steinplatte fällt.«[10]

Den Menschen zur »nützlichen Speise« werden

Eucharistische Anbetung gehört in den weiteren Rahmen der Eucharistiefeier; sie ist ihre Fortsetzung und zielt auf ein eucharistisches Leben: Gott schenkt sich, Gott sammelt, Gott wandelt – das soll auch mit dem Leben der Menschen geschehen, die die Eucharistie feiern.

Wenn Jesus in der Eucharistie für uns zur Nahrung wird, damit wir ihm im Heiligen Geist gleichgestaltet und so Kinder des lebendigen Gottes werden, dann ist das Gabe und Aufgabe zugleich. Es ist der Aufruf, mit Jesus in der Geschichte der Menschheit unseren Platz einzunehmen, einen Platz, der der Szene der Fußwaschung entspricht, die im Johannesevangelium den Tod Jesu deutet: Jesus wäscht den Jüngern die Füße und stellt damit das Dasein für Andere, die Pro-Existenz ins Zentrum christlichen Lebens und Handelns (Joh 13).

Darin liegt die Aktualität von Charles de Foucaulds Verständnis von Anbetung: Anbetung ist ein Empfangen und Annehmen der Liebe Gottes wie ein Armer. In einem menschlichen Herzen, das sich Gott öffnet, erreicht dieser die gesamte Menschheit. Inkarnation ist also nicht nur das Geschehen der Menschwerdung Jesu. Vielmehr ist Inkarnation auch das, was Jesus in den Menschen wird und wirkt, die seinen Weg kreuzen und ihn als Herrn und Meister annehmen, und die er damals wie heute durch den Heiligen Geist befähigt, ein »alter Christus« zu werden.

In Tamanrasset, wo Charles de Foucauld die letzten 15 Jahre seines Lebens verbringt, lebt er die Hingabe seines Lebens vor allem in seinem Alltag – in seiner Arbeit am Wörterbuch Französisch-Touareg, in der Begegnung mit den Nomaden im Umkreis, in den langen Stunden des Gebets, in Gastfreundschaft und Gesten des Teilens. Dieser Alltag konfrontiert ihn auch oft genug mit dem Scheitern und seinen eigenen Grenzen. Zwar hat er einige der Touareg zu Freunden gewinnen können, aber er täuscht sich nicht darüber hinweg, dass seine größte Sehnsucht, das Evangelium zu verkünden, eine lange Zeit des Mitlebens erfordert, die sein Lebenskapital weit überschreitet. Er versteht sich als Wegbereiter. Auch die Entstehung der Gemeinschaften von Brüdern und Schwestern, für die er mehrere Regeln geschrieben

Doris Broszeit

hat, erlebt er nicht. Aber weil sich Gott in Jesus Christus zuerst geschenkt hat, sehnt er sich danach, ihm sein Leben zu überlassen, und so kann er nach und nach seine Pläne loslassen.

Charles de Foucauld erzählt, dass er voller Freude die Tür öffnet, wenn er während seines Gebets jemanden klopfen hört, gewiss, im Antlitz des Mitmenschen in gleicher Weise das Antlitz Christi zu betrachten, welches er zuvor in der Eucharistie verehrt hat. »Der Eucharistie gegenüber sollen wir genauso handeln, wie den Menschen gegenüber … Es gilt, sich von der Eucharistie verändern zu lassen und so zur ›Eroberung‹ unserer selbst durch die Gnade des Sakramentes beizutragen.«[11]

Der kantige Lebensweg von Charles de Foucauld ist der Lebensweg eines Menschen, der gelernt hat, dass Anbetung nichts anderes meint als ein Leben in der Präsenz Gottes. Und dass diese Präsenz die Menschen in ein geschwisterliches Dasein führt, da Jesus der Erstgeborene einer Vielzahl von Kindern Gottes ist. Das Lebensbeispiel Jesu, sein Weg im Dienst am Reich Gottes, birgt auch für den Glaubenden einen Wegprozess, um selbst »nützliche und wohltuende Speise«[12] für andere Menschen innerhalb der großen Sammlungsbewegung Jesu Christi zu werden.

3. Eucharistische Anbetung – ein Zeichen, damit Glaube, Hoffnung und Liebe reifen

Im Folgenden sollen einige Aspekte aufgegriffen werden, die vom Lebensbeispiel Charles de Foucaulds her den Horizont des Themas Anbetung erhellen können.

Danksagung als Lebenshaltung

Eucharistische Anbetung zielt auf ein eucharistisches Leben in Gemeinschaft mit dem im Gebet gegenwärtigen Christus, der sich unaufhörlich beim Vater für die Menschen einsetzt, und zwar bis dahin, dass er sein Leben für sie verschenkt, »gehorsam bis zum Tod« (vgl. Phil 2,8).

Das letzte Mahl Jesu gehört in den Kontext des Paschafestes und

Jesus hat den Weg, der ihm bevorstand, wohl kaum ignorieren können. So wird dieses Mahl zu einem Lobpreis (»eucharizein« – danksagen), mit dem Jesus sein ganzes Leben ins Spiel bringt (vgl. 1 Kor 11,23ff.). Dabei zeugen nicht wenige Momente seines Lebens von dieser Haltung der Danksagung und sind Ausdruck für seine tiefe Beziehung zum Vater sowie für seinen kontemplativen Blick auf die Welt. Das gilt in besonderer Weise für den Jubelruf Jesu: »Ich preise dich, Vater, Herr des Himmels und der Erde, weil du all das ... den Unmündigen aber offenbart hast« (Mt 11,25ff. und par.) Hier wird deutlich, was Jesus veranlasst zu danken: Der Mensch, der sich der Botschaft vom Reich Gottes vertrauensvoll öffnet. Danksagung – Eucharistie benennt somit die Richtung des Lebens Jesu: eine beständige Offenheit auf den Vater hin.

So ist die eucharistische Anbetung entgegen dem Anschein, der ihr gelegentlich in der Frömmigkeitsgeschichte anhaftet, gerade keine individualistische Veranstaltung. Vielmehr lädt die Eucharistiefeier ein, in das Geheimnis Christi einzutreten und an seinem ewigen Gebet teilzuhaben. Das, was die Jünger und wir im Abendmahl empfangen, will in die Dynamik hineinnehmen, die das Leben Jesu ausmacht: Selbst zu einer Gabe im Dienst am Reich Gottes zu werden. Wenn wir es wollen und zulassen, gestaltet der Heilige Geist unser Leben allmählich gemäß dem Leben Jesu, auf dass auch unser Leben zu einer Danksagung werde.

Leben in der Dynamik des Heiligen Geistes

In diesem Zusammenhang ist es nicht unbedeutsam, dass Charles de Foucauld vier Mal am Tag den Heilig-Geist-Hymnus betet und dies auch in der Regel, die er für eventuelle Brüder schrieb, so vorsieht. Damit bringt er auf den Punkt, was christliches Beten zutiefst ausmacht: Der glaubende Mensch wird vom Heiligen Geist geleitet, der in ihm lebt und betet (vgl. Röm 8,14–27). Das Gebet reift in uns, weil der Heilige Geist, den der auferweckte Jesus Christus sendet, an uns handelt und uns in die Gotteskindschaft einführt. »Beten in der Dynamik des Heiligen Geistes« bedeutet, sich von Jesus Christus im Geist zum Vater

Doris Broszeit

führen lassen. So wohnt das Gebet gleichsam schon in uns Menschen, da wir selbst Wohnung dessen sind, der der Weg zum Vater ist. Beten heißt daher zuallererst zu erfahren, dass der Heilige Geist schon in mir betet. Das christliche Beten ist also wie das Innewerden einer Präsenz. Ich muss es nicht machen, sondern zunächst aufmerksam geschehen lassen.

Eucharistische Anbetung führt den Christen an eben diesen Punkt. »Er (der Heilige Geist) mache uns auf ewig zu einer Gabe, die dir wohlgefällt«, betet der Priester in der Eucharistiefeier im dritten Hochgebet. Durch den Heiligen Geist und in ihm überantworten wir unser eigenes Leben Gott, damit es in Christus eine »heilige und lebendige Opfergabe werde, die Gott wohlgefällt«. Diese Wandlung hat auch Konsequenzen für unser In-der-Welt-Sein, für den persönlichen Umgang miteinander und nicht zuletzt für das politische und soziale Handeln im Blick auf die Menschheitsfamilie.

4. Der gegenwärtige Augenblick als Ort der Anbetung
Aufmerksamkeit für das Hier und Jetzt

Die Wurzel allen Betens ist das Dasein vor Gott, das Gegenwärtigsein mit dem ganzen Leben. Wir besitzen nur den gegenwärtigen Moment, um uns vor Gott präsent zu halten und um die Welt zu gestalten.

Im gegenwärtigen Moment zu leben ist ein Zeichen der Hoffnung. Es ist auch die Tugend der Armen, die oft gar nicht anders können, als im Hier und Jetzt zu leben. Es bedeutet, die Kontrolle über das Vergangene und das Zukünftige nach und nach loszulassen. Für den Christen bedeutet diese Bewegung, sich in Gott hinein loszulassen, um so offen zu werden für seinen Anruf. Das Hier und Jetzt ist der Ort, an dem wir unser Leben verschenken oder festhalten, geschehen lassen oder Widerstand leisten. »Damit haben wir eine regelrechte Definition des ständigen Betens gegeben. Es bedeutet einen Blick des Glaubens auf die Welt, wie sie wirklich ist. Darin müssen wir uns üben, denn es gibt tatsächlich eine Art, den Menschen, die Arbeit, das Vergnügen, die Sorgen zu betrachten, die die volle menschliche und göttliche, sichtbare und unsichtbare Wahrheit einschließt. Aus dieser Betrachtungsweise geht das Gebet hervor.«[13]

Das Wesen der Anbetung zielt auf die Gestaltung des Augenblicks durch eine geschärfte Aufmerksamkeit für das, was jetzt ist. Die Anbetung ist die andere Weise der Aufmerksamkeit für Gott in der Banalität des Alltags. Der Mensch, der sich der unsichtbaren Präsenz Gottes in der Stille aussetzt, kann diese auf den ersten Blick ebenso unscheinbare Gegenwart auch in seinem Alltag ertasten. Dort, wo ich mich in meinem Gebetsleben auf den mühsamen Weg mache, Gott Gott sein zu lassen als den Ganz-Anderen, dem ich im Glauben begegne und den ich nicht in die mehr oder weniger vorhandenen religiösen Gefühle »einsperren« kann, dort kann ich auch zunehmend im Geheimnis des Alltags die Präsenz Gottes erkennen, der in allen Dingen gegenwärtig ist und sich manifestiert. »Ich lebe von einem Tag auf den anderen und versuche einzig und allein, in jedem Augenblick, den Gott mir gibt, seinen Willen zu tun.«[14]

Das Gebet ist daher auch der Ort, an dem der Mensch lernen kann, die Dinge der Welt Gott gemäß zu ordnen. Auch hier hat Charles de Foucauld, ohne es ausdrücklich zu benennen und zu reflektieren, den Weg eingeschlagen, der vom eigenen Leben zu Gott und von Gott immer wieder in die Realität des eigenen Alltags führt. »Möge er mich bekehren, in mir ein neues Herz schaffen, mich ein neues Leben beginnen lassen, damit ich endlich anfange, ihm nachzufolgen, ihn nachzuahmen, sein Leben zu führen, ihn tatsächlich zu lieben, jeden Augenblick das zu sein und das zu tun, was ihm am meisten gefällt.«[15]

»Jetzt und in der Stunde unseres Todes«

Im letzten Satz des »Ave Maria« wagen wir es, die entscheidenden Momente unseres Lebens zu benennen – Momente, in denen wir unser Leben aufs Spiel setzen, in denen es Richtung gewinnt und sich entscheidet: »Jetzt und in der Stunde unseres Todes …« Diese beiden Scharnierstellen des Lebens mit Gott, des Lebens im Glauben stellen wir dabei in die Fürbitte Mariens als der Frau, die zeichenhaft für ein in Gott vollendetes Menschenleben steht. Die Stunde unseres Todes als den Moment zu verstehen, in dem unser Leben sein Siegel erfährt, ist einleuchtend. Weniger augenscheinlich ist manchmal der Ernst des gegenwärtigen Augenblicks.

Charles de Foucauld hat im Blick auf die Gegenwart hier und jetzt die Intuition gehabt, mit dem »Nachahmen« des verborgenen Lebens Jesu in Nazaret an einem Ort zu sein, an dem Gott präsent ist. Gerne stellt er sich in seinen Meditationen in den Kreis der Heiligen Familie, wie ein kleiner Bruder Jesu, in der Sehnsucht, dort den rechten Blick auf das Leben und die Welt zu erlernen. »Ich arbeite für dich, mein Jesus, vor deinem Angesicht, mit dir, in deiner, Marias und Josefs Gesellschaft, ohne dass ich aufhöre, auf dich zu schauen, dich zu betrachten, dich anzubeten.«[16] Seine langen Stunden der Anbetung haben sein Bild von Gott nachhaltig geformt und verändert. Und sie haben seinen Blick auf die Realität geschärft, ja ihm den Schlüssel geschenkt, mit dem sich diese Realität eröffnet als Ort, an dem er Gott in den oft so banalen Mäandern des Alltags begegnen kann. »Tun wir im gegenwärtigen Augenblick, was am besten ist: Nutzen wir in all den Augenblicken, aus denen sich unser Leben zusammensetzt, die gegenwärtige Gnade, die Mittel, wie Gott sie gibt.«[17]

Viele Entscheidungen hat Charles de Foucauld im Gebet gefällt. Anbetung hat immer ein »danach« und stellt vor die Frage: »Welche Wahl treffen? Was tun?« Das Gebet zielt auf die Realität und die Ansprüche des Lebens. Es ist der Ort, an dem sich das Christsein in der Nächsten- und Gottesliebe konkretisiert. In diesem Sinne kann man Anbetung bei Foucauld als eine Art und Weise erkennen, mit Gott durchs Leben zu gehen: Gott suchen und finden, das geschieht inmitten der alltäglichen Begebenheiten, weil Gott selbst den Weg menschlicher Geschichte gewählt hat, um sich zu offenbaren.

5. Von der erstrebten Heiligkeit zur hingehaltenen Armut

Das Gebet ist nicht ergebnisorientiert und damit der Beurteilung des Betenden entzogen. Wie alle Menschen, die sich ernsthaft auf das Gebet einlassen, hat Charles de Foucauld in seinem Beten die Erfahrung von Nacht und scheinbarer Gottesferne gemacht. »Mein Dasein ist merkwürdig, alles erscheint mir leer und unnütz, wenn ich nicht zu Füßen Jesu sitze und ihn betrachte. Aber dann, wenn ich dort bin, bin ich trocken und hohl, ohne ein Wort oder einen Gedanken – und oft endet es damit, dass ich einschlafe. Trockenheit, Dunkelheit, alles kostet mich ungemein ... auch nur Jesus zu sagen, dass ich ihn liebe. Es bleibt mir nichts, als mich an meinem Glauben festzuklammern. Wenn ich doch wenigstens spüren würde, dass Jesus mich liebt. Aber er hüllt sich in Schweigen.«[18]

In diesen Worten klingt an, dass der Weg der Anbetung ein Weg ist, der den Betenden gleichermaßen hinführt zu und wegführt von sich selbst. Beten hat mit Glauben zu tun, es verlangt eine »Aktivierung« des eigenen Glaubens auch jenseits der Erfahrung der Präsenz Gottes. Betend verliert der Mensch sich aus den Augen, sein Blick richtet sich nach und nach auf Gott und wird zu einem Blick des Glaubens, des Hoffens und des Liebens. Die meisten Menschen, die sich darauf eingelassen haben, dem Gebet einen gewissen Raum in ihrem Leben einzuräumen, erfahren dies als schmerzhaften Prozess, in die eigene Realität der Geschöpflichkeit und des Sich-Verdankens einzuwilligen. Nur ganz langsam verschiebt sich die Perspektive und der Betende lernt, um Gottes willen zu beten und sein Gebet nicht im eigenen Machen und Können, sondern in Gott zu verankern.

In der Eucharistie hat die Selbsthingabe Jesu etwas äußerst Diskretes, Unaufdringliches und Verborgenes. Je mehr sich ein Mensch der Gebetsform der eucharistischen Anbetung aussetzt, desto mehr wird diese Tatsache deutlich: Gott empfängt uns, indem er sich von uns empfangen lässt und wir in diesem Empfangen unsere tiefste Identität finden: Kinder Gottes und einander Geschwister zu werden.

1   *Foucauld, C. de*, Écrits spirituelles, Paris 1964, 29 (Meditation zu Lk 23,46); die Über-
    setzung folgt der gängigen deutschen Fassung.

2   Zur Biographie vgl. *Six, J.-F.*, Charles de Foucauld. Der kleine Bruder Jesu. Hg. von
    J. Rintelen. Freiburg i. Br. 2005.

3   *Foucauld, C. de*, Œuvres spirituelles, Paris 1958, 663.

4   Ebd.

5   *Ders.,* Lettres à Mme de Bondy, Lyon 1966, 52 (Übers. DB).

6   *Six, J. F.*, Abenteurer der Liebe Gottes, Briefe C. de Foucaulds an L. Massignon,
    Würzburg 1998, 182f.

7   *Foucauld* (s. Anm. 3) 364 (Übers. DB).

8   *Gorée, G.,* Sur les traces de Charles de Foucauld, Paris 1936 (Übers. DB).

9   *Foucauld, C. de,* Lettres à mes frères de la Trappe, Paris 1991, 144 (Übers. DB).

10 *Six* (s. Anm. 6) 143.

11 *Voillaume, R.*, Lettres aux fraternités I, Paris 1960, 60 (Übers. DB). René Voillaume
    (1905–2003) steht am Beginn verschiedener Gemeinschaften in der geistlichen
    Familie Charles de Foucaulds und in der jüngeren französischen Kirchengeschichte
    am Knotenpunkt verschiedener Entwicklungen: von Arbeiterpriestern und
    Ordensleben in kleinen Gemeinschaften ›mitten in der Welt‹.

12 *Ders.*, Les fraternités du P. de Foucauld, Paris 1946, 105 (Übers. DB).

13 *Ders.*, Mitten in der Welt, Freiburg 1960, 108.

14 *Foucauld, C. de,* Lettres à Henri de Castries, Paris 1938, 156 (Übers. DB).

15 *Ders.*, Betrachtungen über die Evangelien, zitiert nach: *Six, J. F.*, Charles de Foucauld
    – Der geistliche Werdegang, München 1978, 263.

16 *Ders.*, Nouveaux écrits spirituels, zitiert nach: *Six* (s. Anm. 15) 164.

17 *Ders.*, Correspondances sahariennes, Paris 1998, 208 (Übers. DB.).

18 *Ders.* (s. Anm. 3) 323 (Übers. DB).

Das liturgische Gebet

Manfred Scheuer

»Seid ihr bereit, die Mysterien Christi, besonders die Sakramente der Eucharistie und der Versöhnung, gemäß der kirchlichen Überlieferung zum Lobe Gottes und zum Heil seines Volkes in gläubiger Ehrfurcht zu feiern?« So wurde ich bei meiner Weihe zum Priester gefragt. Zu den Versprechen bei der Bischofsweihe gehörte es, bereit zu sein, »für das Heil des Volkes unablässig zum allmächtigen Gott zu beten und das hohepriesterliche Amt untadelig auszuüben«. Gebet und Liturgie, die Feier der Eucharistie und der Sakramente gehören zu den Grundvollzügen des priesterlichen Dienstes. Die Realität ist dabei sehr vielfältig: Sie reicht vom alltäglichen Stundengebet über einfache Werktagsmessen und gesammelte, intensive Gruppenmessen bis zur Hochliturgie in der Kathedrale. Wunderbare Feiern auf Berggipfeln gehören ebenso dazu wie bis auf das letzte Wort vorbereitete Messen, die keinen Freiraum für Stille und persönliches Gebet lassen. Ohne Zweifel gibt es die Gefahr, dass sich Priester in der Liturgie selbst inszenieren. Doch dessen ungeachtet ist Liturgie für mich und für viele andere der Ort der geistlichen Berufung gewesen und beschenkt mich mit der Erfahrung, gemeinsam mit anderen den Glauben zu feiern.

In der Liturgie bündeln sich Erwartungen von Christinnen und Christen, sich und ihre Lebenswelt wieder zu finden. In und immer häufiger auch außerhalb der Kirchen suchen Menschen nach Ritualen, in denen sie ihr eigenes Leben mit seinem Lichten und Dunklen ausgedrückt finden; in denen sie ihren Schmerz, ihr Nichtverstehen und ihre Hoffnungen artikulieren, gemeinsam mit anderen das Leben feiern und sich dem Segen Gottes öffnen. Wenn Naturkatastrophen wie das Tsunami-Desaster in Südostasien Ende 2004, der tödliche Amoklauf eines Schülers in Erfurt im Sommer 2002 oder Terrorakte mit der Brüchigkeit und Grausamkeit der Wirklichkeit wie auch mit der eigenen Verwundbarkeit und Sterblichkeit konfrontieren, suchen Menschen auf diese Erfahrungen in gemeinsamen Ritualen zu antworten: in Lichterketten, in einem Innehalten und Stillstehen des gesamten öffentlichen Lebens, in Gottesdiensten, die auch an der Schwelle zur Kirche wie auf den Treppenstufen des Erfurter Doms gefeiert werden.

Im Folgenden versuche ich zu erhellen, welche Bedeutung die Feier der Liturgie im christlichen Glauben hat. Was ist Liturgie? Was wird gefeiert? Und wer feiert? – Im Anschluss an diese Skizze zeige ich Tendenzen auf, in denen Liturgie verkürzt wird und die als Kontrasthintergrund Tiefe und Reichtum christlicher Liturgie aufscheinen lassen.

1. Vom Geist der Liturgie

Gottes-Dienst: Gabe Gottes und Aufgabe der Kirche

Die Liturgiekonstitution des Zweiten Vatikanischen Konzils »Sacrosanctum Concilium« betrachtet die Liturgie als Spiegelbild des gesamten kirchlichen Lebens. In ihr verwirklicht sich in höchstem Maße eine Doppelbewegung, die alles kirchliche Handeln, insofern es Vergegenwärtigung Jesu Christi ist, kennzeichnet: Dass Gott sich heilend und Heil schenkend jedem Menschen zuwendet, und dass der Mensch Gott antwortet, indem er ihn mit seinem ganzen Dasein lobt und verherrlicht.

Christliche Liturgie ist nur auf diesem Hintergrund zu verstehen und die ineinander verschränkte zweifache Dynamik macht ihre Grundstruktur aus. Das bedeutet: Christlicher Gottesdienst ist zuerst *Gottes Dienst am Leben der Menschen*. Liturgie ist primär Handeln Gottes an uns. Der Vater wirkt durch Christus im Heiligen Geist das Heil, indem er Gemeinschaft mit sich schenkt und uns in das Paschamysterium miteinbezieht. Liturgie ist also zuallererst von Gott her zu verstehen, der sich selbst mitteilt, der sich selbst gibt und damit eine lebensschaffende und vergöttlichende Kommunikation erschließt – im Wort der Schrift, in der Feier der Sakramente, im betenden Volk Gottes. Als Antwort ist Liturgie dann *Gottesdienst der Christen*, die in diesen Dialog dankend, lobend und bittend einstimmen und darin Gott die Ehre geben. In dieser zweiten Perspektive erweist sich Liturgie als der »zum Volk gehörige Dienst«, wie es die griechische Wurzel des Begriffs ausdrückt (*lēitón ergón*)

In Gottesdiensten wird dieser in Jesus Christus gestiftete Neue Bund zwischen Gott und Mensch vergegenwärtigt und gefeiert. Entsprechend findet sich der Doppelaspekt, dass Gott sich heilshaft zuwendet und dass das Gottesvolk antwortend sich auf ihn ausrichtet, in jeder liturgischen Feier, wenn auch mit unterschiedlichen Ausprägungen.

Eucharistie als Feier des Neuen Bundes

In herausragender Weise verdichtet sich Liturgie als Gebetsgeschehen, in welchem sich die Begegnung zwischen Gott und Mensch ereignet, in der *Eucharistie*. In ihr bündelt sich das Wesentliche des christlichen Glaubens: Liebe und Leid, Leben und Tod werden auf den Punkt gebracht und verwandelt. In ihr feiern wir das Geheimnis unseres Glaubens: »Deinen Tod, o Herr, verkünden wir, und deine Auferstehung preisen wir, bis du kommst in Herrlichkeit.« In das Paschageheimnis hineingenommen verwandelt sich unser Dasein, erfährt unser Leben und unser Sterben eine neue, unzerbrechliche Sinnstiftung: Es ist Durchgang in Gottes ewiges Leben hinein.

In dieser Feier des Bundes, die Jesus an seinem letzten Lebensabend gestiftet und nach der er sich sehr gesehnt hat (vgl. Lk 22,15), erreichen der Lebensaustausch und der Dialog zwischen Gott und Mensch ihre höchste Dichte. »Die Stiftung der heiligsten Eucharistie am Abend vor seinem Leiden kann nicht als irgendeine mehr oder weniger vereinzelte kultische Handlung angesehen werden. Sie ist Bundesschluss und als Bundesschluss die konkrete Gründung des neuen Volkes, das Volk wird durch sein Bundesverhältnis mit Gott.«[1] Sinnenfällig ausgedrückt wird die in Jesus Christus geschenkte Intimität und menschheitsumgreifende Extensität der Gotteskommunikation, wenn der Priester Wein und Wasser in den Kelch gießt und betet: »Wie das Wasser sich mit dem Wein verbindet zum heiligen Zeichen, so lasse uns

Manfred Scheuer

dieser Kelch teilhaben an der Gottheit Christi, der unsere Menschennatur angenommen hat.« Dieser symbolische Vollzug verweist, wie viele andere liturgische Handlungen, auf die mystischen Wurzeln der Liturgie, die zu heben eine lohnende spirituelle Aufgabe wäre. Denn sie freizulegen kann helfen, dass mehr zur tatsächlichen Erfahrungswirklichkeit wird, was wir in der Eucharistie glaubend feiern und was den heiligen Augustinus († 430) Jesus zum Kommunizierenden die Worte sprechen lässt: »Du wirst mich nicht in dich verwandeln wie die Speise, die den Leib zu sich nimmt und Teil deines Leibes wird, sondern du wirst in mich verwandelt werden.«[2] Dieses neue, in Jesus Christus auf Gott hin transparente Leben meint Paulus, wenn er schreibt: »Nicht mehr ich lebe, sondern Christus lebt in mir« (Gal 2,20).

Träger der Liturgie – lebendiger Mitvollzug

Indirekt verdeutlichen diese Ausführungen bereits, wer das *Subjekt der Liturgie* ist. Das primäre Handlungssubjekt der Eucharistie und jeder gottesdienstlichen Feier ist *Jesus Christus*. Paulus ist der Überzeugung, dass die Gemeinde ihren Herrn selbst bei ihrer liturgischen Feier als gegenwärtig erfährt, und zwar als den Auferweckten, der in der Kraft und Gestalt seines Geistes präsent ist (vgl. 1 Kor 11,20). Der erhöhte Kyrios ist in der Eucharistie der eigentliche Gastgeber, der die Seinen zum Tisch des Wortes und des Brotes ruft.

Weil, wie auch das Zweite Vatikanische Konzil betont, der auferweckte und erhöhte Christus das primäre Handlungssubjekt der Liturgie ist, steht im Mittelpunkt der Eucharistie und aller Liturgie die Herabrufung des Heiligen Geistes, die Epiklese. Die Herabrufung macht sinnenfällig, dass die Kirche nicht die Eucharistie als ihr Eigen besitzt, sondern dass sie allein demütig und wirkmächtig um das Kommen des Heiligen Geistes bitten kann und soll. Nicht die Kirche verfügt in der Liturgie über Gott und sucht, ihn zu vereinnahmen und – magisch – zu beeinflussen, sondern die Glaubensgemeinschaft, und in ihr jeder Christ und jede Christin, lässt Gott über sich verfügen, indem sie sich seinem Heilswirken öffnet.

Der im Geist gegenwärtige Christus ist primäres, aber nicht ausschließliches Subjekt der Liturgie. Vielmehr bezieht er die *Kirche* in sein gottesdienstliches Handeln ein. »Durch ihn und mit ihm und in ihm« lobt die Gemeinschaft der Glaubenden Gott den Vater in der Kraft des Heiligen Geistes. Die Kirche als der mystische Leib Christi ist das von Christus abhängige und ganz auf ihn hin geordnete sekundäre Subjekt der liturgischen Gedächtnisfeier.[3] In diesem Sinn ist sie Trägerin des Gottesdienstes und ist Liturgie Handlung des ganzen Gottesvolkes. Liturgisches Gebet ist demnach wesentlich durch seinen kirchlichen Charakter geprägt. Liturgische Handlungen sind nicht privater Natur, sondern Ausdruck des Glaubens der Kirche.

Wenn Gott primäres Subjekt der Liturgie ist, so werden die Menschen dabei nicht zu passiven Statisten degradiert, die wie eine Marionette von den Fäden der Gnade Gottes bewegt werden. Gnade ist kein Ersatz für Freiheit, sondern pro-voziert Freiheit. Die vorausgehende, initiierende Gabe Gottes wird zur Auf-Gabe. Gott ist es, der gibt, aber er gibt zum Tun. Er befähigt zum Mittun. »Wir sind Gottes Mitarbeiter« (1 Kor 3,9), schreibt der Völkerapostel Paulus und artikuliert damit eine in der Taufe grundgelegte, verborgene Wirklichkeit aller Christen. »Durch die Gnade Gottes bin ich (Paulus), was ich bin. Und seine Gnade an mir ist nicht vergeblich gewesen« (1 Kor 15,10). Es geht also darum, dass Gott mit seiner Lebenskraft und Liebe nicht ins Leere geht, dass seine Gabe nicht vergeblich da ist (vgl. Mt 25,14–30).

Eine entscheidende menschliche Grundhaltung in der Liturgie ist daher die *Aufmerksamkeit*: »Die von jeder Beimischung ganz und gar gereinigte Aufmerksamkeit ist Gebet.«[4] Aufmerksamsein beinhaltet eine doppelte Bewegung: Einerseits bedeutet Aufmerksamsein eine Aktivität unserer selbst und ist Leistung unserer Freiheit. Wir gehen über uns selbst hinaus in der Absicht, dass sich uns die Welt erschließen soll. Andererseits aber hebt sich diese Intentionalität zugleich selbst auf: Das Hinausgehen über uns selbst geschieht in einem ursprünglichen Erleiden, einer Liebe, die ein Gehorchen ist. Aufmerksamkeit bedeutet, auf das und den Anderen als den Unverfügbaren zu warten. Im Empfangen der Gabe empfange ich zugleich mich selbst als den, dem gegeben wird. Erst in der Freigabe an das Ereignis der Gabe

Manfred Scheuer

des Anderen finde ich auch zu mir selbst, darf ich in Wirklichkeit selbst sein.

So muss im liturgischen Gebet beides deutlich werden: Die Anerkennung des Gegebenseins der Gabe – und zwar derart, dass diese Vor-Gabe Gottes nicht in der Weise assimiliert werden darf, dass der Geber verschwindet – und die schöpferische Kraft dieser Gabe in der Gegenwart. »Das Sein als Gabe, durch das ich bin und das als Gegebenes der Grund meiner selbst ist, bleibt in allem Übereignetwerden auf den Schenkenden hin durchsichtig ... Beten heißt: Hineingenommensein in diese Geburt der Gabe aus dem absoluten Geber, ihn verherrlichen durch den Mitvollzug der Geburt.«[5]

Heiligung der Zeit

Alles Geschaffene soll einbezogen werden in den Bund mit Gott, auch und gerade die Zeit, die von Gott selbst geschaffen ist. Sie ist das kostbarste Kapital unseres Lebens; sie ist das Medium, in dem wir unserem Leben Gestalt geben. Mit der Menschwerdung Gottes – und das bedeutet auch: mit der Geschichtswerdung Gottes – hat die Zeit eine neue Qualität bekommen: Sie ist Gnadenzeit, da Gott in ihr begegnen will. Nach Max Seckler gibt es für dieses radikale Ja Gottes zur Geschichte keine religionsgeschichtliche Parallele. Während wohl allen Religionen die ausgesonderte »Heilige Zeit« vertraut ist, in der die Zeit zu einem Medium wird, in der das Heilige erscheint, kennt ein von der Menschwerdung inspiriertes, christliches Geschichtsverständnis keine von einer profanen Geschichte abgesonderte sakrale Geschichte. Ihr ist ein unaufhebbarer Dualismus zwischen Heilsgeschichte und Weltgeschichte fremd, da die Zeit das Medium ist, in dem die Bundeskommunikation zwischen Gott und Mensch stattfindet. Geschichte ist zur Epiphanie, ja zur Christophanie geworden.

Gegenüber einer gnostischen Verachtung der Zeit und des Leibes liegt gerade die Dynamik der *Eucharistie* nicht in Weltflucht und Auszug aus der Zeit, sondern in der Einfleischung der Liebe, in der Realisation des Neuen Bundes in geschichtlicher Stunde. Die liturgische und theologische Tradition sieht in der Eucharistie die Synthese von Vergangenheit (Gedächtnis), Gegenwart (Realpräsenz) und Zukunft (Hoffnung) realisiert. Sie ist, wie jedes Sakrament, bei Thomas von Aquin (1225/26–1274) gegenwärtig setzendes erinnerndes Zeichen (signum rememorativum) der ein für allemal ereigneten Heilstat, anzeigendes Zeichen (signum demonstrativum) des gegenwärtig geschehenden Heils und antizipierendes Zeichen (signum prognosticum) des eschatologischen Mahls im Reich Gottes.[6] Auch für die Liturgiekonstitution des Zweiten Vatikanischen Konzils ist *irdische* Liturgie als *Gedächtnis* der Heilstaten Gottes Teilnahme an der *himmlischen* Liturgie.[7]

Die Bundeskommunikation zwischen Gott und Mensch ereignet sich auch im *Stundengebet*, in der Gebets-Zeit. Das Stundengebet ist Liturgie und als solche ein dialogisches Geschehen: Gott spricht zu seinem Volk, das Volk antwortet mit Gebet und Gesang.[8] Der Dialog zwischen Gott und Mensch ist die wesentliche Struktur des Stundengebets, das als Lob- und Bittgebet Gebet der Kirche mit Christus ist.

Wie in der Eucharistie finden sich auch in der Stundenliturgie die liturgischen Grundkategorien: Lob- und Danksagung, Gedächtnis der Heilsmysterien, Fürbittgebet und die Vorschau auf die himmlische Herrlichkeit. Dabei werden schwerpunktmäßig unterschiedliche Aspekte des Heilsgeschehens mit den Horen verbunden: die Laudes mit dem Gedächtnis der Auferstehung, die Vesper mit der erlösenden Selbsthingabe Jesu im Abendmahl und am Kreuz; die kleinen Horen gedenken der Ereignisse des Leidensweges Jesu oder der Ausbreitung des Evangeliums. »Nach alter christlicher Überlieferung heiligt es den gesamten Ablauf von Tag und Nacht; darin liegt seine Besonderheit gegenüber anderen liturgischen Handlungen.«[9] Die erlebte und auch die erlittene Zeit werden im Gebet als Heilszeit gedeutet und erfahren.

Die Heiligung der Zeit betrifft jedoch nicht nur die 24 Stunden eines Tages durch die Stundenliturgie, sondern auch den Kreislauf des *Jahres*, in dem die Kirche »das ganze Mysterium Christi von der Menschwerdung und Geburt bis zur Himmelfahrt, zum Pfingsttag und zur Erwartung der seligen Hoffnung und der Ankunft des Herrn entfaltet«.[10] Dabei geht es nicht um ein zyklisches Zeitverständnis.

Manfred Scheuer

Das Kirchenjahr deutet menschliche Zeit im Licht der Heilsgeschichte Gottes mit den Menschen. Es erinnert die Zeit der Offenbarung von der Schöpfung bis zur Vollendung. Im Zentrum des Kirchenjahres steht die vergegenwärtigende Erinnerung des Paschamysteriums. Die einzelnen Feste, in deren Zentrum der Sonntag steht, sind Gedächtnisfeiern des Erlösungswerkes Christi. Das Kirchenjahr erinnert – und damit eng mit dem jüdischen Festjahr verbunden – die *Vergangenheit* so, dass die Ereignisse der Heilsgeschichte *Gegenwart* werden und existentielle Bedeutung erlangen. Zugleich ist es *eschatologisch* geprägt, denn die Erinnerung lässt die Vollendung des Heils erwarten.

2. Vom Ungeist einseitiger Verkürzungen

Die Liturgie ist Ausdruck des Bundes zwischen Gott und Mensch. In ihrer sinnenhaft-geistlichen Dimension, in der Synthese von Vergangenheit, Gegenwart und Zukunft, in der Spannung zwischen ihrem existentiell-personalen und ihrem kirchlich-gemeinschaftlichen Pol ist sie in Gefahr, dass sie in ihrem Spannungsreichtum einseitig verkürzt wird. Im Sinne einer Unterscheidung der Geister möchte ich im Folgenden Engführungen sowie den Reichtum eines umfassenderen Verständnisses von Liturgie thematisieren.

Reduktion auf das »Innen«

An einer berühmten Stelle seiner »Bekenntnisse« betont der Kirchenvater Augustinus, dass wir im Abgrund unserer Innerlichkeit die Gegenwart Gottes erkennen, der uns innerlicher ist als wir uns selbst und der uns unendlich übersteigt.[11] Entsprechend soll der Mensch nicht nach außen schweifen, um die Wahrheit zu entdecken, sondern in sein Inneres hinabsteigen. Aber wenn Gebet und Gotteserfahrung ausschließlich im Innern des Menschen angesiedelt werden, wird die Vermittlung des Heils durch die Menschheit Jesu vergleichgültigt. Die Verkündigung und Lehre von Zeugen und damit die kirchliche Dimension des Glaubensaktes, zu der die Liturgie gehört, werden bedeutungslos. Die Reduktion auf das »Innen« zieht letztlich einen »garstigen Graben« zwischen dem den Menschen geschenkten, innewohnenden Heiligen Geist und der christologischen und kirchlichen Form der Heilsvermittlung. Freiheit wäre nicht mehr leiblich, welthaft, geschichtlich und zwischenmenschlich vermittelt. Mit der fehlenden Vermittlung, die nicht zuletzt ein verengtes Menschenbild anzeigt, ist eine doppelte Gefahr verbunden: Gott sowie Gebet und Liturgie werden weltlos und »Du-los«, die Welt hingegen wird gott-, gnaden- und freiheitslos. Gebet und Glaube sind im christlichen Verständnis hingegen immer schon kommunikativ, symbolisch, sprachlich und damit kirchlich vermittelt. In der Liturgie findet dies einen herausragenden Ausdruck.[12]

Reduktion von Liturgie auf Moral
Die Feier der Liturgie ist alles andere als selbstverständlich. Die für die Neuzeit typische Annahme, dass Gebet, Kult und Sakramente nur legitim seien, insofern sie die moralische Gesinnung des Menschen fördern, aber nicht als unmittelbar auf Gott gerichtete Akte angesehen werden können, wird vor allem von Immanuel Kant (1724–1804) entfaltet. In Abwandlung dieser These werden die Sakramente in der Gegenwart als Provokation zu gesellschaftsveränderndem Handeln verstanden. Alles christliche Symbolhandeln wird so dem ethisch-gesellschaftlichen Handeln zu- und untergeordnet.

Doch wenn die wichtige ethische Dimension der Sakramente exklusiv gesetzt wird, kommt der Gabecharakter der Selbstmitteilung Gottes nicht mehr in den Blick. Gott ist aber kein bloßer moralischer Imperator. Leben in der Spur Jesu ist nicht primär asketische Peitschenknallerei oder Befehl, sondern Geschenk. Es ist dem christlichen Glauben eigen, dass sich in ihm der Mensch von Gott unbedingt erwünscht weiß. Im Glauben lässt sich der Mensch von Gott sagen, was er sich selbst nicht autosuggestiv sagen kann: von Gott gutgeheißen zu sein. Das ist der kategorische Indikativ des christlichen Glaubens, der in der Liturgie dargestellt wird.

Liturgie ist primär dankbare Annahme der Selbstmitteilung Gottes und der Erlösung durch Jesus Christus. Gegenüber ethischen Engführungen des Evangeliums und gegenüber dem Selbstverständnis des

Manfred Scheuer

neuzeitlichen Menschen, der sich aus sich selbst heraus entwirft, wird im liturgischen Gebet das Vorweg der Gnade Gottes gefeiert. Gott selbst hat an den Menschen gehandelt, als er sie ins Dasein rief. In der Liturgie wird das Fundament des Glaubens gefeiert: Gott dem Schöpfer, Erhalter, Erlöser und Vollender des Lebens und der ganzen Schöpfung zu danken und ihn zu loben.[13]

Rationalisierung des Glaubens

Wie hoch wäre der Preis, wenn Glaube und Liturgie ins Denken aufgehoben, also auf das Argument, auf das bloß Gedachte reduziert würden, wenn Weihnachten oder Ostern nicht mehr gefeiert, sondern nur noch gedacht würden. – Jesu Verkündigung und Wirken hatten einen anschaulichen, sinnlich erfahrbaren und somit öffentlichen Charakter. »Was von Anfang an war, was wir gehört haben, was wir mit unseren Augen gesehen, was wir geschaut und was unsere Hände angefasst haben, das verkünden wir: das Wort des Lebens« (1 Joh 1,1). Glaube und Gotteserfahrung haben von Jesus her eine inkarnatorisch-sinnhafte Dimension. Mit der gnostischen Abstraktion von der ästhetisch-zeitgebundenen Gestalt würde die Wahrnehmung, würden das Sehen, Hören und Empfinden zerstört. Doch diese sind für den ganzheitlichen Zugang zum Glauben und für ein überzeugendes Leben in der Nachfolge notwendig. Das bloße Denken lässt die wirklichen Unversöhntheiten, die emotionalen Ungereimtheiten und Widerstände außen liegen. Es schafft keinen Aufbruch und ist als Abstraktion kein Ort der Hoffnung. Es verwandelt nicht und befähigt uns daher nicht, Gott zunehmend »mit ganzem Herzen und ganzer Seele, mit all unseren Gedanken und all unserer Kraft« (vgl. Mk 12,30) zu lieben.[14]

Als Ästhetik des Glaubens sucht Liturgie einen Zugang zu Jesus, dem Erlöser, nicht über die Vergeistigung oder gar Rationalisierung, sondern über die möglichst ganzheitliche, symbolisch sinnenhafte und worthafte Präsentation seiner Gestalt. Liturgisches Gedenken erhebt den Anspruch, über Raum und Zeit hinweg das vergangene und in der Schrift überlieferte Handeln Gottes am Menschen in der Feier heilswirksam zu vergegenwärtigen. Im liturgischen Gebet wird die geschichtliche Gestalt Jesu, die von außen auf den glaubenden Menschen zukommt, im Hören und in der sakramentalen Gestalt leiblich wahrgenommen (vgl. Röm 10,7) und es realisiert die Rückbesinnung auf die historisch-greifbare Ursprungsgestalt Jesu Christi.

Liturgie als Bedürfnisbefriedigung

Abraham Joschua Heschel (1907–1973) warnt vor der Gefahr, dass die Sorge um einen die Endlichkeit übersteigenden Sinn verkümmert zu einer Sorge um Bedürfnisbefriedigung, und er betont, dass Bedürfnisse nicht gegen die Humanität und die Ausrichtung des Menschen auf Transzendenz wirken sollen. Nach Heschel sterben mehr Menschen an Bedürfnisepidemien als an Krankheitsepidemien. In einer technologisch orientierten Gesellschaft tendieren auch geistliches Leben, Gebet und Liturgie dahin, eine Funktion zu erfüllen. Sie sollen dazu verhelfen, sich zu stimulieren, Gefühle zu erzeugen, dem Alltag zu entfliehen, sich am Schönen zu ergötzen, Musik als Kunst zu bewundern. Es wäre aber auf Dauer fatal, wenn in der Liturgie die Geisteshaltung vom Funktionalen bestimmt wird und wenn es in der Folge zu einer Rollenverteilung in Produzenten und Konsumenten nach dem Gesetz von Angebot und Nachfrage kommen würde. Denn: »Geistliches Leben ist kein Mittel zur Befriedigung von Bedürfnissen. Es ist so wichtig, uns nicht anzugewöhnen, unsere Geisteshaltung vom Funktionellen her bestimmen zu lassen, wie eine Maschine, die man in Betrieb setzen kann, oder wie ein Geschäft, das man nach eigenen Berechnungen betreibt ... Deshalb ist es wichtig zu verstehen, dass von Gott gegebener Sinn spirituell ist. Dass das Erfassen dieses Sinnes an geistliche Bereitschaft gebunden ist.«[15] Liturgie ist immer auch Widerfahrnis der Nähe des fleischgewordenen Logos, der uns anspricht, berührt und verwandelt. Gott ist nicht nur Ende oder Resultat intentionalen Denkens, er darf nicht zum Koordinator unserer Bedürfnisse und zum Lückenbüßer auftauchender Defizite degradiert werden. Vielmehr geht Liturgie auf die Initiative Gottes zurück und stellt immer auch die Sache eines Anderen dar. Deshalb bedeutet Liturgie immer auch Unterbrechung, Bruch der Kontinuitäten.

Manfred Scheuer

Positiv braucht es kirchliche Räume, in denen eine Kultur der Sehnsucht und Leidenschaft für das Reich Gottes wachsen kann, ohne Selbstzelebration oder Selbstinszenierung. Es braucht personale und sakramentale Räume der absichtslosen Kontemplation, die sich der Zweckrationalität und dem Funktionalisieren Gottes für die eigene Selbstverwirklichung entzieht, in der nichts erreicht werden muss. Kontemplation ist weniger eine Technik als vielmehr eine Lebensweise, eine Lebenshaltung. Sie ist einfaches Dasein vor Gott. Entsprechende kontemplative Grundhaltungen sind die Liebe zur Wirklichkeit, das Zulassen der Dinge und Menschen, ohne sie gleich verändern oder vereinnahmen zu wollen. Es braucht in der Liturgie das gute Wollen und Begehren, das sich durch Aufmerksamkeit und Güte auszeichnet.

Der schöne Schein

»Freude und Hoffnung, Trauer und Angst der Menschen von heute, besonders der Armen und Bedrängten aller Art, sind auch Freude und Hoffnung, Trauer und Angst der Jünger Christi.«[16] Liturgie lebt aus einer wachen Zeitgenossenschaft. Bei der Wahrnehmung der Wirklichkeit darf gerade die Erfahrung des Leidens, der Tränen, der Aggressivität, der Bosheit und des Widerspruchs nicht ausgeblendet werden. Liturgie zelebriert nicht den schönen Schein; sie lässt den Schatten des Absurden, den Schmerz der Ohnmacht heran und deckt diese nicht harmonisierend zu. Klageverzicht würde Beziehungs- und Lebensverlust bedeuten. Dabei lebt die Wahrhaftigkeit und Erdverbundenheit der Liturgie aus der Hoffnung: »Denn die ganze Schöpfung wartet sehnsüchtig auf das Offenbarwerden der Söhne (und Töchter) Gottes« (Röm 8,19). Hoffnungslosigkeit und Resignation sind, wo sie zur Grundhaltung werden, mit Gebet unverträglich. Liturgie muss also geerdet sein, aber aufgebrochen nach vorne hin. Sie ist ein Akt der Hoffnung, ein Akt der Sehnsucht nach dieser Vollendung. Sie will immun machen gegen den Virus der Hoffnungslosigkeit und der Ohnmacht. »Denn wir sind gerettet, doch in der Hoffnung« (Röm 8,24).

»Das sind wie zwei Flöten mit verschiedenem Ton, aber der eine Geist bläst in beide, einer erfüllt sie beide, und sie ergeben keinen

Missklang zusammen.«[17] In der Liturgie spielen zwei Flöten: die Flöte des Leidens und des Todes sowie die Flöte der Hoffnung und der Sehnsucht nach Auferstehung und Vollendung. Würde in der Liturgie nur die Melodie der himmlischen Vollendung gespielt, so würden die realen Leiden ignoriert und unverwandelt bleiben. Wäre nur das Lied vom Tod zu hören, würden sich Nekrophilie und Resignation breit machen.

Unsolidarische Liturgie

Liturgie ist kein Alibi für Solidarität. Es gibt einen inneren Zusammenhang von Mystik und Politik, von Mystik der Innerlichkeit und Mystik der Äußerlichkeit, also einer Mystik, die im Anderen, im Armen, in den gesellschaftlichen, sozialen und wirtschaftlichen Kontexten die Spuren Gottes sucht. Beide Pole, Liturgie und Solidarität, können zur Krisis werden: Liturgie ohne Solidarität verkommt zum toten Ritual, wird stumm und starr, an die Vergangenheit gefesselt, versenkt sich ins Grundlose und kennt so keine lebendige Spannung mehr. Im anderen Extrem gelangt das soziale und politische Engagement so weit außer sich, dass es den Zusammenhang mit der Einwurzelung in Gott, aber auch mit sich selbst buchstäblich verliert. Ohne Gang zu den Quellen verkarstet Solidarität und brennt sie aus. Praxis verkommt zu Aktivismus und der Gang zu den anderen wird zum heimatlosen Schweifen.

Liturgie muss von Anfang an davor bewahrt werden, in ethische Belanglosigkeit verkürzt zu werden. Denn so würde der Leib der Gemeinde nicht nach dem Leib des Gekreuzigten gebildet (vgl. 1 Kor 11). Caritas oder Diakonie ist immer Testfall der Ernsthaftigkeit einer liturgischen Ästhetik. Um aber umgekehrt den Glauben nicht auf eine reine Innerlichkeit oder auch auf eine Ethik ohne Transzendenz zu reduzieren, bedarf es der Dignität des Ästhetisch-Ausdruckhaften.

Personale und liturgische Frömmigkeit

Personale und liturgische oder institutionelle Frömmigkeit stehen in einem Wechselspiel. Wird eine der beiden Dimensionen auf Kosten

Manfred Scheuer

der anderen einseitig betont, kommt es zu Verkürzungen: Formelhaftes Gebet ohne personale Tiefe würde einen Legalismus fördern, der keineswegs imstande ist, die Tiefe und Größe von persönlicher Glaubenserfahrung auszudrücken. Ohne personalen Glauben, ohne Innerlichkeit bleibt Liturgie sinnlos und verfällt der Ästhetisierung. Andererseits wäre spontanes und freies Gebet ohne Form und Gemeinschaft auf Dauer einem Subjektivismus ausgeliefert, dem die Konfrontation mit schon reflektierter und objektivierter Glaubenserfahrung ermangelt. Eine solche ist jedoch zur Selbstreinigung subjektiver Erfahrung unumgänglich.

Liturgie, Form, Institution auf der einen Seite und Personalität, Spontaneität und Freiheit auf der anderen Seite sind die beiden Pole, zwischen denen sich die Glaubenswirklichkeit ausspannt. Im Judentum wird diese grundsätzliche Spannung mit den beiden Begriffen Halacha und Hagada umschrieben: »Die Halacha verkörpert die Fähigkeit, das Leben nach einem festen Vorbild aufzubauen. Sie hat formende Kraft. Die Hagada ist der Ausdruck einer nie endenden Sehnsucht des Menschen, die oft aller Grenzen spottet. Die Halacha formt das Leben nach rationalen Gesichtspunkten, presst es in ein Schema; sie definiert und spezifiziert; sie setzt Maß und Grenze, sie fügt das Leben in ein exaktes System. Die Hagada handelt von den unsagbaren Beziehungen des Menschen zu Gott, zum Mitmenschen und zur Welt.«[18] Halacha ohne Hagada ist tot, Hagada ohne Halacha wird Wildwuchs.

Das jüdische und christliche Gebet ist von zwei entgegengesetzten Prinzipien bestimmt: von Ordnung und Gefühlsausbruch, Regelmäßigkeit und Spontaneität, Uniformität und Individualität, Empathie und Expression, Gesetz und Freiheit. So stehen das individuelle Gebet und das gemeinschaftliche Gebet in einer fruchtbaren, wechselseitigen Spannung: Gebet als Geschehen, das sich im Herzen des Einzelnen ereignet, ist auch davon abhängig, dass der Einzelne Teil einer betenden Gemeinschaft ist. Es nimmt in jedem einzelnen Menschen seinen Anfang, der aber nur durch Gemeinschaft und auf Gemeinschaft hin möglich ist.

Daher dürfen liturgisches Gebet und Liturgie insgesamt nicht von einer individualistischen Anthropologie her konstruiert werden. Die Liturgiekonstitution des Zweiten Vatikanischen Konzils sieht das liturgische Gebet und insbesondere die Eucharistie nicht allein inner-kirchlich auf Gemeinschaft hin geöffnet, sondern vielmehr auf den Horizont der ganzen Menschheit. Es ist der Gebetsauftrag der Kirche, »den Herrn ohne Unterlass zu loben und bei ihm für das Heil der Welt einzutreten«.[19] In der Schau des Konzils erhält das liturgische Beten eine universale und eine kosmische Dimension. In der Liturgie öffnet sich der Himmel über der Erde und im »Einklang mit dem Gesang des himmlischen Jerusalem erhebt die Gemeinschaft der Gläubigen die immerwährende Lobeshymne: ›Sanctus, Sanctus, Sanctus, Dominus Deus Sabaoth. Pleni sunt coeli et terra gloria tua. Hosanna in excel-sis.‹«[20]

1   *Ratzinger, J.,* Zur Gemeinschaft gerufen. Kirche heute verstehen, Freiburg i. Br. 1991, 25.

2   *Aurelius Augustinus,* Bekenntnisse, VII,10,16, zitiert aus: *ders.,* Bekenntnisse, Lateinisch und Deutsch. Eingeleitet, übersetzt und erläutert von J. Bernhart, München 1995.

3   Vgl. *Greshake, G.,* Priestersein. Zur Theologie und Spiritualität des priesterlichen Amtes, Freiburg i. Br. 1982, 63ff.

4   *Weil, S.,* Aufmerksamkeit für das Alltägliche. Ausgewählte Texte zu Fragen der Zeit, München 1987, 61.

5   *Ulrich, F.,* Gebet als geschöpflicher Grundakt des Menschen, Einsiedeln 1973, 22.

6   »Sacramentum est et signum rememorativum ejus quod praecessit, scilicet passio-nis Christi, et demonstrativum ejus quod in nobis efficitur per Christi passionem, scilicet gratiae, et prognosticum, id est, praenuntiativum futurae gloriae.« (*Thomas von Aquin,* Summa Theologiae III,60,3, zitiert nach: Die Deutsche Thomas-Ausgabe, übersetzt von Dominikanern und Benediktinern Deutschlands und Österreichs. Hg. vom Katholischen Akademikerverband, Band 29: Die Sakramente. Taufe und Firmung, Salzburg u.a. 1935).

7   Vgl. *Zweites Vatikanisches Konzil,* Sacrosanctum Concilium, Nr. 2.8.

8   Ebd. Nr. 33. Vgl. dazu *Kunzler, M.,* Die Liturgie der Kirche (Amateca X), Paderborn 1995, 477–545.

Manfred Scheuer

9   *Allgemeine Einführung in das Stundengebet,* in: Die Feier des Stundengebetes. Stundenbuch für die katholischen Bistümer des deutschen Sprachgebietes. Authentische Ausgabe für den liturgischen Gebrauch, hg. im Auftrag der Deutschen und der Berliner Bischofskonferenz u.a., 1. Band: Advent und Weihnachtszeit, Einsiedeln u.a. 1978, 2*.

10 *Zweites Vatikanisches Konzil,* Sacrosanctum Concilium, Nr. 102.

11 »Tu autem eras interior intimo meo et superior summo meo« (*Augustinus* [s. Anm. 2] III,6,11).

12 Zu diesem Abschnitt, insbesondere zur bleibenden Bedeutung der Menschheit Jesu Christi für die Heilsvermittlung, vgl. den Beitrag von *A. R. Batlogg* in diesem Band.

13 Zu diesem Abschnitt vgl. den Beitrag von *M. Wolfers* in diesem Band.

14 Zu diesem Abschnitt vgl. den Beitrag von *J. Maureder* in diesem Band.

15 *Heschel, A. J.,* Der Mensch fragt nach Gott. Untersuchungen zum Gebet und zur Symbolik, Neukirchen-Vluyn 1999, 74.

16 *Zweites Vatikanisches Konzil,* Gaudium et spes, Nr. 1.

17 »Illae sunt duae tibiae quasi diverse sonantes; sed unus Spiritus ambas inflat. Uno Spiritu implentur ambae tibiae, non dissonant:« (*Aurelius Augustinus,* In Epistolam Joannis tractatus 9,9, in: ders., Opera omnia (ed. Parisina altera, emendata et aucta), Paris 1836, Tomus III/2, 2577).

18 *Heschel, A. J.,* Gott sucht den Menschen. Eine Philosophie des Judentums, Neukirchen-Vluyn 1995, 258.

19 *Zweites Vatikanisches Konzil,* Sacrosanctum Concilium, Nr. 83.

20 *Johannes Paul II.,* Apostolisches Schreiben zum 40. Jahrestag der Konstitution »Sacrosanctum Concilium« über die heilige Liturgie, in: Spiritus et sponsa. Atti della Giornata commemorativa del XL della »Sacrosanctum Concilium«, Città del Vaticano 2004, 71.

Die Würde des Bittgebets

Hans Schaller SJ

Bitten als ein Vollzug des christlichen Glaubens berührt verschiedenste Seiten eines Selbst- und Gottesverständnisses. Es beinhaltet Fragen an den Menschen, ob denn Bitten zu ihm passe, es ihn erfülle oder erniedrige. Ob und wie das Bitten Gott beeinflusse. Wie es mit den unerhörten Bitten sei. Ob das Bittgebet uns Gott nahe bringe, ob wir dadurch tiefer in die Gesinnung Jesu hineinwachsen und ihm ähnlich werden. Und nicht zuletzt provoziert das Bittgebet auch Fragen an die kirchliche Gemeinschaft, an ihre Solidarität. Inwieweit ist es Ausdruck dafür, dass jeder des andern Last zu tragen habe?

1. Bitten – ein Ausdruck unserer Bedürftigkeit und Würde

Es ist nicht ausgeschlossen, dass viele Einwände gegen das Bittgebet eine gemeinsame Wurzel haben. Es scheint mir daran zu liegen, dass Bitten mit der Würde des Menschen nicht vereinbar sei. In gewisser Hinsicht entehre und erniedrige das Bitten. Man riskiere dabei, unter das eigene Niveau zu geraten und mache einen kläglichen Eindruck. Es sei, wie der Philosoph Immanuel Kant sagt, eine »entwürdigende Kriecherei«.

Was gegen solche Einwände sagen? Gibt es da nicht Argumente des Lebens, Lektionen, wie sie uns die Jahre und der Alltag beibringen, die dagegen sprechen? Ist es denn wirklich Verrat an der eigenen Würde, wenn wir zur Erfahrung unserer Armut und Angewiesenheit, die sich mit der Zeit als unbestreitbar erweist, ja sagen? – Lehrt uns das Leben nicht deutlich und mit den Jahren immer eindringlicher, wie arm, mittellos und angewiesen wir eigentlich sind? Schält sich nicht immer deutlicher und unbarmherziger heraus, dass wir uns selber nicht genügen, dass wir uns gerade die wichtigsten Dinge, die zum Gelingen unseres Lebens unabdingbar sind, wie Liebe, Vertrauen, Ermutigung,

Vergebung, schenken lassen müssen? Der Schein von Selbstgenügsamkeit bröckelt mit den Jahren unweigerlich ab. Was uns anfänglich als selbstverständlich und sicher schien, was wir meinten, selber und allein tun zu können, erweist sich über die Jahre als trügerisch. Vieles, was einmal glänzte, verliert notgedrungen an Reiz und Attraktivität. Immer klarer wird: Die Hände sind im Grunde leer. Was bleibt, ist die demütige Bitte, es möge sie jemand füllen.

Also gut: Armut ist unsere ›condition humaine‹; bedürftige Wesen, die der wichtigsten Dinge entbehren und sie erbitten müssen, das sind wir durch und durch. Noch ist damit allerdings nicht klar, weshalb solche fundamentale Not in einer Bitte ausgesprochen werden soll und wir zu Bittstellern werden müssen. Würde es denn nicht genügen, sich mit solchen Notsituationen so gut es eben geht, zu versöhnen und sie tapfer zu tragen?

Wir werden das, was Gott mit der »Anordnung« von Bittgebeten beabsichtigt, wohl am besten erahnen und verstehen, wenn wir bedenken, dass Gott Liebe ist und was diese göttliche Liebe tut. Sie ist Dasein als Mitsein (Ex 3). Alles, was Gott ist und was er besitzt, will er teilen: sein Dasein, seine Freude, seine Gedanken, aber auch sein Lenken und Leiten; ja bis zu dem Punkt hin, dass er unser Geschick und die eigene Zukunft in unsere Hände legt. Er bietet uns an, in dem, was mit uns werden soll, selber mitzureden und die Zukunft zu gestalten; er vermittelt uns das, was Pascal die »Würde des Ursache-Seins« nennt. Nichts scheint Gott selber zu tun, was er irgendwie seinen Geschöpfen übertragen kann. Wir sind deshalb nicht bloße Empfänger oder Zuschauer, nein, wir genießen das Vorrecht, an unserer Lebensgestaltung mitzuwirken und im Spiele mitzutun. – Oder allgemeiner mit einem Text des Konzils von Trient gesagt: »Er, der uns ohne unsere Zustimmung erschaffen hat, will uns nicht ohne uns retten.«

Mit dabei sein dürfen, wo es um die eigene Zukunft geht! – Damit ist sowohl einem Fatalismus wie auch einem falschen Verständnis von Vorsehung gewehrt. Was nämlich vor uns liegt und was werden soll, ist nicht einfach irgendwo festgelegt, nicht in dunklen, unpersönlichen Gesetzen eines Schicksals, aber auch nicht in göttlicher Vorausbestimmung. Die Wege, auch diejenigen, die wir nach Gottes Willen zu gehen berufen sind, sind nicht einfach vorgezeichnet wie eine gestrichelte Linie, die wir auszuziehen haben. Was geschieht und was nach Gottes Willen geschehen soll, kommt nicht nur von weit her, nicht nur von außen auf uns zu, sondern auch von innen; es hat seine Anfänge in unserem Wesen, in den lebendigen Wünschen, dem tieferen Wollen wie auch in vertrauensvollen Gebeten. Es sind gerade auch diese Dispositionen unseres Herzens, die mitbestimmen, was in Zukunft sein wird. Die Dinge, ganz allgemein gesagt, kommen nicht einfach so auf uns zu, sozusagen prädestiniert, nein, sie kommen auch so, wie wir wollen, dass sie ankommen.

Unsere Gebete, die von der Grundeinstellung unseres Lebens geprägt werden, sind also ein Faktor, dessen Kraft unsere Zukunft gestaltet. Wir haben ein reales Wort mitzusprechen, sind zur Würde echter Dialogpartner erhoben, werden bei Gott zugelassen und mit unserem Anliegen ernst genommen. Was wir im Gebet vor Gott tragen, seien es große oder kleine Anliegen, wird von ihm gehört und in Betracht gezogen. Deshalb ist das Beten, was seine zukunftsgestaltende Kraft betrifft, mehr als ein Nachvollziehen von etwas, das seit Ewigkeit festgelegt ist. Karl Rahner hat dazu deutlich formuliert:

»Gottes Handeln im Laufe der Heilsgeschichte ist nicht gleichsam ein Monolog, den Gott für sich allein führt, sondern ein langer, dramatischer Dialog zwischen Gott und seinem Geschöpf, in dem Gott dem Menschen die Möglichkeit einer echten Antwort auf sein Wort erteilt und so sein eigenes weiteres Wort tatsächlich davon abhängig macht, wie die freie Antwort des Menschen ausgefallen ist. Die freie Tat Gottes entzündet sich immer auch wieder an dem Handeln des Menschen. Die Geschichte ist nicht bloß ein Spiel, das Gott sich selber aufführt und in dem die Geschöpfe nur das Gespielte wären, sondern das Geschöpf ist echter Mitspieler in diesem gott-menschlichen Drama der Geschichte, und darum hat die Geschichte einen echten und absoluten Ernst.«[1]

Hans Schaller

2. Lässt sich Gott bewegen?

Damit ist die zentrale Frage, die sich durch das Bittgebet herauskristallisiert, berührt. Was immer wieder erstaunt und was gerade im Blick auf das Gottesbild revolutionär ist, ist Folgendes: Wo wir im Sinne Jesu beten, haben wir es nicht mit einem Gott zu tun, der uns in einem allgemeinen Sinn zugeneigt ist und ansprechbar bleibt, sondern mit einem Gegenüber, der mit sich reden lässt; einem Gott also, der nicht bloß hören kann, wie es der Psalmist sich ganz plausibel und logisch zurechtlegt: »Wie sollte derjenige, der mir das Ohr gebildet hat, nicht selber hören können?« Nein, mehr noch: Wir sind mit einem Gott verbunden, der sich als »erhörlich« erweist, einem, der sich von einem menschlichen Notschrei treffen und in Bewegung setzen lässt. Das ist es, was jeden nachdenklich Gläubigen in Erstaunen versetzt. Es verwundert ihn, dass er geheißen wird, zu einem Gott zu beten, der in sich letzte Fülle und Unbedürftigkeit ist, dem nichts fehlt und der sich dennoch von menschlichen Bitten abhängig macht.

Es ist nach der Aussage des Neuen Testamentes in der Tat so, dass wir vor Gott und in seine Nähe gerufen sind; und zwar nicht nur als Knechte, die ihre schuldige Pflicht tun und nach getaner Arbeit ihm dafür noch danken und ihre eigene Nutzlosigkeit beteuern (Lk 17,19); auch nicht bloß als Kinder, die vor ihm ausgelassen spielen dürfen und die sich ob seiner Gegenwart sorglos freuen (Mt 5,45). Nein, wir sind auch Gottes Freunde, die Zutritt haben, die ermutigt und aufgefordert werden, ihre Sorgen und Anliegen vor Gott zu bringen; und zwar mit einem Vertrauen, das, wie die folgende Geschichte zeigt, an Größe und Zudringlichkeit kaum zu übertreffen ist. So steht es in der Geschichte vom nächtlich bittenden Freund: »Gesetzt, einer von euch hätte einen Freund und ginge um Mitternacht zu ihm und würde ihm sagen: Freund, leihe mir drei Brote, denn einer meiner Freunde ist gerade von einer Reise bei mir eingetroffen, und ich habe nichts, es ihm vorzusetzen – und jener gäbe ihm zur Antwort: Sei mir nicht lästig, die Tür ist schon geschlossen, meine Kinder sind mit mir zu Bett gegangen; ich kann nicht aufstehen, es dir zu geben. Ich sage euch: Wenn er schon nicht deshalb aufstünde und es ihm gäbe, weil jener sein Freund ist, so wird er sich doch wegen seines Drängens erheben und ihm geben, soviel er braucht. So sage ich euch: Bittet, und es wird euch gegeben werden« (Lk 11,5–9).

Die Geschichte mag vorerst ordentlich befremden und wirkt, was das Gottesverhältnis betrifft, allzu menschlich. Sie unterstellt leicht ein Bild von Gott, wonach es möglich ist, Gott mit unseren Bitten, sofern diese nur drängend genug sind, umzustimmen, ja gar zu erpressen. Wer nur lange genug bittet und bettelt, hat die Chance, sich bei ihm durchsetzen und ihn zum Nachgeben zu bewegen. Er gibt nach, wie das Gleichnis zeigt, einfach deshalb, um einen lästigen Quälgeist abzuschütteln. Nicht aus Einsicht, nicht einmal aus Liebe zum Freund, sondern ganz einfach aus Ärger und Unmut, um schließlich Ruhe zu haben.

Das Gleichnis ist jedoch falsch verstanden, wenn ihm eine Erpressbarkeit Gottes unterstellt wird. Gott, im Bilde des gebetenen Freundes, kann nicht zum Nachgeben gezwungen werden; das wäre schon ganz in der Nähe heidnischer Vorstellungen, in denen es als klassisch gilt, die Götter zu ermüden: »Deos fatigare«.

Und doch vermag der Freund im Gleichnis, der mit Bitten nicht nachlässt, etwas zu erreichen. Er verfügt in der Tat über ein Mittel, mit dem er bekommt, was er will, und mit dem er sich durchsetzen kann. Er vermag etwas zu bewirken, aber nicht durch psychischen Druck, den er auf Gott, seinen Freund ausüben würde, noch weniger durch äußere Gewalt, sondern durch einen intensiven Appell an die Freiheit Gottes. Es ist nicht eine Person, die man für sich gnädig stimmen müsste, denn sie ist es bereits und seit Ewigkeit, noch weniger eine Tür, die zu Gott hin aufgebrochen wird, sondern es wird an ein von Güte und Barmherzigkeit gefülltes Herz geklopft. Die Bitte, so verstanden, ist keine Form von Druckmittel, sondern, wie Feuerbach präzise sagt, »ein Imperativ der Liebe«.

Und worauf das Gleichnis hinzielt: Das Hauptanliegen ist nicht, wie und ob Gott erhört, ob sein Herz sich bewegen lässt, von anfänglicher Abweisung bis zur Gewährung des Erbetenen; nicht die Veränderlichkeit oder gar ein göttlicher Gesinnungswandel stehen zur Frage.

Hans Schaller

Worauf das Gleichnis aufmerksam machen will, ist die gläubige Haltung dieses bittenden Freundes, seine Beharrlichkeit, das unerschütterliche Vertrauen, ja seine feste Gewissheit:»Ich werde das nötige Brot bekommen.« In der innersten Überzeugung, mit der er betet, ist kein Zweifel, dass er zum Ziele komme. Es ist vornehmlich diese Haltung, die gemeint ist, die uns durch dieses Gleichnis als Vorbild hingehalten werden soll.

3. Beten ohne Erfolg

Nun ist im Bitten nicht allein das Gottesbild bedenkenswert und strittig. Ein weiterer, nicht zu unterschätzender Einwand besteht darin, dass unsere Bittgebete offensichtlich über weite Strecken hinweg wirkungslos und ohne sichtbare Erfolge bleiben. Man betet ins Leere! So scheint es. Diese Fakten von unzähligen nicht erhörten Gebeten belasten einerseits die Motivation, werden andererseits aber auch nicht selten als Argument gegen diese Form von Glauben ins Feld geführt.

Menschen beten und bitten. Sie schreien ihre Not zu Gott hin, schleppen alles, was sie bedrückt, vor diesen letzten Helfer. Und trotz größtem Einsatz von Glauben müssen sie sehen und zur Kenntnis nehmen, wie wenig sich durch dieses Beten verändert. Sie werden vom Eindruck geplagt, ihre Schreie seien ins Leere oder höchstens zu den Sternen hin verhallt. Erfolglos und ohne Antwort. Jedes Totenbett, ja jeder Krieg, alle Hungersnöte sind Denkmäler von unerfüllten Bitten. Dass infolge solcher Erfolglosigkeit Zweifel und Unsicherheit entstehen, ist verständlich. Zweifel daran, ob das Gebet denn wirklich jenes gepriesene Mittel sei, um das eigene Leben glücklicher zu gestalten; ob denn dem bösen Schicksal und der Ungerechtigkeit damit wirklich beizukommen sei. Wären nicht energisches Zupacken und entschiedenes Handeln bessere und geeignetere Mittel, das eigene Leben und die Welt zu verbessern? Hände, die anfassen, bewirken mehr als solche, die sich nur falten. So scheint es.

Es kommt noch belastend dazu, dass sich die offensichtliche Erfolglosigkeit auch bei durchaus frommen und selbstlosen Gebeten einstellt. Auch da, wo durchaus im Sinne Jesu um die großen Güter des

Reiches Gottes gebetet wird, bleiben die Gläubigen öfters ohne Erfolg. Fromme Mütter beten um die Bekehrung ihrer Söhne und Töchter, Mönche und Nonnen reiben sich die Knie wund, damit Gott ihnen Novizen und Nachwuchs schicke. Wo Bitten unerhört bleiben, in denen es um primär christliche Inhalte geht, schmerzt die Erfolglosigkeit doppelt.

Diese Tatsache, dass ehrliche und durchaus in echtem Glauben vorgetragene Gebete nicht erhört werden, kann auf die Dauer betende Menschen tief verunsichern. Sie werden versucht sein, aufzuhören und diese fromme Übung als Selbsttäuschung abzubrechen. Vor allem auch dann, wenn sie sich des offensichtlichen Widerspruchs bewusst werden, der zwischen dem Ausfall von Erhörung und den Verheißungen des Neuen Testamentes herrscht. Dort nämlich ist die Rede von großen, ja beinahe überschwänglichen Hoffnungen auf Erhörung. Zahlreich sind die Stellen, die davon sprechen. »Wir haben Zuversicht vor Gott; und alles, um was wir bitten, werden wir von ihm empfangen, weil wir seine Gebote halten« (1 Joh 3,21f.) – »Alles, was ihr in meinem Namen bittet, werde ich tun, damit der Vater im Sohn offenbar wird« (Joh 14,13) – »Bittet und es wird euch gegeben werden, klopft an und es wird euch aufgetan« (Mt 7,7). Was ist mit diesen Aussichten auf Gebetserhörung gemeint? – Ein kurzer Blick auf das Gebet Jesu wird uns zu einer Antwort hinführen.

Wo Jesus betet, da betet er ganz, mit allem, was zu seinem Wesen gehört, mit allen Nöten und Hoffnungen. Ganz als Mensch und ganz als Sohn Gottes. – Deshalb beinhaltet sein Gebet auch die verschiedensten Anliegen; angefangen bei unmittelbaren und täglichen Sorgen, die sich aus seinem irdischen Dasein ergeben. Er bittet um das tägliche Brot, um Licht für den kommenden Tag, aber auch um Klarheit in wichtigen Entscheidungen, wie etwa in der zu treffenden Wahl der Apostel. Nicht zuletzt von der Bedrohung durch einen gewaltsamen Tod, von dem er befreit zu werden erhofft. – Das Gebet Jesu ist erfüllt von allem, was ihn umtreibt und beschäftigt. Nichts, was menschlich ist, ist ihm fremd und wird deshalb vom Gebet ferngehalten.

In all dem, was Jesus an irdischen Anliegen vor Gott bringt, weiß er

Hans Schaller

innerlich, dass er gehört und erhört wird. Er weiß sich zu Gott gehörig, ganz in seiner Nähe, lebt deshalb in sicherem Vertrauen, das Nötige für jede Stunde seines Lebens zu bekommen. Er will, gerade weil Gott ihm so nahe ist, nichts anderes, als was sein Gott, den er zärtlich als Vater anspricht, will. Immer wieder prüft er deshalb sein eigenes Verlangen, gibt sich Rechenschaft, ob das, was sich auf den ersten Blick nahe legt, auch wirklich von Gott geschenkt und gewollt ist. Nichts, was sich in seinem Leben abspielt, soll ohne Zustimmung seines Gottes geschehen. Deshalb auch fragt er in der Stunde des Todes, ob es möglich sei, dass dieser Kelch an ihm vorüberginge, ob es etwa im göttlichen Willen Raum gäbe für Schonung: »Abba, Vater, alles ist dir möglich. Nimm diesen Kelch von mir! Aber nicht, was ich will, sonder was du willst, soll geschehen« (Mk 14,36). – Dieser höhere Wille Gottes ist für das Gebet Jesu letzte Instanz wie auch fester Bezugspunkt.

Weil Jesus in allem nur das wollte, was dem Willen seines Gottes entsprach, deshalb auch konnte er sagen: »Ich weiß, dass du mich allezeit erhören wirst.« So ähnlich hat die kleine Theresia von Lisieux (1873–1897) formuliert: »Ich habe immer nur getan, was ich selber wollte.« Weshalb? Weil ihr tieferes Wollen ganz und ohne Bedingung auf Gottes Willen ausgerichtet war und weil sie davon überzeugt war, dass Gott keine Wünsche ins Herz gibt, die er nicht erfüllen würde.

Nun zeichnet sich ab, unter welchen Bedingungen die Verheißung allseitiger Erhörung verstanden werden muss. Nur wer in seinem Gebet der inneren geistigen Bewegung Jesu folgt, wer in die gleiche Gesinnung hineinwächst, wird befähigt, in allem, was sich in und nach dem Gebet einstellt, eine Antwort Gottes zu vernehmen.

Nehmen wir die Frage nochmals von einer anderen Seite auf. Sind wir da, wo keine greifbare Erfüllung unserer Wünsche eintritt, auch schon ohne Antwort? Oder müssen wir nicht grundsätzlicher fragen: Was ist für Betende wichtig und was ist für sie unverzichtbar? Liegt das Entscheidende wirklich darin, dass wir mit unseren Wünschen durchkommen und erreichen, was wir wollen? Ist der Erfolg unseres Betens wirklich nur und vor allem daran zu messen, dass uns das Erbetene gewährt wird? Oder ist für uns, die wir im Gebet bei Gott Hilfe suchen, nicht viel entscheidender, im Grunde fest zu wissen, als Personen vorgelassen und mit unseren Anliegen ernst genommen zu werden? Dieses ist es doch, was zum Beten motiviert: Die innere, im Glauben geschenkte Überzeugung: Ich werde gehört, bin vorgelassen, werde geliebt. Ob der konkrete Gebetswunsch erfüllt wird, ist dadurch gewiss nicht unwichtig, aber wird sekundär. – Es ist eine einseitige Betrachtungsweise, die Bitte und was in ihr mitschwingt, nur unter dem Aspekt zu betrachten, was sie bewirkt und hervorbringt. Sie ist mehr als Erfüllung von Wünschen. Ganz ursprünglich betrachtet, ist sie zuerst ein Geschehen der Kommunikation, ein vertrauender Dialog, Ausdruck und Stärkung von Glauben.

Deshalb vollzieht sich auch in diesen Bitten, die äußerlich erfolglos bleiben, eine Begegnung im Glauben. Die Wünsche bleiben unter Umständen unerfüllt, aber das Gebet ist deshalb nicht ins Leere gesprochen. Deutlich, anschaulich und präzis formuliert dazu C.S. Lewis:

»Für unser geistliches Leben kommt es mehr darauf an, in Rechnung gestellt und beachtet zu werden, als erhört zu sein. Religiöse Leute reden nicht vom Resultat des Gebets; sie sagen, es sei erhört worden. Jemand hat gesagt: ›Ein Bittsteller will, dass sein Gebet nicht nur gewährt, sondern auch gehört wird‹. Für Gesuche, die an Gott gerichtet und echte religiöse Akte und nicht bloß magische Versuche sind, gilt das in vermehrtem Maß. Wir können es ertragen, abgewiesen zu werden, nicht aber missachtet. Mit anderen Worten, unser Vertrauen kann viele abschlägige Antworten überleben, solange es Antworten sind und nicht bloß Rücksichtslosigkeiten. Was ein Stein scheint, wird für uns Brot sein, wenn wir glauben, dass es eine väterliche Hand ist, die es in die unsere legt. Sei es aus Barmherzigkeit, aus Gerechtigkeit oder sogar aus Tadel.«[2]

Das Ganze noch einmal etwas allgemeiner gesagt: Es gibt offensichtlich einen Unterschied zwischen der Erfüllung konkreter Wünsche und der Erhörung eines Gebets. Es kann sein, dass das Erbetene uns nicht oder nicht sofort geschenkt wird, wir aber trotzdem wissen dürfen, dass Gott diese unsere Bitte beachtet und in Rechnung stellt, dass er uns da, wo er eine Bitte verweigert, nicht weniger liebt. Wie der

Hans Schaller

Kirchenvater Augustinus sagt: »So müssen wir es verstehen, dass Gott, wenn er auch nicht nach unserem Willen gibt, doch zu unserem Heile gibt. Denn wie, wenn du das begehrst, was dir schadet, und der Arzt weiß, dass es dir schadet? Gewiss erhört dich der Arzt, wenn du etwas kaltes Wasser begehrst, und er gibt es dir sofort, wenn es dir nützt; doch wenn es dir nicht zuträglich ist, gibt er es dir nicht. Hörte er etwa da nicht auf dich? Oder vielmehr: Hörte er da nicht auf dich zu deiner Gesundheit, indem er deinem Willen widersprach?

So sei also die Liebe in euch, Brüder! Sie sei in euch, und ihr möget ohne Sorge sein! Wenn euch nicht gegeben wird, um was ihr bittet, so werdet ihr dennoch erhört, ihr wisst es nur nicht. Lernet, Gott so zu bitten, dass ihr es dem Arzt überlasst zu tun, was er für gut findet. Du bekenne deine Krankheit, jener bringe das rechte Heilmittel in Anwendung ... Seid also gewiss, dass wahr ist, was der Apostel sagt: ›Wir wissen nicht, um was wir bitten sollen, wie es sich gehört; aber der Geist selbst legt Fürsprache für uns ein, mit unaussprechlichen Seufzern, weil er für die Heiligen eintritt‹ (Röm 8,26f.).«[3]

Gott will, wo er uns eine konkrete Bitte versagt, unsere Bewegung zu ihm nicht bremsen oder uns zurückstoßen. Vielmehr sollen unsere Motivationen und unser Streben gereinigt werden; das Vertrauen darauf, dass Gott uns sowohl im Ja oder Nein zu einem Gebetswunsch das Beste schenken wird, soll gestärkt werden. Auch wenn uns das, was wir meinen, als erstes Gut erbitten zu müssen, nicht geschenkt wird, so ist dennoch unsere Bitte nicht ins Leere gesprochen; sie erreicht, wo sie im Vertrauen gesagt wird, das Herz Gottes, wird von ihm gehört und beachtet.

4. Einer trage des anderen Last

Es gibt im Beten, in der Erfahrung, die jeder einzelne damit macht, schwierige Perioden, aber auch gute Überraschungen. Nicht daran ist gedacht, dass uns hin und wieder im Vollzug des Betens ein Licht aufgeht, wir zu einem konkreten Schritt ermutigt werden. Nein, hier geht es vielmehr um die grundlegende Einsicht in die geistlichen Bedingungen, unter denen unser Beten sich vollzieht. Die Entdeckung nämlich: Wir sind, mögen wir noch so im versteckten Kämmerlein beten, nicht allein. Mögen wir noch so zurückgezogen sein, immer sind wir von vielen Mitbetenden umgeben, ja von einem ganzen Hof, einer ›curia coelestis‹ von Lebenden und Verstorbenen, deren aller Absicht keine andere ist, als uns im Beten zu helfen. Ja noch mehr: Wir werden gewahr und entdecken nicht ohne Freude, wie wir unser eigenes Betenkönnen dem Wirken des Heiligen Geistes, das durch die ›communio sanctorum‹ verstärkt wird, verdanken. Hier leuchtet die Wahrheit des Satzes von Paulus auf: »Ein jeder trage des anderen Last; so werdet ihr das Gesetz Christi erfüllen« (Gal 6,2).

Wer sich im Gebet im Sinne Jesu lenken und prägen lässt, der wird mit wachsendem Fortschritt geöffnet für alle; er wird bereit, sich in und mit seinem Beten für die anderen zu engagieren, verwendet sich für sie bei Gott, »schätzt den anderen höher als sich selber« (Phil 2,3). Er nimmt die Menschen mit in die eigene Bewegung der Hoffnung, die das Gebet ausmacht. Es ist ja nicht von ungefähr, dass im Vaterunser, dieser knappsten Anzeige, wie Jesus sein Beten verstanden haben wollte, das Wort »Ich« nicht vorkommt. Auch noch im innersten Winkel unseres Herzens, wo wir alleine beten, sagen wir: »Vater unser«, »unser tägliches Brot«, »vergib uns unsere Schuld«.

Der Testfall für solche fürbittende Liebe scheint mir dort vorzuliegen, wo es nicht allein darum geht, einem Freund, der Pech hatte, ein besonderes Memento zu versprechen. So etwas legt sich für einen glaubenden und liebenden Menschen wie von selbst nahe. Der Ernstfall von betender Solidarität stellt sich dort ein, wo es darum geht, jemanden, der in Schuld und Zerstörung gefallen ist, wieder aufzunehmen und zu ertragen. Hier wird geprüft, wie ernst die Fürbitte gemeint ist und wie weit die Liebe tatsächlich geht, die das Gebet erfüllt. Ihre geistliche Solidität wird daran gemessen, ob wir bereit sind, das Schicksal solcher Menschen wirklich zum eigenen zu machen und uns in ihre Geschichte, wie dunkel und verworren sie auch ist, hineinzubegeben. Nehmen wir wirklich Anteil oder halten wir uns heraus? Ob das Wissen, dass wir selber Sünder sind und uns als solche auch immer ertragen müssen, uns dazu befreit, selber die anderen in ihrer Schuld zu tragen?

Hans Schaller

Eine der präzisesten Formulierungen zu diesem Thema aus jüngster Zeit findet sich in der Rede, die der ökumenische Patriarch Bartholomaios am 29. Juni 1995 bei seinem Besuch in Rom im Petersdom gehalten hat. »Es ginge«, so der Patriarch, »in der Annäherung der beiden Kirchen nicht darum, einander vorzurechnen, wer von uns zuerst und wer zuletzt einen Fehler begangen hat, oder wer von uns einen größeren oder einen kleineren Fehler begangen hat. Das wäre eine kleinliche irdische Spurensuche, die schon die vorchristlichen griechischen Philosophen als eine für den geistlichen Menschen niedrige Beschäftigung betrachteten. Die fundamentale Frage lautet für uns also, wie wir unseren Nächsten, dem wir ja dienen, heilen können, und wie durch ihn und mit ihm auch wir der Heilung gewürdigt werden. Leider haben wir Christen diesbezüglich die goldene Regel des Paulus – ›Einer trage des andern Last, so werdet ihr das Gesetz Christi erfüllen‹ – als einfache gegenseitige Solidarität weltlichen Charakters missverstanden.

Es war daher sehr früh notwendig, dass die Väter des Ostens diese Worte des Paulus mit dem bekannten ›Selbsttadel‹ vervollständigen oder vielmehr korrekt interpretieren mussten. Dies war eine Praxis, die von ihnen während des ganzen Lebens ausgeübt wurde, da sie ja wirklich die einzige Möglichkeit darstellt, Christi Gesetz zu erfüllen.

Das bedeutet, dass nach dem patristischen Selbsttadel alle Sünden und Verirrungen des Bruders, außer den Irrlehren und Häresien, nicht auf diesem, sondern auf mir lasten. Ich muss sie spontan und ohne Murren auf mich nehmen, wenn ich wirklich will, dass mein Bruder wie auch ich Elender und überhaupt die ganze Welt gerettet werden soll.«[4]

Zum Schluss: Es mag pathetisch klingen und mag uns ziemlich unwahrscheinlich vorkommen, wenn wir hören, im Gebete des Einzelnen gehe es immer um die ganze Welt. Alles sei hier einbezogen, die ganze Natur, alle Menschen insgesamt und ohne Ausnahme. Es mag dies wie eine Übertreibung erscheinen, trotzdem liegt hier die große Wahrheit christlichen Betens: Wer im Sinne Jesu betet, lässt sich für alle öffnen, engagiert sich mit seinem Herzen für die ganze Welt.

1 *Rahner, K.,* Theos im Neuen Testament, in: *ders.,* Schriften zur Theologie I, Einsiedeln 1954, 91–167, 126f.

2 *Lewis, C. S.,* Briefe an einen Freund, Einsiedeln 1966, 81.

3 *Aurelius Augustinus,* Texte der Kirchenväter III, 223.

4 *Patriarch Bartholomaios I.,* Mut zur Demut auf dem Weg zur Einheit, zitiert in: L'Osservatore Romano (deutsch) 25, 1995, Nr. 27, 8.

Klagend beten
oder: »Dem Meer des sprachlosen Todes Land abgewinnen …«

Martha Zechmeister CJ

Eine in den Wochen nach dem Tsunami aus Sri Lanka zurückge-
kehrte Ordensfrau erzählt: Ein kleiner fünfjähriger Junge läuft ans
Meer und schreit gegen das Meer mit ganzer Kraft an: »Ich hasse dich,
Meer, weil du mir meine Mama genommen hast.« – Mit dieser kleinen
Szene ist schon fast alles gesagt, was zu menschlicher Klage zu sagen
ist: zur Übermacht und Urgewalt dessen, was menschliches Leben
bedroht und vernichtet, zur Erfahrung von Ohnmacht und Aus-
sichtslosigkeit, sich gegen dieses »Meer« zu stemmen – aber auch zur
Kraft, Vitalität, Würde menschlicher Klage, so wie sich diese im Schrei
des kleinen Jungen artikuliert.

1. Wer klagt, hofft

»Dem Meer des sprachlosen Todes Land abgewinnen« – in dieser
Metapher hat Dorothee Sölle ihr Verständnis von Theologie kompri-
miert.[1] Darin liegt eine erste und wesentliche Dimension der Klage.
Die Klagenden durchbrechen das lähmende Schweigen und das stum-
me Entsetzen. Sie schreien an gegen den Todessog, der in Isolation und
depressive Erstarrung hinunterzieht, gegen das, was ihre physische,
psychische und soziale Identität zerstört. Sie befreien sich aus der passiven Opferrolle, indem sie ihre Leiden und die Ursachen ihrer Leiden
benennen. Umso schwerer ist dies, wenn es nicht brachiale Naturgewalten, sondern konkrete Täter sind – und noch schwieriger, wenn
die Täter sich hinter gesellschaftlichen, politischen, ökonomischen
Strukturen verschanzen, von denen sie profitieren. Auschwitz-Über-
lebende, durch Krieg und Folter Traumatisierte, Missbrauchsopfer, sie
alle gehen durch die Erfahrung, nicht reden – und zuvor nicht fühlen –

zu können, weil das Erfahrene jede Schmerzgrenze übersteigt. Um des blanken Überlebens willen muss das Erlebte abgespalten, verdrängt werden – und dies wird mit dem Tod eines Teils der eigenen Vitalität und Lebensmöglichkeiten bezahlt. Wenn früher oder später die Schutzmechanismen zusammenbrechen, dann ist die Klage dieser Menschen alles andere als ein Jammern oder Räsonieren, sondern vielmehr nackter Kampf ums Überleben. »Dem Meer des sprachlosen Todes Land abgewinnen«, das ist Schwerstarbeit. Im »Durchschmerzen«[2] des übermächtigen Leidensmeeres wachsen Inseln möglichen Überlebens. In den Jahren des Schweigens erleben sich solche Menschen vielfach wie ausgelöscht, wie ihr eigener Schatten. Ihre Sprache wiederzufinden bedeutet für sie, ihr Subjektsein, das Bewusstsein ihrer Würde zurückzuerobern. Die Gedichte von Paul Celan, Nelly Sachs, aber auch von Pedro Casaldaliga, dem brasilianischen Bischof auf der Seite der Landlosen – all dies sind aus dem »Durchschmerzen« geborene Sprachinseln, die für sie und andere Lebens- und Auferstehungsmöglichkeiten eröffnen. Selbst dort, wo dieses Ringen mit dem Todesmeer schließlich verloren scheint, wie im Selbstmord Paul Celans, nimmt dies den eroberten »Lebensinseln« nichts von ihrer Gültigkeit.

Was hat solcher Aufschrei gegen das Leiden, solcher »Aufstand gegen den Tod«[3] mit Gebet, mit Gott zu tun? Klage, das ist eine Sprachbewegung, die verzweifelt daraufhin gespannt ist, ein Du zu erreichen, ein hörendes, mitfühlendes, rettendes Du. Oder besser gesagt: Klage, das ist die Hoffnungsbewegung, die nur durch die Zuversicht auf ein solches Du, auf ein göttliches Du, ermöglicht wird – auch noch im Zorn, in der Auflehnung, im Trotz. Sie lässt Gott groß sein, indem tabu- und hemmungslos alles hinausgeschrieen wird, was seinen Schöpfungsplan pervertiert, was im wahrsten Sinn des Wortes zum Himmel stinkt. Sie ist Lob des Schöpfers in der Negation. Im entschiedenen Nein zum deformierten Leben begehrt sie gegen alles auf, was sein »Bild und Gleichnis« zum Objekt von Macht und Lust, zur Handelsware, zum Schlachtvieh herabdrückt. Gerade die Klagenden klammern sich hoffnungsvoll an den Refrain der Schöpfungsgeschichte:

Martha Zechmeister

»Gott sah, dass es gut war«, und weigern sich, ihn dem Zynismus preiszugeben.

2. Klage setzt Veränderung in Gang

Klagende sind anstrengend, peinlich, sie irritieren und stören. Dabei ist es sekundär, ob sie ihre eigene Not hinausschreien, oder ob sie sich zur »Stimme derer machen, die keine Stimme haben«.[4] Dies tun kaum jene, die selber »schmerzfrei« sind. Aufzubrechen aus der Apathie, aus der Unfähigkeit zu fühlen, ist ein einziger, unteilbarer Prozess. Klage führt hinein in die Solidarität mit allen Mitgeschöpfen; das eigene Leiden am entstellten Leben sensibilisiert für die anderen, deren Lebensmöglichkeiten beschnitten oder vernichtet werden.

Carola Moosbach, in ihrer Kindheit vom Vater missbraucht, ringt um eine »befreiende und heilende Gottessprache«. Sie artikuliert sich in kraftvollen »Schweige- und Schreigebeten«, deren poetische Qualität außer Zweifel steht und von denen viele bezeugen, dass sie für sie zum »Überlebensbrot« geworden sind.[5] Dennoch findet sie keinen Verlag für weitere Veröffentlichungen. »Da ist es allemal sicherer, dem 123. Engelbuch noch ein 124. hinzuzufügen. Engel gehen immer, Zuckerwatte auch.«[6]

James Nachtwey, der sich als »Fotograf gegen den Krieg« versteht, dokumentiert in komprimierten Schwarzweißaufnahmen die Grauen des letzten Jahrzehnts: von aidskranken Kindern in rumänischen Waisenhäusern bis zum Völkermord in Ruanda, vom Elend der Dalits in Indien bis zum brutalen Krieg in Tschetschenien. Nicht umsonst rückt Nachtwey sein Werk in die Nähe von Dantes Inferno.[7] Er fotografiert aus der Perspektive der Opfer; aus der Perspektive derer, die meist wider Willen von den Protagonisten des Konflikts in das tödliche Geschehen hineingezogen wurden. Seine Bilder wollen »Elendsüberdruss«, Abstumpfung und Sehunfähigkeit durchbrechen und möglichst vielen Menschen elementar »zu Herzen gehen«. Eine breite Lobby der Opfer soll entstehen, um Druck auf Veränderungsprozesse auszuüben.

Warum erlebe ich diese ästhetischen und sensiblen Bilder Nachtweys als kaum erträgliche Zumutung? Warum ist es eigentlich so schwer, sich der Klage auszusetzen, den Opfern Raum und Gehör zu schenken? Offenbar werde ich mit meiner eigenen Verwundbarkeit konfrontiert; meine Illusion von einer Welt, die im Großen und Ganzen in Ordnung ist, bricht zusammen; Verdrängtes und Verschleiertes wird ans helle Bewusstseinslicht gezogen; im Verborgenen sich vollziehendes Unrecht wird öffentlich. Klage und Anklage sind nicht voneinander zu trennen. Wo Missbrauch und Vergewaltigung nicht mehr verschwiegen werden, tritt hinter der Fassade von Wohlanständigkeit die Fratze ausbeuterischer und seelenmörderischer Beziehungen hervor. Der Blick des verhungernden Kindes aus Somalia klagt die schleichende Massenvernichtung durch die gegenwärtige globale Wirtschaftsunordnung an, die von den verantwortlichen Eliten zynisch als »Kollateralschaden« in Kauf genommen wird.

Die, die von den bestehenden Unrechtsstrukturen profitieren, werden alles daransetzen, diesen Prozess des Aufdeckens zu stoppen. Mit dem Hinweis auf den »Täterschutz« wird die Klage der Opfer vielfach zum Verstummen gebracht. So wurde der Übergang von den lateinamerikanischen Militärdiktaturen zu »Demokratien« von einer Welle von Generalamnestien begleitet. Voraussetzung des Friedens sollte »Vergebung« sein: »Aus und Schwamm drüber!« – die Henker von gestern sind die Regierungschefs in Anzug und Krawatte von heute. Solche »Vergebung«, die vielmehr den Namen Vertuschung, Verweigerung der Wahrheit, verdient, wird von den Tätern im Namen christlichen Erbarmens eingefordert. Doch es gibt kein Erbarmen ohne Wahrheit, ohne das Eingeständnis der Schuld und ohne das reinigende Feuer des Gerichts. Die christliche Erlösungsbotschaft ist kein »Schaumteppich«, unter dem alle gleichermaßen zugedeckt werden, die Opfer und die Mörder.[8] Die Mutter eines von den Todesschwadronen in El Salvador zu Tode Gefolterten bringt es auf den Punkt: »Gerne würde ich dem Mörder meines Sohnes verzeihen. Doch dazu muss ich seinen Namen kennen, muss ihm ins Gesicht schauen können.«

»Das Bedürfnis, Leiden beredt werden zu lassen, ist Bedingung aller

Martha Zechmeister

Wahrheit.«[9] Der Klage der Opfer Raum und Gehör zu schenken, ist die Bedingung für den Aufbau menschlicher Gemeinschaft, für den Weg zu einer humanen und gerechten Gesellschaft. Klage konfrontiert die Täter mit ihrer Verantwortung und fordert Veränderung ein. Wo die Klage unterdrückt wird, wo die Verletzten, Verstümmelten, an den Rand Gedrängten nicht zur Sprache kommen, dort ist das menschliche Miteinander auf dem morschen Fundament von Lügen gebaut. In der biblischen Tradition wird nirgends zum Vertrösten, zum Relativieren, zum Schönreden verführt. Sie leitet nicht an, das »Schicksal«, als von Gott verfügt, geduldig anzunehmen und zu ertragen; die Entlarvung der Todesmächte zu verhindern und so Gott zu ihrem Komplizen zu machen. Gott liebt die, die sich auflehnen um des Lebens willen. In den für viele so anstößigen »Rachepsalmen« finden selbst Aggression und Wut ihren legitimen Raum als vitale, befreiende Kräfte. Im Gegensatz zur Verlogenheit derer, die nach der Konfrontation mit fremdem Leid »tief ergriffen« ungestört weiterleben, begegnen wir in den Psalmen und in den prophetischen Traditionen einer »heiligen Wut« für das Leben. Sie setzt die Kraft zum Aufstand gegen die versklavenden, todbringenden Mächte und Gewalten frei. – Und dies ist eine der Umschreibungen für die Nachfolge Jesu.

All dies stellt ernsthafte Anfragen an die Sprache von Theologie und Verkündigung. War und ist die Theologie nicht allzu oft von einem Zwang zur Sinngebung, zur »spekulativen Leidbewältigung« geleitet? Der nicht von innen heraus erlittene, sondern von außen angedachte »Sinn« ist jedoch von Vertröstung und Zynismus kaum unterscheidbar. Theologie, die den Klagenden nicht standhält, die nicht mit ihnen gemeinsam ringt, »dem Meer des Todes Land abzugewinnen«, mag noch so orthodox sein, »wahr« im Sinne des Evangeliums ist sie nicht. Gegenüber der Sprache »wissenschaftlicher« Theologie ist die in den biblischen Psalmen verwurzelte Sprache der Gebete »spannender und dramatischer, rebellischer und ungetrösteter«[10]. »Warum, o Gott?« und »Wie lange noch?«, dieser Aufschrei der Leidenden, der sich durch die Menschheitsgeschichte zieht und mit dem Jesus am Kreuz eins wird, wird in ihnen nicht unterdrückt. Gerade deshalb jedoch ist die Gebetssprache weitaus lebens- und gott-voller. Am Wahrheitskriterium, das durch sie gesetzt wird, hat sich jede Theologie zu bewähren.

Auch die liturgische Praxis ist auf den Prüfstand zu stellen. Denn hat die »Peinlichkeit der Klage« in unseren Gottesdiensten Raum? Werden in ihnen »Sprachräume« eröffnet, in denen Menschen den Mut finden, das, was ihr Leben entstellt und vernichtet, zu artikulieren? Wird der Schatz biblischer Traditionen und der Zeugnisse der großen Beter so bereitgestellt, dass sie Menschen helfen, sich in ihrer konkreten Not und in ihrem Leiden am Unheilen und Zerrissenen dieser Welt wiederzufinden und sie vor Gott zu bringen? Der Priester Eli ist besorgt um die Ordnung im Tempel – und deshalb verbietet er Hannah, sich weiter derart exzessiv und expressiv aufzuführen, ihre Verzweiflung am öffentlichen Ort hinauszuschluchzen. Eli ist lernfähig und öffnet schließlich sich und das Haus des Herrn dieser Frau, die vor Gott ihr Herz ausschüttet (Sam 1,9–18). Liturgische Sterilität ist einfacher und kontrollierbarer, doch mit der Berufung auf die Bibel und auf die Praxis Jesu kann sie gewiss nicht legitimiert werden.

3. Zur mystischen Dimension der Klage

»Gott umarmt uns durch die Wirklichkeit.«[11] Dieser Satz ist für mich eine der schönsten Umschreibungen für das, worauf ignatianische Mystik zielt: Gott suchen und finden in allen Dingen. Alle Wirklichkeit ist Gottes voll. In allem, was uns konkret umgibt und begegnet, im freundschaftlichen Gespräch, im Lachen eines Kindes, in der wohltuenden und befreienden Erfahrung der Natur bietet er uns seine Nähe an. Diese zärtlichen Berührungen Gottes mit »liebender Aufmerksamkeit« zu entdecken, sich ihnen auszusetzen und sie geschehen zu lassen, ist fundamentaler Akt des Glaubens und der Menschwerdung. Wer solcher »Frömmigkeit« mit Ironie und Überheblichkeit begegnet, offenbart damit seine seelischen Defizite.

Die Umarmung Gottes durch die Wirklichkeit zuzulassen gehört zum Wesentlichen menschlichen Lebens – und dieses Wesentliche ist »kinder-schwer«[12]. Es ist ganz Gnade, ganz Geschenk, und will doch geübt und erkämpft werden. Beten lernen bedeutet fühlen lernen, sensibel, berührbar, damit aber auch verletzlich zu werden. Wer betet, riskiert den Exodus aus dem Gehäuse falscher Sicherheiten, das Ablegen des robusten Seelenkostüms. Vielfach vollzieht sich das gegen die eigenen erbitterten Widerstände. »Das Eis der Seele spalten«, mit diesem Wort Franz Kafkas überschreibt Dorothee Sölle ihre Überlegungen zu Poesie und Gebet.[13]

Die Widerstände sind verständlich, denn die Umarmung Gottes durch die Wirklichkeit zuzulassen, ist riskant und gefährlich. Ich erinnere mich an meine Ankunft in San Salvador, der Hauptstadt El Salvadors. Es war meine erste Begegnung mit einer Großstadt der »Dritten Welt«. Bewusst und theoretisch gut vorbreitet habe ich diese Reise angetreten. Was jedoch innerhalb weniger Stunden im Zentrum dieser Stadt auf mich einströmte, hat mich mit einem heftigen Fieberschub umgehauen: Lack schnüffelnde Straßenkinder, alkoholkranke, vom Bürgerkrieg verkrüppelte Männer, auf dem Markt arbeitende Frauen mit ihren Babys, in einer Glocke von Smog, Lärm und Hitze. Intellektuell und vermittelt über mediale Anschauung habe ich dies alles längst »gewusst« – auch, dass in den Bürgerkriegsregionen Afrikas und an vielen anderen Orten der Erde die Situation um ein Vielfaches lebensfeindlicher, tödlicher ist. Doch in diesen ersten Stunden in San Salvador ist mir mein »Wissen« unter die Haut gegangen: das Wissen darum, dass dem Großteil der Menschheit die fundamentalen Menschenrechte, das Recht auf Wasser, Nahrung, Bildung, Gesundheit verweigert werden; dass die privilegierte Minderheit die Verurteilung der Vielen, der »massa damnata«, zum vorzeitigen Tod weithin teilnahmslos geschehen lässt; und dass die Wenigen, die sich ihr ernsthaft widersetzen, auf verlorenem Posten kämpfen. Emotional ist meine Illusion von einer im Großen und Ganzen heilen Welt und von meiner eigenen Unverwundbarkeit in diesen ersten Stunden in San Salvador zusammengebrochen. Noch nie hatte ich zuvor menschliches Leben als so fragil, als so verletzlich, so bedroht erlebt. In den Tagen, in denen ich mit Fieber im Bett lag, ist mir aufgegangen: Wenn der Satz »Gott umarmt uns durch die Wirklichkeit«, wahr ist, dann muss er ungeteilt gelten; dann muss er auch dort noch gelten, wo diese

Wirklichkeit nur mehr ein einziger schreiender Widerspruch gegen ihn zu sein scheint.

Die Frage bleibt: Ist ein solches Glaubensexperiment überhaupt lebbar? Mich von meiner Unfähigkeit zum Fühlen befreien zu lassen; der Demontage des Schutzwalls meiner Illusionen zuzustimmen; meine Sinnesorgane zu öffnen, um die Wirklichkeit ungefiltert in mich einströmen zu lassen; diese Umarmung Gottes an mir geschehen zu lassen, treibt dies nicht in den Wahnsinn? Riskiere ich damit nicht den Verlust meiner psychischen Gesundheit und auch den Verlust meiner Handlungsmöglichkeiten? – Oder kann dies ein fruchtbarer Weg sein, ein Weg, der in die »Mystik der Compassion« hineinführt, in die »Mystik der Mitleidenschaft aus Gottesleidenschaft«[14]?

Ignatius von Loyola leitet den Übenden in der dritten Woche der Exerzitien an, sich »anzustrengen, um Schmerz zu empfinden, traurig zu sein und zu weinen.« Er lässt ihn bitten um »Schmerz mit dem schmerzerfüllten Christus, Zerbrochenheit mit dem zerbrochenen Christus, Tränen, innere Qual, über die so große Qual, die Christus für mich erduldet hat.«[15] Wie die christliche Passionsfrömmigkeit insgesamt, so blieb auch die Exerzitientradition weithin in einer individualisierenden, verengten Auslegung stecken. Daran ist der Text selbst nicht ganz unschuldig. Hinter dem Kreuz Jesu sind die Millionen zu Tode Gefolterten der Menschheitsgeschichte verschwunden, die Fixierung auf das je eigene Leiden, auf die individuelle Schuld hat für das Mitempfinden der Schmerzen der anderen keine seelischen Kräfte freigelassen. Die Exerzitien als Schule des Mitfühlens könnten jedoch auch eine ganz andere Dynamik freisetzen: mich im Innersten erschüttern lassen von den unzähligen Schmerzensschreien, die heute zu Gott aufsteigen; zu weinen über meine Verstrickung in eine von Profitgier dominierte Welt, in der trotz nie dagewesener technischer Möglichkeiten so wenig gegen das Zugrundegehen so Vieler getan wird; mich hineinziehen lassen in die Schicksalsgemeinschaft mit Jesus, der von den Mächtigen liquidiert wurde, weil er die »Sünde der Welt« aufdeckte; weil er die »Ordnung« umstieß, indem er die, die nach der Gerechtigkeit hungern, die Friedensstifter, die mit dem reinen Herzen, selig pries.

Martha Zechmeister

Entgegen allen psychologisierenden Einwänden, all dies sei ja doch nur Verführung zum Sadomasochismus, sind die Geistlichen Übungen vom Vertrauen getragen, dass Erlösung nicht darin liegt, Schmerz und Angst zu verdrängen, sondern sie zuzulassen, sich ihnen auszusetzen. Sie treffen sich darin mit Nelly Sachs, deren Poesie sich als einziges »Durchschmerzen« des Schreckens der Shoa erschließt. »Nur in geduldigster Trauerarbeit, in der Angst vor dem falschen Trost, in bleibender Wundheit und verletzlicher Erinnerungskraft kann auf dem Grunde des Leidens eine schmerzlich erarbeitete und erlittene Hoffnung aufgehen.«[16] Die Mystik der Compassion zu riskieren führt hinein in die in aktiver Passivität erlittene »dunkle Nacht des Glaubens«. Sie führt mit Jesus in den Garten Getsemane, wo nur mehr Angst und ohnmächtige Verzweiflung spürbar sind, die Teilhabe an der Agonie der Welt. Um zum Bild des Anfangs zurückzukehren: Gegen das Meer des Todes anzuhoffen, anzuschreien, anzulieben scheint jämmerlich zum Scheitern verurteilt. Doch gerade dieser Aufschrei wird zum glaubwürdigsten Zeugnis von dem Gott, der unseren Hunger und Durst nach Gerechtigkeit nicht im Tod stranden lässt, der uns jenseits aller sinnlosen Tode hält, trägt und liebt.

»Nur einige von den großen Verzweiflern
haben so geliebt,
dass der Nacht Granit aufsprang.«[17]

1 *Sölle, D.*, Leiden, Stuttgart [9]2003, 15.
2 Vgl. *Sachs, N.*, Fahrt ins Staublose, Frankfurt 1991, 273: »So muss ich denn aufstehen / und diesen Felsen durchschmerzen …«
3 Vgl.: »Gelebte Auferstehung bedeutet Aufstand gegen den Tod, der dem Leben nur ein Weitervegetieren gestattet« (*Sölle, D.*, Mystik des Todes, Stuttgart 2003, 61f.).
4 Oscar Romero, der mit seiner ganzen Existenz zu einer solchen Stimme wurde, umschreibt so den Auftrag der Kirche in seiner Botschaft an den Nationalen Rat der Kirchen der USA im November 1979.
5 Vgl. *Moosbach, C.*, Lobet die Eine. Schweige- und Schreigebete, Mainz 2000.

6   Aus einem offenen Brief Carola Moosbachs vom Oktober 2004.

7   *Nachtwey, J.*, Inferno, Berlin 2003.

8   So eine Formulierung von Johann Baptist Metz.

9   *Adorno, Th. W.*, Negative Dialektik, Frankfurt/M [8]1994, 29.

10 *Metz, J. B.*, Gotteskrise, in: Diagnosen zur Zeit. Mit Beiträgen von J. B. Metz u.a., Düsseldorf 1994, 79.

11 Vgl. *Lambert, W.*, Gott umarmt uns durch die Wirklichkeit, Mainz [2]1999.

12 Vgl. *Metz, J. B.*, Ermutigung zum Gebet, Freiburg 1977, 34.

13 Vgl. *Sölle, D.*, Das Eis der Seele spalten, Mainz 1996.

14 Zu diesem zentralen Begriff in der Theologie von J. B. Metz vgl. zuletzt Süddeutsche Zeitung, 28.9.2004, 17.

15 *Ignatius von Loyola*, Geistliche Übungen. Übersetzt und erläutert von P. Knauer, Graz 1986, Nr. 195.203.

16 *Fuchs, G.*, Im »Durchschmerzen« des Leidens, in: *Steins, G.* (Hg.), Schweigen wäre gotteslästerlich. Die heilende Kraft der Klage, Würzburg 2000, 168.

17 Nelly Sachs in »Flügel der Prophetie«, zitiert nach *Sölle* (s. Anm. 13) 219.

Den Saum seines Gewandes berühren
Psychologische Aspekte christlichen Betens

Josef Maureder SJ

Worauf vermag die Psychologie aufmerksam zu machen, wenn nach Sinn und Gestalt christlichen Betens gefragt wird? Wann und wie prägt Beten das Leben im christlichen Sinn? Gibt es für diesen Wandlungsprozess aus spiritueller und psychologischer Sicht wirksamere Wege, die sich bevorzugt nahe legen? Diese Fragen versuche ich aus psychologisch-spiritueller Perspektive zu beantworten.

1. Mit allen Kräften beten

Um aus psychologischer Sicht das Profil christlichen Betens und die Chance menschlicher Reifung herauszuarbeiten, richtet sich der Blick in einem ersten Schritt auf Engführungen im Verständnis und Vollzug des Gebets und auf einen angemesseneren, weil den Menschen umfassender in den Blick nehmenden Zugang.

Beweglichkeit bewahren

Gegenwärtig ist viel von Gebetsmethoden die Rede, die sich in christlicher und nichtchristlicher Tradition entwickelt haben. Bei aller Sinnhaftigkeit methodischer Gebetshilfen ist sogleich ein Vorbehalt anzumerken, denn: »Gebetsmethoden kann man vielleicht erfinden – aber Beten, das findet man. Das findet man in sich vor … Die Vorstellung, Beten käme nur durch Einüben, mittels Methoden zustande, hat etwas Beängstigendes, Einengendes, ja Perverses an sich.«[1] Ignatius von Loyola bietet in seinen Exerzitien, einer Schule des Betens, verschiedene Gebetsweisen an, doch er legt keine unveränderbar fest oder setzt sie absolut. Denn immer sind Gebetsmethoden auf ihr eigentliches Ziel hin zu relativieren: auf das, was mehr dazu dient, »dass der Schöpfer und Herr selbst sich seiner frommen Seele mitteilt«.[2] Diese

Beweglichkeit und Freiheit im Umgang mit Methoden ist typisch christlich, denn wenn Gott im Gebet als personal und geschichtlich handelndes Du begegnet, dann darf er auch in der Art und Weise der Begegnung mitreden. Meist stützen sich Personen mit eher schwach ausgeprägtem Selbstbewusstsein, mit spürbaren Kommunikationsproblemen oder einer angstbesetzten Gottesbeziehung gerne auf »klare Methoden« und Anweisungen. Für sie bekommen Methoden und oft auch deren Vermittler defensive, also abwehrende Funktion. Diese sollen helfen, das schwache Ich zu stützen. Wird an einer Methode (aus welchen Gründen auch immer) starr festgehalten, besteht die Gefahr, sich dem dialogischen Gebetsgeschehen zu verweigern und einem monologischen Dasein und Eigensinn verhaftet zu bleiben. Im zwischenmenschlichen Bereich führt dies nicht selten zu eigenwilliger Sturheit und markanter Unbeweglichkeit in inneren Einstellungen trotz überzeugend vorgebrachter gegenteiliger Fakten und Argumente. Psychologisch gibt es hier unverkennbare Parallelen zwischen dem Umgang mit Gott im Gebet und dem Umgang mit Menschen.

Auch Schemata haben hinsichtlich der Gebetsentwicklung Engführungen bewirkt. Denn es ist offenkundig, dass beispielsweise »unsere christliche Mystik nicht unbedingt in das Schema der Antike passt, in der Läuterung, Erleuchtung und Unio mystica säuberlich aufeinander folgten. Christliche Mystik ist ein Gehen mit Christus von Anbeginn des Weges, schon hier also eine Unio, und die Läuterungen dauern bis ans Ende.«[3] Es ist verführerisch, gemäß diesem so klaren Schema einen Stufenplan für die Gebetsentwicklung anhand bestimmter Gebetsmethoden aufzustellen. Und es wird gefährlich, wenn Menschen bewusst oder unbewusst in einer Methode festgehalten werden, weil diese scheinbar »höher« oder »vollkommener« ist. Vielleicht machen aber schon in einer Stunde Gebet ganz verschiedene »Gebetsarten« die echteste Gottesbegegnung aus. Auf lange Sicht werden auf dem Gebetsweg Phasen der Tiefe und Einfachheit wachsen. Diese werden allerdings bei den großen Meistern des christlichen Gebets nicht als Methode festgehalten. Denn wie Teresa von Ávila mit psychologischer Behutsamkeit in der »Inneren Burg« bemerkt: »Dabei ist es für

Josef Maureder

jede Seele, die sich dem inneren Beten wenig oder viel hingibt, wichtig, dass man sie nie in einen Winkel einzwängt oder einengt. Man lasse sie durch diese Wohnungen streifen, aufwärts und abwärts und nach den Seiten hin. Da ihr Gott eine so große Würde verliehen hat, soll sie sich nicht zwingen, lange Zeit in einem einzigen Raum zu bleiben.«[4]

Mit allen Kräften beten mitten in der Welt

Sowohl aus psychologischer Sicht als auch aus der spirituell-theologischen Perspektive von Schöpfung und Inkarnation sind Gebetsweisen zu wählen, bei denen die Grundbedingungen menschlichen Daseins, christlich gesprochen: die Schöpfungswirklichkeit und Freiheit des Menschen genügend berücksichtigt werden. Nur wenn den Gebetsweisen eine Anthropologie zugrunde liegt, die den Menschen auch in seiner Leiblichkeit, Geschichtlichkeit und Sprachlichkeit, in seiner Intersubjektivität und moralischen Verantwortung in den Blick nimmt, kann das Gebet zu einem integralen Geschehen werden, das den Menschen als Ganzen berührt und verwandelt. Werden Affekt, Ratio oder Bewusstseinsleere (Ausschalten des Denkens als Methode) einseitig betont, verhindert dies in menschlicher wie geistlicher Hinsicht eine ganzheitliche Begegnung im Gebet und Reifung.

Um ein solches, den ganzen Menschen erfassendes Geschehen zu fördern, schlägt Ignatius in den Geistlichen Übungen eine Vielzahl von Gebetsweisen vor, in denen unterschiedliche innere Kräfte zum Schwingen kommen. Der ganze Mensch *mit all seinen Kräften* und seinem Gewordensein kann, darf und soll da sein vor Gott – auch im mystischen Beten, in dem einfaches Dasein vor Gott *und* Beten mit der eigenen Lebensgeschichte ihren Platz haben (vgl. EB 234). So geschieht ehrliche Begegnung, so kann die Gnade Gottes verwandeln.

Merkmal christlichen Betens ist auch die intensive wechselseitige Beziehung von Glauben und Leben. Lebenserfahrung prägt den Glauben und der Glaube wird im Leben verankert. »Bei-sich-Sein und Außer-sich-Sein, Selbsterfahrung und Weltbezug, Selbstbegegnung und Gottesbegegnung wachsen im gleichen Maß.«[5]

2. Das Du im Blick

Was wird in christlichem Beten gesucht? Was ist im Blick und worauf hin wollen Christen wachsen?

Mehr als nur Selbsterfahrung

»Das weltweite spirituelle Erwachen ist eine neue Religion ohne Gott. Mit großer Wucht schießen die Erleuchteten aus dem frisch bestellten Boden einer neuen Innerlichkeit.«[6] Die auflebende Massenmystik lebt von radikaler Zivilisationskritik, predigt Weltentzug und fordert die Befreiung vom Denken zugunsten einer neuen Evolution: einem Erwachen aus der Entfremdung und dem Verschwinden der Worte. Dabei ist »das Selbst die alles entscheidende Größe. Alles, was geschieht, geschieht dem Selbst.«[7] Im Unterschied dazu ist christliches Beten keine objektlose Selbsterfahrung, sondern richtet sich auf ein »Gegenüber«, auf ein personales Du. Auch in der Mystik leuchtet dieser Wesenszug auf: »Denn die Beschauung (Kontemplation) ist nichts anderes als ein geheimes, friedliches und liebevolles Einströmen Gottes, der die Seele mit dem Geist der Liebe in Brand setzt.«[8] Im Unterschied zu manchen Meditationsweisen des Westens und ungegenständlichen Meditationsbewegungen des Ostens kommt in der christlichen Mystik dieses personale Element deutlich zum Tragen. Ihr Schweigen ist kein neutrales Schweigen, sondern ein Schweigen der Liebe, ist Begegnung.

Christliches Beten ist Schauen auf Gott. Psychologisch zeigt sich die Intentionalität der Betenden, sein Angesicht zu suchen, in einer doppelten Bewegung: sich auszurichten auf das Du in der Einkehr in das innerste Ich und zugleich in der Auskehr des Ich zum höchsten Du.

Beten ist Ausrichtung und Wachstum zum Du

Vor jeder Meditation in den Exerzitien empfiehlt Ignatius dem Übenden: »Gott, unseren Herrn, um Gnade bitten, damit alle meine Absichten, Handlungen und Betätigungen rein auf Dienst und Lobpreis seiner göttlichen Majestät hingeordnet seien« (EB 46). Mit realistischer Menschenkenntnis lässt Ignatius darum bitten, dass auch das

Gebet von »rechter« oder »gerader« Absicht geleitet sei, also Gott und nicht etwas anderes gesucht wird. Am Beginn der Betrachtungen zur Lebenswahl spricht er von den drei Menschengruppen (vgl. EB 149–157). Als erste Gruppe nennt er jene, die zwar in ihrem Leben etwas ändern möchten, es aber nie tun. Das wären – auf das Gebet hin gesprochen – Menschen, die beten möchten, aber nicht damit beginnen. Innere Konflikte oder dem Vorhaben widersprechende Bedürfnisse blockieren. Diese Menschen bleiben ganz im Ich gefangen. Eine zweite Menschengruppe entscheidet so, dass sich ihre Bedürfnisse und ihr Eigenwille, häufig auch halb- oder unbewusst, durchsetzen. Es besteht keine wirkliche Freiheit für die Frage nach dem Willen Gottes. Gott soll vielmehr dorthin kommen und dem zustimmen, was der Mensch will. Gott wird für die eigenen Vorlieben und Wege eingespannt. Im Gebet wären das jene, die zwar beten, aber immer so, dass es die eigenen Bedürfnisse befriedigt. Die Motivation zum Beten ist begründet in einer Befriedung psychologischer und geistlicher Sehnsüchte, deren Triebkraft aus Bedürfnissen kommt (zum Beispiel Vermeidung von Schmerz, sich zur Schau stellen, affektive Abhängigkeit, Unterwürfigkeit), die mit einer geistlichen Berufung schwer zu vereinen sind. Der Herr ist im Blick, insofern er dem Menschen nützlich ist. Erst die dritte Gruppe von Menschen fragt nach Ignatius wirklich nach dem Willen Gottes und neigt bei gleichbleibender Ehre Gottes eher dazu, mit dem armen und verkannten Christus unterwegs zu sein. Solche Menschen fügen sich in die Lebensdynamik des Herrn ein. Im Gebet wären das jene, die ganz offen sind für Gottes Wort und Wegweisung, die sich ganz auf die Anrede Gottes einlassen können. Ihr Blick ist rein auf den Herrn gerichtet, ihre Absicht ist, ihm zu gefallen und zu tun, was in sich gut ist und was je mehr dem Leben Jesu entspricht.

Ähnlich schildert der flämische Mystiker Johannes van Ruusbroec das geistliche Wachstum – und somit auch das Wachstum im Gebet – in einer ständig reineren Ausrichtung auf Gott.[9] Menschen, die ganz am Beginn stehen, vergleicht Ruusbroec mit »Söldnern«: Sie beziehen sich auf Gott, wollen für ihn leben, aber es geht ihnen darin ganz um ihr Ich; sie haben sich selbst im Blick. Auf einer nächsten Stufe finden sich die »treuen Diener«. Diese suchen Gott und wollen ihm dienen, blicken aber ständig auf ihr Tun zurück und richten ihre Aufmerksamkeit auf ihren menschlich-spirituellen Wachstumsprozess. Im Blick auf diese Dynamik warnt Erika Lorenz vor allem Leistungsdenken und Haschen nach Erfahrungen und betont, dass man keine »geistliche Begierlichkeit« entwickeln dürfe, denn aus »Erfahrungssuche kann Erfahrungssucht werden, die Gott nicht anzieht, sondern vertreibt!«[10] Wer wirklich ganz auf Gott ausgerichtet ist, wird von dem Mystiker »treuer Freund« genannt. Die »Unvollkommenheit«, die sich hier noch finden kann, ist die Eigenaktivität; zu sehr wird der Blick noch selbst gelenkt, das Gebet und Tun vom Ich bewirkt. Wenn Gott schließlich auch der Ursprung der Ausrichtung und allen Tuns wird, wenn also Anfang und Ende des Betens und allen Wirkens Gott selbst ist, dann spricht der Mystiker vom »verborgenen Sohn«. Aus einer solchen »Passivität« und Verdanktheit lebend schreibt Paulus: »Nicht mehr ich lebe, Christus lebt in mir.« (Gal 2,20)

Es wird deutlich: Christliches Beten hat ganz das Du im Blick, und nur wer sich loslassen kann, kann sich selber geben und schenken.

Beten ist ein lebendiger Dialog

Der Mensch ist das Wesen, das auf Ansprache angewiesen und als »Hörer des Wortes« (Karl Rahner) geschaffen ist, und der sich zu seiner Würde aufrichtet, wenn er auf das an ihn ergangene Wort antwortet. Er ist in seinem Innersten dialogisch angelegt. Gemäß dieser anthropologischen Gegebenheit ist das christliche Gebet in seiner Grundstruktur ein Dialog und kein Monolog, weder von Seiten Gottes noch von Seiten des Menschen. Deshalb rät Ignatius von Loyola dem geistlichen Begleiter, er soll »unmittelbar den Schöpfer mit dem Geschöpf wirken lassen und das Geschöpf mit seinem Schöpfer und Herrn« (EB 15). Die narrative Psychotherapie hat die heilende Funktion des Erzählens der Lebensgeschichte entdeckt. Dem dialogischen Grundprinzip entsprechend ist auch das erzählende Dasein vor Gott wichtig und ein möglicher Weg echter Heilung. Wenn ein Mensch vor

Gott sein Leben erzählt, gibt er den Ereignissen, seiner Angst und Freude, dem Schmerz, den Sehnsüchten, Gefühlen und Bedürfnissen einen Namen. So kann er lernen, damit umzugehen, und der liebende Blick Gottes ordnet auf heilende Weise das Erlebte.

Ob eine Methode christlich »getauft« werden kann, wird somit davon abhängen, inwieweit sie sich für das dialogische Liebesverhältnis zu Gott öffnet und ob sie die Einheitserfahrung als Verschmelzung oder als intensive Begegnung der Liebe deutet.

Das dialogische Prinzip christlichen Betens gilt ebenso in Bezug auf die Mitmenschen. Der Christ wird sich betend mit anderen auf den Weg machen wollen, die Begegnung mit Gott wird ihn öffnen für die Begegnung mit anderen. Christlich mündet der Dialog mit Gott immer wieder in den Dialog mit der Glaubensgemeinschaft ein und das Gespräch mit Glaubenden in den Dialog mit Gott.

3. Heil finden in Christus

Ausrichtung auf ein Du! Was oder wer ist dieses Du? Ist es für die menschlich-geistliche Reifung im christlichen Sinn gleichgültig, ob ein Mantra wiederholt wird oder ob das Herz von Leben und Botschaft Jesu bewegt und geformt wird? Auf diese Fragen versucht das folgende Kapitel Antwort zu geben.

Das Du ist Fleisch geworden

Was wird erfahren, wenn der Mensch sich auf Gott ausrichtet: das absolute Sein, kosmische Weite, das Selbst, ein unbekannter Gott, ein »personales« Du? Sind wir in unserer konkreten, endlichen Welt gefangen, hilflos auf der Suche nach dem unbekannten Gott? In den »Bekenntnissen« des heiligen Augustinus begegnen wir in bewegender Sprache dieser intensiven Suche nach dem Angesicht des ewigen Du: »Was bist du mir? ... Und ich, was bin ich dir, dass du von mir geliebt sein willst? Bei deinen Erbarmungen, Herr, mein Gott, sag es mir, was du mir bist! Sag meiner Seele: dein Heil bin ich. Und also sag es, dass ich's höre. Siehe Herr, meines Herzens Ohr ist bei dir; tu es auf und sag meiner Seele: dein Heil bin ich. Ich will nachlaufen dieser

Stimme, bis ich dich fassen kann.«[11] Was in vielen Religionen unbestimmt bleibt, wird biblisch eindeutig: Gott ist die Liebe. In Jesus Christus ist seine Liebe sichtbar, ist sein Liebes-Wort Fleisch geworden. Deshalb geht es nicht nur um die Worte Jesu, sondern zentral darum, dass er selbst das Wort ist.[12]

Das »Erkennen« und das »Lieben« eines Du erweisen sich psychologisch eng miteinander verbunden. Dies gilt auch für die Begegnung mit dem im Geist gegenwärtigen Jesus Christus: Wer sich ihm unvoreingenommen, liebend nähert, wird ihn erkennen, und er wird ihn umso mehr lieben, je tiefer er ihn erkennt.

In dieser Vertrautheit mit Jesus Christus zu wachsen ist ein ganzheitliches Geschehen. Sich affektiv vom Wort der Schrift berühren zu lassen ist eine wesentliche Voraussetzung, um tiefer in die Begegnung mit dem Wort des Lebens – mit der Botschaft und Person Christi – hineinfinden zu können. Emotional bleibend angesprochen und auch in affektiven, existentiellen Tiefenschichten berührt zu sein geschieht normalerweise nicht im Vorübergehen. Dafür braucht es Zeit, langes, liebendes und geduldiges Hinschauen und Hinhören; es braucht den betrachtenden, betenden Umgang mit der Schrift. Deshalb lässt Ignatius in seinen Exerzitien Begebenheit um Begebenheit aus dem Leben Jesu betrachten, um das entscheidende Ereignis der Welt- und Heilsgeschichte verkosten und, vor allem auch affektiv berührt, darin Gott begegnen zu können: in diesem Menschen das Heil der ganzen Welt. Wird die Betrachtung des Lebens Jesu aus dem Gebetsleben verdrängt oder marginalisiert, ist das psychologisch wie ein Verschließen der Sinne vor diesem einmaligen und so konkreten Wort Gottes an uns Menschen. Dabei hat Gott alles getan, um uns dieses Wort zu sagen! Christliches Beten stellt das fleischgewordene Wort ins Zentrum, wagt diese »Gegenständlichkeit«, weil Gott sie gewagt hat mit einer Liebe bis zur Vollendung.

Jesus, das Urbild vollendeten Menschseins

»Gott ist Mensch geworden, damit der Mensch Gott werde«. In diesem bekannten Wort kommt zum Ausdruck, dass der Mensch zu

Josef Maureder

einem in Gott vollendeten Leben, zur Heiligkeit gerufen ist. Das Zweite Vatikanum spricht davon, dass in Jesus Christus der Mensch dem Menschen offenbart wird. In ihm wird sichtbar, »dass und was Gott mit dem Menschen zu tun haben will – dass Gott uns liebt und will, dass wir diese Liebe mit unserem ganzen Herzen annehmen und beantworten –, und dass dies zutiefst dem Wesen des Menschen entspricht, dass darin sein Glück und sein Heil liegen.«[13] Der Menschgewordene ist das Maß christlicher Heiligkeit. In seinem Leben und seiner Botschaft finden wir das »objektive Kriterium« vollendeten Lebens, das sowohl einem subjektivistischen Relativismus als auch eigenwillig geformten »Vollkommenheitsideologien« entgegenzuhalten ist.

Was kann das für die menschlich-geistliche Reifung im christlichen Sinn bedeuten? Blicken wir auf die drei entscheidenden Stufen des Lernens: Auf einer eher primitiven Stufe lernt der Mensch durch »*Anpassung*« aufgrund von Belohnung oder Strafe. In biblischer Hinsicht könnten hier zur Verdeutlichung einige Facetten alttestamentlicher Gottesbilder herangezogen werden. Dann kommt die Phase der »*Identifikation*«, die notwendig ist, damit das Ideal-Ich eines Menschen geformt wird. Werden keine wirklichen, sondern bloß enttäuschende oder ständig wechselnde Identifikationsfiguren gefunden, bleibt das Ideal-Ich leer oder zumindest äußerst labil. Entscheidungsunfähigkeit, mangelndes Durchhaltevermögen bei Krisen und ständig wechselnde Lebenskonzepte sind die Folge. Für menschliches und christliches Reifen bietet Jesus in seinem Reden und Handeln eine einmalige Identifikationsmöglichkeit. In einer dritten Stufe lernt der reife Mensch aufgrund der *Internalisation (Verinnerlichung) von Werten*, die dargeboten werden. Auch hier tragen die Botschaft Jesu und er selbst als der Wert schlechthin (Ursakrament) zu profilierter christlicher Formung bei.

Sich an Jesus Christus im Gebet zu orientieren birgt für den Menschen eine dreifache Konsequenz: Ein unbedingtes Ja zu dieser Schöpfung und zur Weltwirklichkeit, weil sich Gott ganz auf diese Wirklichkeit eingelassen hat; eine Bereitschaft auch zu Mühe und Leid im Dienst am Guten, weil Er so gelebt hat; und schließlich ein unbedingtes Ja zur Gemeinschaft, weil Er so gehandelt hat und Gott als Dreifaltiger in sich Gemeinschaft, Liebe ist. Weltflüchtige Innerlichkeit, lächelnd über den Dingen stehende Gelassenheit oder egoistische Selbstgenügsamkeit werden schon in diesen Grundbewegungen korrigiert.

4. Heiler werden im Gebet

Wird nach einem Gebetsweg gefragt, der die Heilung und Heiligung des Menschen in besonderer Weise zu fördern vermag, kommen bestimmte Vorzüge betrachtenden Betens (contemplación) deutlich in den Blick. Dabei ist die »Betrachtung« keinesfalls vornehmlich diskursives oder affektives Beten. Sie enthält auch kontemplative Phasen einfachen Gebets und Elemente mystischen Gebets. Allerdings wird keine Phase zur Methode erhoben, und »Gegenständlichkeit« (in der Offenbarung Gottes im ganzen Christusgeheimnis) ist Ausgangspunkt und Korrektiv jeder persönlichen Gebetserfahrung. Doch bevor wir auf diese »Vorzüge« der Betrachtung eingehen, sei eine Frage aufgegriffen, die betende Menschen in große Bedrängnis bringen kann.

Gebet ist mehr als nur ein Projektionsgeschehen

Können wir sagen, Gebet sei ein Zwiegespräch des Menschen mit Gott? Ein echter Dialog würde ja voraussetzen, dass Gott im Gebet auch den Menschen anredet und ihm auf seine Rede Antwort gibt. Was aber in »naiver Frömmigkeit« als Anrede Gottes erlebt und gedeutet wird, findet man heute als in seelischer und psychologischer Verfasstheit oder Tätigkeit begründet. »Der Mensch von heute hat den Eindruck, im Gebet gewissermaßen mit sich selber zu reden und zu Rate zu gehen, wenn dieses sein Selbstgespräch auch über Gott gehen mag, seine Selbstreflexion eventuell auch vor Gott geschehe.«[14] Auch starke seelische Erfahrungen und Umschichtungen in der Persönlichkeit werden – ausgenommen der Deutung von Menschen in enthusiastischen religiösen Gruppierungen – schnell auf intersubjektive Abläufe und Dynamiken zurückgeführt und nicht auf ein Eingreifen oder Reden Gottes. Ist Gebet also doch Selbstgespräch, Monolog und bloßes Projektionsgeschehen?

Josef Maureder

Zweifellos, Beten ist auch ein Projektionsgeschehen. Das Bild von Gott, die »scheinbare« Rede Gottes wird von der psychischen Verfasstheit des Betenden ganz wesentlich geformt. Jegliche Erfahrung – die Begegnung mit einem geliebten Menschen, das Hören von Musik, das Verstehen eines Textes – ist subjektiv in Wahrnehmung und Interpretation. Und doch geschieht im Beten mehr, findet sich Transzendentes in der Sprache des Endlichen, Göttliches im allzu Menschlichen, redet tatsächlich Gott in dem, was der Beter »projiziert«. Worin liegen der Begründungszusammenhang und der entscheidende Durchbruch für dieses Entdecken und Erfahren? – In der Erfahrung Gottes als Schöpfer und im Ernstnehmen seiner Menschwerdung als einer bleibenden Konstante seines Dialogs mit dem Menschen. Wie sollte Gott anders zum Menschen sprechen als durch dessen Wirklichkeitskategorien – wenn dieser nicht »Wunder« jenseits irdischer Bedingtheit verlangt, um an Gottes Wirken auch nur denken zu dürfen? Ist nicht Gottes Reden in und durch diese Welt, in und durch den Menschen (mit all dem, was dies an Verzerrung mit sich bringt) das größte Wunder, das Aufleuchten echter Göttlichkeit? Dass aber der Schöpfer und Herr sich tatsächlich uns zuwendet, dass Er es ist – mitten im Projektionsgeschehen –, darauf deutet die tiefe Sehnsucht des Menschen nach Ihm. Woher sollte dieses Sehnen kommen, wenn es Ihn nicht gäbe?

Die Betrachtung der Mysterien des Lebens Jesu: Heilung und Heiligung

In vier Aspekten ist eine besondere Chance des betrachtenden Gebets (ein gewisser Vorzug gegenüber rein diskursiven oder ungegenständlich-meditativen Gebetsweisen) anzuführen: Durch die konkrete Begegnung mit dem fleischgewordenen Wort ist eine deutliche Identifikationsmöglichkeit gegeben. Somit werden die für eine geistliche Reifung entscheidenden Funktionen – die Modellfunktion, Konfrontationsfunktion und Trostfunktion – vom Herrn selbst »ausgeübt«, was integrierend, stimulierend und korrigierend wirkt. Die ganze Persönlichkeit wird zunehmend nach dem Leben und der Botschaft Jesu ausgerichtet. Die Schrift als »objektives Gegenüber« kann das Dasein erhellen, korrigieren und formen.

Ein zweiter Vorzug ist die Kraft der konkreten Worte und Bilder. Vor allem das ganzheitliche Eintauchen in die Bilderwelt des Lebens Jesu führt zu affektivem Berührtsein und zu Erfahrungen, die hängen bleiben. Wie stark können schuldig gewordene Menschen vom Verhalten des »barmherzigen Vaters« (Lk 15,11–32) bewegt werden! Oder wie heilend kann es sein, voll innerer Sehnsucht und mit ganzem Vertrauen wie die »blutflüssige Frau« (Mk 5,24–34) auch nur den Saum seines Gewandes berühren zu können! Wenn Menschen sich in solche Erzählungen der Schrift betrachtend hineinleiten lassen, kommt im Inneren ein Prozess ähnlich einem lebendigen Bibliodrama in Gang. Da ist der Beter mit Leib und Seele, mit seinen Gefühlen, seiner Vernunft und seinem Willen dabei. Und erst das affektive Erleben und die affektive Einsicht, so die psychologische Erkenntnis, bewirken Veränderung, Heilung und bewegen zum entsprechenden Verhalten.

Des Weiteren ermöglicht das betrachtende Gebet, sehr konkret an vorbewussten und unbewussten Inhalten zu arbeiten, wenn sie biblische Gegebenheiten und Aussagen sichtbar verzerren, was häufig vorkommt. Wenn jemand bei der Betrachtung der Tempelreinigung behauptet, Jesus habe damals unabsichtlich Tische umgestoßen, dann liegt eine Verzerrung aufgrund konflikthaft unterdrückter Aggression vor. Innere Konflikte, ungesunde Spannungen, defensives Verhalten und negative psychodynamische Zirkel können von einem aufmerksamen geistlichen Begleiter erahnt oder sogar besprochen und durch weitere Betrachtungen »abgeschmolzen« werden. Vor allem Lebenslügen und die oft auf das Ich zurückgebogene Ausrichtung auf Gott werden freigelegt. Durch Projektionen (eigenes unbewusstes Erleben, Gefühle und Wünsche werden in einem anderen Du gesehen) und Übertragungen (Beziehungsmuster aus der Gegenwart oder Vergangenheit werden auf ein anderes Du projiziert) auf den Herrn oder auf andere Gestalten in der Betrachtung können zum Beispiel jahrelang zementierte negative Gottesbilder oder blockierende Autoritätsbeziehungen bewusst gemacht und einer Heilung zugänglich werden.

Josef Maureder

Wenn etwa dem »barmherzigen Vater« gefühlsmäßig keine Wärme und kein wirklicher Vergebungswille geglaubt werden kann, so vermag doch wiederholtes Betrachten hier Wunder zu wirken. Ein großer Vorteil beim betrachtenden Gebet ist Folgender: Lässt sich jemand, beispielsweise in Exerzitien, auf diesem Gebetsweg begleiten, dann ist der Begleiter selbst nicht der Fokus der Übertragung oder Projektion. Daher kann er/sie entlasteter als ein Therapeut mit der begleiteten Person an den Übertragungen und Verzerrungen arbeiten. Vielleicht liegt darin ein Grund, warum in wenigen Exerzitientagen oft heilsame Schritte in Richtung neuer Freiheit gegangen werden können.

Schließlich ist als vierter Vorzug des betrachtenden Gebets die Begegnung mit dem »ganzen Christusgeheimnis« zu nennen. Die Menschen um Christus, vor ihm und nach ihm (in den Apostelbriefen) werden lebendig. Dies bringt einen Reichtum von Lebensbezügen ins Spiel, die wesentlich zur psychologischen Integration und zur geistlichen Reifung beitragen und eine differenzierte Sicht und Erfahrung der Wirklichkeit fördern. Brenda Dolphin R.S.M. weist in ihrer psychologischen Dissertation nach: »Je reifer jemand menschlich ist, desto mehr kann das ganze Christusgeheimnis wahrgenommen, verstanden und wiedergegeben werden. Je unreifer jemand ist, desto einseitiger und subjektiver ist seine Sicht, und zwar völlig unabhängig von der intellektuellen Vorbildung. Umgekehrt wird festgestellt: Wird bei jemandem die Sicht auf das Christusgeheimnis weiter und objektiver, so hat dies auch menschliche Wachstumsschritte zur Folge. Die Arbeit am konkreten Leben Jesu ist eine große Chance, menschliche Konflikte aufzuspüren, aufzulösen und Wachstumsprozesse einzuleiten.«[15]

Größere Heilungschancen bei qualifizierter Begleitung
Die geistliche Begleitung hat gut hinzuhören, wenn vom Gebet und dem, was sich in der Betrachtung »ereignet« hat, erzählt wird, um mit dem Wort der Schrift (das zur Christusbegegnung führen will) oder mit einem Bild oder einem anderen passenden »Inhalt« bei einem nächsten geistlichen Wachstumsschritt korrigierend, heilend oder stimulierend mithelfen zu können. Projektives Geschehen und deutliche

Übertragungen brauchen dabei nicht direkt »behandelt« zu werden, wenngleich das möglich ist; die weiteren Betrachtungen machen der betenden Person oft die eigenen Verzerrungen bewusst und wirken heilend und befreiend.

Weil in der »Gegenständlichkeit« des Betrachtungsstoffs eine große Chance liegt, ist er von der Begleitung gut, das heißt in der Zusammenschau der aktuellen Befindlichkeit der Person und der von Gott her eröffneten Wachstumsrichtung, zu wählen. Hier wird offenkundig, dass für alle, die Menschen auf einem christlichen Gebetsweg begleiten wollen, bedeutsam ist, selbst immer wieder betend zum Wort des Lebens zurückzukehren. Denn es »ist das Wort Gottes nie etwas Abgeschlossenes … sondern etwas immer neu Ankommendes, wie Wasser aus einer Quelle oder Strahlen aus einem Licht. ›Und so genügt es nicht, die Einsicht erhalten zu haben und die Zeugnisse Gottes zu wissen, wenn nicht immerdar empfangen und getrunken wird aus dem Brunnen des ewigen Lichts‹ (Augustinus, En. in Ps 118, XXVI,6). Dem Liebenden ist das ohnedies klar.«[16]

5. Frucht christlichen Betens: Heiler geworden für die Welt

Es gibt viele Früchte christlichen Betens. Ich will zwei entscheidende Kennzeichen in Kürze betonen.

Lebendiges Dasein

Wenn Menschen »mit allen Kräften beten«, wenn sie »ein Du im Blick« haben und Gebet und Leben gebündelt werden, wenn zudem dieses Du »das fleischgewordene Wort Gottes« ist, Jesus Christus, der den Menschen ergreift und heiligt, und wenn schließlich durch die Begegnung mit dem »ganzen Christusgeheimnis« und die achtsame Bearbeitung der in der Betrachtung auftretenden Projektionen und Übertragungen die Psychodynamik eines Menschen von blockierenden Konflikten oder defensiven Mechanismen gereinigt wird, dann erfüllen sich die beiden zentralen Aussagen Jesu: »Ich bin gekommen, damit sie das Leben haben und es in Fülle haben.« (Joh 10,10) Und: »Dies habe ich zu euch gesagt, damit meine Freude in euch ist und

Josef Maureder

damit eure Freude vollkommen wird.« (Joh 15,11) Im Menschen wachsen eine große Freiheit, eine Freude und ein innerer Friede. Eine fruchtbare Lebendigkeit zeichnet solche Menschen aus, weil sie im Gebet und im Leben ganz geworden und beweglich geblieben sind.

Liebendes Dasein

Sich auf das göttliche Du auszurichten und Jesus Christus zu begegnen öffnet den Menschen gleichzeitig für den Mitmenschen und die Glaubensgemeinschaft. Wer sich täglich mit Jesus Christus als dem Freund und Meister verbindet, für den entsteht gleichsam eine »innere Notwendigkeit«, in Liebe für andere da zu sein. Die bewegende Kraft der Liebe Jesu drängt auf die Straßen, vor allem zu den Armen, und will die Gesellschaft in seinem Sinn verändern. Christlich betende Menschen sind missionarische Menschen! Peter Faber, der laut Ignatius am besten die Geistlichen Übungen verstanden hat, lebt ganz aus dieser Dynamik und betont,»dass einer, der als geistlicher Mensch Gott in guten Werken sucht, Ihn nachher im Gebet viel besser findet, als wenn er Ihn, wie das häufig geschieht, vor allem im Gebet gesucht hätte, um Ihn dann in guten Werken zu finden.«[17]

1   *Lambert, W.,* Mit allen Kräften beten, in: Korrespondenz zur Spiritualität der Exerzitien, Nr. 46, 31. Jahrgang 1981, 4.

2   *Ignatius von Loyola,* Geistliche Übungen, übersetzt und erläutert von P. Knauer, Graz u.a. 1978, Nr. 15. Im Folgenden wird Ignatius' Exerzitien-Buch im Text als »EB« zitiert.

3   *Lorenz, E.,* Vom Wort ins Schweigen, in: Geist und Leben, Nr. 3, Jg. 1999, 177–185, 182f.

4   *Teresa von Ávila,* Wohnungen der Inneren Burg. Vollständige Neuübertragung. Hg, übersetzt und eingeleitet von U. Dobhan OCD u. E. Peeters OCD, Freiburg i. Br. 2005, I.2.9.

5   *Blum, D.,* Meditation (praktisch-theologisch), in: LThK VII, Freiburg i. Br. u.a. [3]1998, 51–52, 52.

6   *Schüle, Ch.,* Schrei nach Stille, in: DIE ZEIT, 24.6.2004, 11–14, 11.

7   Ebd. 12.

8   *Johannes vom Kreuz*, Die dunkle Nacht, 1. Buch 10,6, übertragen von H. U. v. Balthasar, Einsiedeln 1983.

9   *Van Ruuesbroec, J.*, Vanden blinkenden steen, in: *ders.*, Opera omnia X (Corpus Christianorum: Continuatio Maedievalis 110), hg. von G. de Baere, Tielt 1991.

10 *Lorenz* (s. Anm. 3) 183.

11 *Aurelius Augustinus*, Bekenntnisse, I,5, zitiert aus: *ders.*, Bekenntnisse, Lateinisch und Deutsch. Eingeleitet, übersetzt und erläutert von J. Bernhart, München 1995.

12 Vgl. in diesem Band den Beitrag von A. R. *Batlogg.*

13 *Wolfers, M.*, Für Gott leben in Christus Jesus, in: *Schambeck, M./Schaupp, W.* (Hg.), Lebensentscheidung – Projekt auf Zeit oder Bindung auf Dauer?, Regensburg 2004, 133–149, 139.

14 *Rahner, K.*, Zwiegespräch mit Gott?, in: *ders.*, Schriften zur Theologie XIII, Einsiedeln u.a. 1978, 148–158, 149.

15 *Maureder, J.*, Wir kommen, wohin wir schauen. Berufung leben heute, Innsbruck u.a. 2004, 52.

16 *Von Balthasar, H. U.*, Das betrachtende Gebet, Einsiedeln 1955, 19f.

17 *Faber, P.*, Memoriale, hg. von P. Henrici, Einsiedeln u.a. [2]1989, Nr. 126.

Gott in der Welt zur Welt bringen
oder: Kann man vom Hören Kinder kriegen?

Melanie Wolfers

Jeder Mensch, der Gott ehrlich sucht und wahrhaftig mit sich selbst umgeht, fragt immer wieder neu, ob und wie der Glaube sein Leben prägt. Denn wer von Gott berührt ist, dem geht auf, dass Gott das Ganze der Welt und des eigenen Lebens betrifft – oder es ist nicht Gott. Als Christen sind wir befähigt und herausgefordert, mit unserem ganzen Dasein auszudrücken, dass wir in Jesus Christus zum Heil berufen sind. Weil Gott in Jesus von Nazaret Mensch geworden ist, sind Gott und Welt untrennbar miteinander verbunden, und die Verwirklichung seines Heilswillens ist unaufhebbar mit der menschlichen (Lebens-) Geschichte verwoben. Durch die Taufe in das Leben Jesu hineingenommen, sind wir eingeladen fortzuführen, was mit der Inkarnation begonnen hat: *Menschsein kann und soll Leben Gottes in der Welt sein.*

»Doch wie soll das geschehen?« Diese Frage hat nicht nur Maria bei der Verkündigung der Geburt Jesu gestellt (vgl. Lk 1,34a), sondern sie drängt sich angesichts dieses Zuspruchs und Anspruchs vermutlich vielen auf. Von Maria heißt es in dem Gedicht »und das wort ist fleisch geworden« von Andreas Knapp[1]:

kann man vom Hören Kinder kriegen

das WORT tritt durch das Ohr
trifft mitten ins Herz
und zeugt dort neue Wirklichkeit
aus Fleisch und Blut

Maria ganz Ohr
und Gott ganz WORT

Synergie von menschlichem
und göttlichem Ja

und das WORT nahm Gesicht an

In biblischen Worten und Bildern ver-dichten diese Zeilen das Geschehen, wie Gott in der Welt zur Welt kam und auch heute noch kommen will: »das WORT tritt durch das Ohr / trifft mitten ins Herz / und zeugt dort neue Wirklichkeit / aus Fleisch und Blut«. Für den biblischen Menschen ist das Herz das Zentrum allen geistigen Lebens, der Ort seiner Empfindungen und Gefühle, der Sitz seines Vernehmens, Urteilens und Entscheidens wie auch der Raum der identitätstiftenden Gottesbegegnung. Das Herz markiert also das Innerste einer Person. In diesem Innersten nimmt die Wirklichkeit eines jeden Menschen ihren Anfang: sein Wahrnehmen und Fühlen, sein Wollen und Denken, sein Verhältnis zur Welt und zu den Mitmenschen. Das Ringen um die eigene Lebensgestalt und ihr Konkret- oder »Fleischwerden« haben hier ihr Impulszentrum. Maria ließ sich in ihrem Herzen vom Wort Gottes berühren und ergreifen. Sie bewahrte alles in ihrem Herzen und dachte darüber nach (vgl. Lk 2,19). Gottes Wort be-herzigend wurde die »Synergie von menschlichem / und göttlichem Ja« zum Ursprung neuer, heilender und erlösender Wirklichkeit.

Die betende Einkehr in die eigene, gottgeöffnete Innerlichkeit ist ein privilegiertes Geschehen, um das eigene Herz mit seinem Lichten und Dunkeln, Erbärmlichen und Liebenswürdigen Gott hinzuhalten. In der hörenden Begegnung mit dem Wort Gottes kann unsere Herzmitte berührt und verwandelt werden und so zum Ursprung eines neuen, von Gottes Liebe geprägten Lebens werden.

Um diese Verwandlungs- und Prägekraft des Betens nachzuzeichnen, ist es hilfreich, zunächst über die Eigenart sittlichen Handelns nachzudenken.

Melanie Wolfers

1. Dem Leben Gestalt geben

Der sittliche Anspruch tritt nicht als eine heteronome Auflage von außen an eine Person heran. Vielmehr erfährt jede Person in ihrem eigenen Handeln den Anspruch, was hier und jetzt in einer konkreten Situation zu tun oder zu lassen ist, als Schlüsselproblem. Denn ob jemand will oder nicht: Man kommt nicht umhin, im alltäglichen Leben Prioritäten zu setzen und so indirekt auf die Frage zu antworten, worum es einem im Leben geht. Niemand entkommt der Frage nach den letzten Optionen seines Lebens. Während es für eine Amsel oder ein Kaninchen nur eine einzige Weise gibt, Amsel oder Kaninchen zu sein, gibt es für die Menschen Milliarden von Weisen, ihr Menschsein zu verwirklichen – und darin liegen Würde und Not unseres Daseins. Wir sind mit Freiheit begabt, oder auch: zur Freiheit verdammt (Jean-Paul Sartre). In der daraus erwachsenden Erfahrung, uns selber Gestalt geben zu können und zu müssen, brechen unweigerlich Fragen auf: »Was soll ich tun, damit mein Leben gelingt? Wie kann das Ganze meines Lebens aussehen, so dass ich mich darin in einem umfassenden Sinn verwirklichen und bejahen kann?« Vor der Frage: »Was soll ich tun?« steht also jene grundlegendere Frage: »Wer kann und will ich sein?« Wo sich der Mensch als sich selbst aufgegeben erfährt, fragt er nach dem Gelingen guten Lebens, und dieses Ziel nimmt ihn in Anspruch.

An der Wurzel sittlichen Erkennens und Handelns steht also ein *Zielbild* sinnerfüllten Menschseins, dem ein entsprechendes Menschenbild korrespondiert. Die ethische Wahrheit betrachtet solche Sinninhalte des menschlichen Lebens, um aus ihnen Handlungsanleitungen zu gewinnen. Sie stellt einladende Zielvorstellungen geglückten Menschseins vor Augen und gibt sich daher nicht als bedrückende Auflage, sondern primär als befreiender Handlungsimpuls zu erkennen. Zugleich wird eine Grundeigenschaft sittlicher Wahrheit deutlich: Weil weder ein bestimmter Sinnentwurf, für den es sich zu leben lohnt, noch der sittliche Anspruch aufgezwungen werden können, ist sittliche Wahrheit stets *freie* Wahrheit. Sie gründet und bezieht sich auf die Freiheit der Menschen, in deren Handeln sie Verbindlichkeit gewinnen soll. Sittliche Wahrheit appelliert an »die Wahrheitsfähigkeit des Menschen und seine Freiheit *für* das wahrhaft – weil sinnerfüllende – Gute.«[2]

Einen Sinnentwurf und ein Menschenbild explizit oder implizit bejahen und sich auf entsprechende Lebensziele ausrichten – ob sie nun im Erfolg, im Konsum, im Dasein für andere, in der Nachfolge Jesu Christi oder anderswo »gefunden« werden –, dies alles prägt das Herz und damit das Selbstverständnis eines Menschen. Das *Selbstverständnis* einer Person beinhaltet deren emotionale Einschätzungen von sich selbst (beispielsweise ihr Selbstwertgefühl), die Auffassung ihres Bezugs zur Welt und ihre Vorstellungen, wie sie sinnvoll leben kann und will. Das Selbstverständnis, das also emotional, willentlich und kognitiv geprägt ist, stellt den zentralen Ausgangspunkt für das menschliche Handeln dar. Denn es wirkt wie ein Filter, durch den die Person die Wirklichkeit in spezifischer Weise wahrnimmt und interpretiert, und derart prägt es das sittliche Empfinden und Erkennen wie auch das Handeln dieser Person. Das Einschätzen, welche Merkmale einer Handlungssituation gewichtig oder weniger gewichtig sind, das Abwägen verschiedener Folgen, das wertende Erkennen dessen, was hier und jetzt gut ist, sowie die Motive und Weisen des Handelns – all diese Vollzüge werden durch das jeweilige Selbstverständnis eines Menschen mitgeprägt.

Vor dem Hintergrund dieser Überlegungen erweist sich das *Selbstverständnis* einer Person als privilegierter »Ort«, der zwischen dem im *Beten* erfahrenen Sinn und dem konkreten *Leben* vermittelt. In dem von der betenden Gottesbegegnung inspirierten Selbstverständnis kommt die motivierende und die handlungsorientierende Kraft des Glaubens zum Tragen und wird zum Impulszentrum neuen, erlösten Handelns.[3] Dieses »Übersetzungsgeschehen« soll im Folgenden entfaltet werden.

2. Gebet ist gelebte Erlösung und Ursprung erlösten Lebens
Gebet als ursprünglichste Weise des Handelns
Häufig wird ein Gegensatz von Gebet und Tat behauptet. Doch das Gebet kann geradezu als ursprünglichste Weise des Handelns begrif-

fen werden, das allem konkreten Handeln das aus christlicher Sicht entscheidende Vorzeichen gibt. Was ist damit gemeint?

Im Gebet fasst sich gläubiges Dasein vor Gott zusammen und in ihm drückt sich aus, was die Wahrheit eines jeden Menschen ist: Dass er nicht Ursprung seiner selbst, sondern Geschöpf, nicht sich selbst begründendes, sondern verdanktes Dasein ist. Die Geschöpflichkeit seiner Ek-sistenz lässt den Menschen wesentlich über sich selbst hinaus bezogen und gottverwiesen sein. »Getroffen von der Gotteswunde« (Nelly Sachs) schreibt der Kirchenvater Augustinus in seinen »Bekenntnissen«: »Unruhig ist unser Herz, bis es ruht in dir.« – Wer sich betend auf Gott ausrichtet und ausrichten lässt, der bejaht Gott, den Schöpfer, und realisiert sein Selbstsein: vom Ursprung her auf Gott bezogen zu sein. Beten erweist sich als »geschöpflicher Grundakt« (Ferdinand Ulrich).

In christlicher Perspektive wird Beten genauerhin als Teilhabe am Gebet Jesu verstanden. In seiner Menschwerdung hat »Gott alles, was seine Brüder und Schwestern betrifft (Hebr 2,14f.), angenommen. Alles Beten ... hebt so die befriedigende Glaubenserfahrung ins Wort: ›Ich darf sein‹, und das aufgrund der frei schenkenden Liebe Gottes, ohne Vorleistungen irgendwelcher Art.«[4]

Im geistgewirkten Beten können wir also jener verborgenen Wirklichkeit inne werden, die wir am meisten *ersehnen*: Nicht die Unbehaustheit eines Findelkindes am Rand eines gleichgültigen Weltalls ist das erste und letzte Wort über unser Leben, sondern wir sind im Geheimnis der Liebe Gottes daheim. »Weil ich von Gott geliebt bin unabhängig von all meinem Tun und trotz meiner Schwäche und Schuld, darum lebe ich« – wenn diese verborgene Wirklichkeit bei einem Menschen existentiell ankommt, ereignet sich die in christlicher Sicht zentrale und alles verändernde Verwandlung des eigenen Selbstverständnisses. Der Religionsphilosoph Romano Guardini hat die »Annahme seiner selbst« als entscheidendes Vorzeichen allen menschlichen Tuns entfaltet. Im Beten können wir dahin gelangen, uns als bejaht zu bejahen und aus dem daraus eröffneten fundamentalen Selbstverständnis heraus zu handeln.

Beten und Handeln

Zugleich gehört es zum *Schwierigsten*, sich grundloser Liebe zu verdanken und in ihre Dynamik einzuschwingen. Denn je mehr einem im Gebet die schöpferische und heilende Zuwendung Gottes aufgeht, um so deutlicher und schmerzhafter erfährt man auch die gegenläufigen menschlichen Grundtendenzen im eigenen Leben und im Leben von anderen: Narzisstisch sich selbst zum Mittelpunkt des eigenen Lebens zu machen und sich in das Schneckenhaus des eigenen Ich zurückzuziehen, anstatt sich für das »Du« des Anderen (für Gott) und für das Du der anderen (für die Menschen) zu öffnen. Gottgleich Schöpfer des eigenen Glücks zu sein oder ansonsten lieber nicht sein zu wollen, anstatt von Gnaden eines Anderen zu leben.

Hier wird offenkundig, dass Gebet unlösbar mit *Bekehrung* verbunden ist. Die Eigenart christlicher Gebetserfahrung zeigt sich nicht zuletzt in ihrem beunruhigenden, krisenhaften Charakter. In Gottes Ja zu mir ist immer auch zu hören: »Kehr um. Leb' aus dem Quell meiner Liebe und nicht aus irdenen, rissigen Zisternen.« Wer sich im Beten wahrhaft auf Gott ausrichtet und nicht am eigenen Ich kleben bleibt, kehrt um vom Ich zum Du. Ein solches Beten ist Geschenk und Frucht eigenen, begnadeten Ringens, denn wie in allem anderen Tun kann sich auch im Gebet der Blick auf das eigene Ich und seinen Nutzen zurückwenden. Deswegen fordert Ignatius von Loyola (1491–1556) auf, zu Beginn jeder Gebetszeit um die rechte Absicht, also um die Ausrichtung auf Gott zu bitten, den »Schöpfer und Erlöser meines Lebens«, und auf das »Heil der anderen«[5]. Hier wird die entscheidende Dimension, die jegliches Handeln qualifiziert, angesprochen: die Intentionalität. Die Absicht, aus der heraus jemand betet, handelt oder Dinge unterlässt, gibt dessen Beten, Handeln und Unterlassen seine eigentliche Bedeutung.

Wer betet, distanziert sich vom »Gotteskomplex« (Horst-Eberhard Richter) als dem Glauben an die eigene gottgleiche Allmacht. Ein solcher Mensch wird fähig, Gott Gott sein zu lassen, also Gott und das eigene, davon unterschiedene und ihm sich verdankende Menschsein anzuerkennen. Solches Beten befreit von der Last, das Heil und Glück des eigenen Daseins selbst zu gewährleisten und – im doppelten Sinn des

Wortes – »gnadenlos« leben zu müssen. Es schenkt der glaubenden Person ein Selbstverständnis, in welchem sie sich im Tiefsten angenommen und gerechtfertigt weiß. So kann sie zunehmend frei werden *von* angstgetriebenen Versuchen der Selbstvergewisserung und frei werden *für* ein gelöstes Sein-Können mit anderen und für andere.

Dass diese gegensätzlichen Dynamiken nicht nur das persönliche Lebensumfeld, sondern auch die Geschichte ganzer Völker prägen, wird in einem Kommentar des früheren deutschen Kulturministers Michael Naumann in der Debatte zum Berliner Holocaust-Mahnmal deutlich. Den Vorschlag, ein Denkmal mit der hebräischen Inschrift »Du sollst nicht morden« zu errichten, kommentiert er mit den Worten, dass dieser Vorschlag übersieht: »Das biblische Tötungsverbot war der SS bekannt. Die Mordmaschine sollte heimlich laufen; dass sie es auf so furchtbar effektive Weise tat, war der Übertretung eines anderen Gebotes geschuldet, … dessen Bruch die spirituelle Wurzel des Führerkults und der seelischen Katastrophe Deutschlands darstellte: ›Ich bin der Herr, dein Gott. Du sollst nicht andere Götter haben neben mir‹«[6] – ein Gebot, das auch angesichts gegenwärtiger nationaler Egoismen und der »Stahlgewitter des Kapitalismus« (Thomas Assheuer) seine Aktualität nicht verloren hat.

Handeln als Antwort auf die zuvorkommende Liebe Gottes

Beten befreit zur eigenen Wahrheit, befreit zu Gott und zur Welt. Es ist *angenommene* und *gelebte Erlösung* und gibt jeglichem Handeln das entscheidende Vorzeichen. Der Sinn christlichen Betens liegt darin, sich in die erlösende Gottesbeziehung Jesu Christi immer mehr hineinnehmen und davon prägen zu lassen. Die Radikalität, die von Jesus gefordert wird, ist auf dieser, die Identität zuinnerst prägenden Ebene angesiedelt. Sie besteht in der Bereitschaft, sich radikal, also von der Wurzel (»radix«) her, und vorbehaltlos auf das Geschenk der Versöhnung einzulassen, deren Verwirklichung »sich im neuen Gebot der Gottes- *und* Nächstenliebe … exemplarisch und zugleich normativ«[7] zusammenfasst. Denn wer sich von der Liebe Gottes berühren lässt, der versucht, auf diese Liebe zu antworten (vgl. Röm 8,26).

Christliches Handeln ist also kein moralischer oder asketischer »Hochleistungssport«, sondern es verdankt sich einer zugrunde liegenden Heilserfahrung. Dem kategorischen Heilsindikativ: »Du darfst sein« erwächst der »kategorische Imperativ des Seins: Handle so ... als ob du selbst und dein Mitmensch und Mitding euch einer grundlosen Liebe verdanken würdet.«[8]

Hier wird deutlich, dass sittliches Handeln in christlicher Perspektive weder als Pflichterfüllung gegenüber einem Vernunftgesetz noch als »Gutsein« aus Angst vor Strafe oder innerem Zwang zu verstehen ist. Vielmehr ist es *bejahende Antwort* auf das in Jesus Christus geschenkte Heil. Gnade ist Anfang und nicht erst, wie Immanuel Kant meint, Ergebnis sittlichen Handelns. Ineins damit ist es *darstellendes Handeln* der empfangenen Gnade: »ein Handeln, durch das Menschen für andere weitergeben und auf symbolische ... Weise realisieren, was sie selber empfangen haben«.[9]

Wer die zuvorkommende Gnade Gottes erfährt, braucht in seinem Handeln nicht mehr selbstsichernd-ängstlich zu fragen: »Was muss ich tun, um nicht das geschuldete Minimum zu verletzen?« oder: »Was habe ich davon?« Vielmehr kann er in seinem Handeln der »Logik der Gabe« (Paul Ricœur) folgen, beschenkt sich selber schenken zu wollen. Diese Logik des Herzens lässt im Sinn des ignatianischen *magis* fragen: »Wie kann ich *mehr* (mich) Gott schenken und dafür Sorge tragen, dass andere zu einem Mehr an Leben finden?« Das Maß des eigenen Handelns wird dabei davon bestimmt, wie innerlich und intensiv jemand von Gott ergriffen ist.

Das Gebet ist ein hervorragendes Geschehen, in dem sich der Mensch der Liebe Gottes öffnet, welcher er dann handelnd entspricht. So ist das Gebet nicht nur gelebte Erlösung, sondern auch *Ursprung erlösten Lebens*.

Die Tiefenstruktur christlichen Handelns verdeutlicht, warum eine für die Moderne typische Verhältnisbestimmung von Gebet und Tat unzureichend ist: In ihr wird das Gebet auf seine ethische Bedeutung hin funktionalisiert und dieser untergeordnet. Der Grundgedanke, dass das Gebet nur so lange legitim sei, als es die moralische Gesinnung

Melanie Wolfers

des Menschen fördere, wird vor allem von Immanuel Kant entfaltet. Ohne Zweifel wohnt dem christlichen Glauben und Gebet eine gesellschaftsverändernde Kraft inne, und das Doppelgebot der Gottes- und Nächstenliebe gehört konstitutiv zu Leben und Botschaft Jesu. Doch wer Christentum auf Moral reduziert, der geht an dessen Kern vorbei: an Gott, der sich selbst als Liebe mitteilt. Wer Gebet ausschließlich als moralisches Erziehungsgeschehen begreift, übersieht das/den Eigentliche(n), den zu erblicken die Psalmenbeter sprechen lässt: »Dein Angesicht will ich suchen«. Und er beraubt die christliche Sittlichkeit ihres Fundamentes: aus einem erlösten Sein-Dürfen und aus einem gelösten Handeln-Können heraus zu handeln.

3. Herzensbildung
Was wir im Auge haben, das prägt uns

Die Umkehr von einer Verabsolutierung des eigenen Ich oder der Welt hin zu Gott verbindet alle Religionen. Doch umkehren wohin? Wer ist Gott und welcher Weg führt zu ihm?

Als Christen glauben wir, dass Gott uns in Jesus dem Christus sein rettendes Angesicht zeigt. In ihm gab und gibt er sich selbst, so dass es für christliches Beten und Handeln keinen Weg zu Gott gibt an Jesus vorbei. Er ist die orientierende Gestalt für alle Verwirklichungsformen christlichen Lebens und sein Lebensweg gibt der Gottes- und Nächstenliebe ihre spezifische Färbung.

Damit der christliche Glaube im alltäglichen Leben Gestalt gewinnt, kommt es also darauf an, dass die in der Taufe wirklich, aber verborgen geschenkte Gemeinschaft mit Jesus Christus *wirksam* das eigene Fühlen, Denken, Wollen und Handeln prägt. Der Philipper-Hymnus drückt dies mit den Worten aus: »Seid untereinander so gesinnt, wie es dem Leben in Christus Jesus entspricht« (Phil 2,5). In der inneren Angleichung an die Gesinnung Jesu Christi zu wachsen und ein entsprechendes Selbstverständnis zu entwickeln ist ein lebenslanger Prozess. Insbesondere braucht es Aufmerksamkeit und dauernden Einsatz, um die Gefühlswelt in diesen Prozess einzubeziehen. Weil gilt: »Was wir im Auge haben, das prägt uns, dahinein werden wir verwandelt. Und wir kommen, wohin wir schauen«[10]; deswegen ist das Betrachten des Lebens Jesu und seiner Botschaft ein bleibendes Moment dieses lebenslangen Verwandlungsprozesses. Wer sich im Glauben Jesus dem Christus zuwendet, dem prägt sich das heilende Bild Jesu ein*bild*end in sein Herz ein, das so zum Ursprung neuer, erlöster Wirklichkeit wird.

Das betende Betrachten meint dabei nicht, auf imaginär-ethisch verdünnte Weise am Leben Jesu Anteil zu nehmen, so als ob es primär darum ginge, in Jesus ein hervorragendes Beispiel an Lebensbewältigung vor Augen zu bekommen, das zu bedenken die eigene Lebensführung verbessern könnte. Vielmehr zieht die Betrachtung Jesu, der die »*dauernde Offenheit* unserer Endlichkeit auf den lebendigen Gott«[11] ist, den Menschen ins unmittelbare Gottesverhältnis hinein.[12]

Sinnentwürfe, Menschenbild und ethisches Handeln hängen zuinnerst zusammen. Wer sich »mit allen Sinnen«, mit seinem Fühlen, Denken und Wollen betend der Begegnung mit Jesus Christus öffnet, dem können sich Sinninhalte des Christusereignisses existentiell erschließen. Diese wirken nicht unmittelbar auf das Handeln ein, sondern stellen das eigene *Selbstverständnis* in einen neuen Sinnhorizont. Dieser setzt Zielvorstellungen eines wahrhaft gelingenden Lebens und damit Grunddaten eines christlichen Menschenbildes frei. Er erschließt entsprechende Grundhaltungen und evangelische Werte und prägt so unser Erkennen und Handeln. Kurz: Ein zunehmend »christus-förmiges« Selbstverständnis übersetzt sich in ein entsprechendes, von der Liebe inspiriertes Handeln.

Im Rahmen dieses Beitrages können nur wenige Andeutungen zu einem christlichen Menschenbild und Selbstverständnis und zu deren Bedeutung für ein entsprechendes Leben gemacht werden.

Grundzüge eines christlichen Menschenbildes
Christen bekennen, dass Gott in Jesus Christus *Mensch* geworden ist. Das bedeutet auch: Er ist *Geschichte* geworden. Der Ewige wird zeitlich und daher erhält die Zeit eine neue Qualität. Die Zeit wird zu einem Medium, in dem Gott begegnet.

Melanie Wolfers

Christen, die von dieser Glaubenshoffnung getragen sind, wachsen in dem Vertrauen, dass es keine Situation mehr gibt, die sich einer endgültigen Sinnstiftung verschließt. Der Brief des Jesuiten Alfred Delp, der im Dritten Reich als 37-Jähriger hingerichtet worden ist, gibt davon eindrücklich Zeugnis: »Das eine ist mir so klar und spürbar wie selten: die Welt ist Gottes so voll. Aus allen Poren der Dinge quillt er uns gleichsam entgegen. Wir aber sind oft blind. Wir bleiben in den schönen und in den bösen Stunden hängen und erleben sie nicht durch bis an den Brunnenpunkt, an dem sie aus Gott herausströmen. Das gilt für alles Schöne und auch für das Elend. In allem will Gott mit uns Begegnung feiern und fragt und will die anbetende, hingebende Antwort.«[13]

Im Gebet wird der Mensch der Durchsichtigkeit der Welt inne. Wer betend und erwägend das eigene Leben im Licht des Lebens Jesu betrachtet, der wird in dieser Schule des Sehens hellsichtiger für die – häufig unter der Gestalt des Kreuzes so schmerzhaft verborgene – Gegenwart Gottes und vermag daraus sein Leben zuversichtlich(er) und gefasst(er) zu gestalten.

Diese Theologie der Geschichte und der eigenen Lebensgeschichte ist zuinnerst mit dem Glaubensgeheimnis von *Tod und Auferstehung Jesu Christi* verbunden. Im Glauben gewinnen der Tod des Menschen und alle seine zeitlichen Vorwegnahmen – wenn Entscheidungen Verzicht fordern oder in Treue durchzutragen sind, in Krankheit und Leiden, in der Enttäuschung zumal zwischenmenschlicher Hoffnungen – eine neue (Be-)Deutung. Damit ist nicht gemeint, dass wir im Glauben von der Konflikthaftigkeit des menschlichen Lebens und Sterbens befreit wären. Der Tod und die vielen kleinen Tode im Alltag verlieren nichts von ihrem Charakter realen, schmerzhaften Verlustes. Sie gewinnen aber im Blick auf das Sterben und die Auferstehung Jesu eine neue Sinnöffnung: Sie werden ein Durchgang in Gottes ewiges Leben hinein, ein Hindurchtauchen bis zu dem Grund, an dem ein liebendes Du auf mich wartet.

Wer auf Leben über den Tod hinaus hofft, vermag sich seiner natürlichen Angst vor dem Sterben zu stellen. Er braucht die Angst, ins Leere zu fallen, weder zu verdrängen noch zu verharmlosen, sondern kann sie zulassen und annehmen im hoffenden Glauben: »Und doch ist Einer, welcher dieses Fallen unendlich sanft in seinen Händen hält« (Rainer-Maria Rilke). Dies verleiht dem eigenen Leben Wahrhaftigkeit und Lauterkeit, denn das menschliche »Leben ist so wahr, als es die unausweichliche Wahrheit des eigenen Sterbens in sich zu integrieren vermag«.[14]

Der Glaube an Kreuz und Auferstehung Jesu eröffnet auch eine neue Freiheit, Ent-Scheidungen zu fällen und in Treue durchzutragen. Denn eine Entscheidung *für* etwas ist immer auch eine Scheidung *von* etwas. In unser Handeln geht also immer die Spannung von Selbstgewinn und Selbstverlust ein. Besonders bei weit reichenden Entscheidungen stellt sich die Frage, wie dieser Konflikt lebbar gemacht werden kann. Wie von selbst mündet für den Glaubenden sein Nachdenken und Abwägen in die Frage nach Gott und verweist ihn in das Gebet.

Die Hoffnung von Christen ist dabei bleibend gespannt und kommt erst *eschatologisch,* also jenseits unserer vergänglichen Welt an ihr Ziel. In Jesus Christus ist das Reich Gottes *schon* angebrochen. Wir sind schon endgültig gerettet, während die Vollendung dieser unserer eigentlichen Zukunft aller Menschen *noch* aussteht.

Wer sich in seiner Haltung von diesem Schon und Noch-Nicht prägen lässt, wer also derart *gottzugewandt* lebt, der kann auf gute und lebensförderliche Weise *weltzugewandt* leben. Denn der Mensch will mehr, als die Erde geben kann. Die rein innerweltliche Interpretation des »unruhigen Herzens« führt zur erbarmungslosen Treibjagd nach dieser Welt. Nach Friedrich Nietzsche will alle Lust »tiefe, tiefe Ewigkeit«. Eine solche aber vermag die Erde nicht zu geben. Christen hingegen können warten. Sie müssen nicht der Zeit nachjagen, weil ihnen die Ewigkeit schon geschenkt ist; sie müssen der Welt nicht mehr abgewinnen, als sie geben kann. Ihr Glaube befähigt sie, in eine kritische, das heißt unterscheidende Distanz zu irdischen Erfüllungsangeboten zu treten. Allein in dieser unaufhebbaren Durchdringung von Nähe und Distanz zur Welt vermögen Menschen die Gratwanderung zwischen gnostischer Weltflucht und Vergötzung der Welt zu bestehen,

Melanie Wolfers

und bewohnen Christen den neuen Freiheitsraum, der ihnen im Glauben eröffnet ist.

In gegenwärtigen spirituellen Strömungen gleicht der Rückzug in die Innerlichkeit teilweise einer Flucht in einen ethikfreien Erleuchtungszustand. Die Weltflucht wird zum Mittel, um das »Innewerden des Absoluten« oder das Aufgehen im Absoluten zu erzwingen. Als Christen müssen wir von der Mitte unseres Glaubens her dagegen Einspruch erheben. Denn weil Gott begegnen bedeutet zu erfahren, dass er sich in Jesus Christus ganz für die Welt in die Waagschale wirft, deshalb endet christliches Beten nicht in der Innerlichkeit eines privaten tête-à-tête von Gott und Seele, sondern es wendet die Betenden hin zur Welt. Es fordert heraus, sich selbst zu riskieren und für Gottes Ja zu jedem Menschen mit dem eigenen Leben einzustehen. Wo Unrechtsstrukturen Menschen zerbrechen, wo Freiheit unterdrückt und Wahrheit verzerrt wird, dort kann und muss das verändernde, kritische Potential des Christlichen eingebracht werden. Dass dies in dieser Welt unter der Signatur des Kreuzes geschieht, damit ist in der Nachfolge Jesu Christi nüchtern zu rechnen.

Christliches Beten steht also nicht in Konkurrenz zum Tun, sondern es befreit zu ihm, wie umgekehrt ein glaubendes, hoffendes und liebendes Handeln zu einer wachsenden Vertrautheit mit dem Gott Jesu Christi im Beten führt. Vielleicht lässt sich sogar sagen: Christliches Gebet ereignet sich in der Einheit von Beten und gläubigem Handeln – oder es ist kein Gebet im Geist Jesu Christi.

4. Contemplativa in actione

Das letzte Bindeglied zwischen Beten und Handeln bildet die »Unterscheidung der Geister«. In ihr werden die inneren Bewegungen, Motivationen und Zielvorstellungen in den Blick genommen sowie deren Richtung. Für Ignatius von Loyola ist dabei für die Entscheidung ausschlaggebend, ob diese Bewegungen zu einem Wachsen im Glauben, Hoffen und Lieben führen oder in die entgegengesetzte Richtung. Die Unterscheidung der Geister zielt darauf, aus den verschiedenen Handlungsmöglichkeiten jene auszuwählen, die ganz auf Gott ausgerichtet ist und am meisten mit ihm verbindet. Die unterscheidende Person bemüht sich also, die *Sprache Gottes* in der Wirklichkeit, die auf sie zukommt, zu erkennen und den je einmaligen Anruf Gottes an sie hier und jetzt zu ergreifen.

Dieses Abwägen und Entscheiden geschieht immer in der Atmosphäre des Betens, so wie Jesus am Ölberg betend darum ringt, ob er ein »Ja« zu dem sich zeigenden Leidensweg sagen kann. Vor allem aber vollzieht es sich *im Gegenüber zu Jesus Christus* und damit im Licht des von ihm erleuchteten eigenen *Selbstverständnisses*. Es gilt: »Der einzelne darf das wählen, was sein eigentliches Ich als zu ihm passend, als der eigenen Konkretheit konnatural erfährt und was ihn innerlich erfreut und so sehr befriedigt, dass sich mit der Antwort auf den Ruf Gottes Freude und Friede einstellen.«[15]

Wo das konkrete Entscheiden und Handeln zur selbstvergessenen Antwort auf die Liebe Gottes wird, die sich in der Liebe zum Nächsten manifestiert, ist das scheinbare Entweder – Oder von »Innerlichkeit des Betens« und »Äußerlichkeit des Handelns«, von »actio« und »contemplatio« endgültig aufgehoben – zugunsten der dynamischen Einheit: *contemplativa in actione.* Hier wird die Welt durchsichtig auf Gott, das Handeln wird zur Antwort auf seine Liebe und das eigene Leben führt fort, was mit der Menschwerdung Gottes begonnen hat:

das WORT tritt durch das Ohr
trifft mitten ins Herz
und zeugt dort neue Wirklichkeit
aus Fleisch und Blut

Melanie Wolfers

1 Aus einem unveröffentlichten Gedicht von Andreas Knapp. © beim Autor.

2 *Baumann, K.*, Handlung – Freiheit – Menschenbild, in: *Arnzt, K./Schallenberger, P.* (Hg.), Ethik zwischen Zuspruch und Anspruch. Gottesfrage und Menschenbild in der katholischen Moraltheologie, Freiburg i. Ue. u.a. 1996, 188–225, 189.

3 Vgl. dazu wie zum gesamten Artikel: *Demmer, K.*, Gebet, das zur Tat wird. Praxis der Versöhnung, Freiburg i. Br. u.a. 1989; *ders.*, Fundamentale Theologie des Ethischen, Freiburg i. Ue. u.a. 1999; *Wolfers, M.*, Theologische Ethik als handlungsleitende Sinnwissenschaft. Der fundamentalethische Entwurf von Klaus Demmer, Freiburg i. Ue. u.a. 2003.

4 *Schaller, H.*, Gebet (systematisch-theologisch), in: LThK IV, Freiburg i. Br. u.a. [3]1995, 314 (kursiv MW).

5 Vgl. *Ignatius von Loyola*, Geistliche Übungen und erläuternde Texte, übersetzt und erläutert von P. Knauer, Leipzig 1978, Nr. 23.46.

6 *Naumann, M.*, Blick in die Tiefe der Täterschaft, in: Frankfurter Allgemeine Zeitung, 1.4.1999, 46.

7 *Merklein, H.*, Die Gottesherrschaft als Handlungsprinzip. Untersuchung zur Ethik Jesu, Würzburg [3]1984, 22.

8 *Balthasar, H. U. v.*, Herrlichkeit 3/1, Im Raum der Metaphysik, Einsiedeln 1965, 963.

9 *Pröpper, Th.*, Autonomie und Solidarität. Begründungsprobleme sozialethischer Verpflichtung, in: *Holderegger, A.* (Hg.), Fundamente der Theologischen Ethik. Bilanz und Neuansätze, Freiburg i. Ue. u.a. 1996, 168–186, 177.

10 *Spaemann, H.*, Orientierung am Kinde, Einsiedeln [8]1989, 29.

11 *Rahner, K.*, Die ewige Bedeutung der Menschheit Jesu für unser Gottesverhältnis, in: *ders.*, Schriften zur Theologie III, Einsiedeln u.a. [2]1957, 47–60, 57.

12 Vgl. in diesem Band den Beitrag von A. R. Batlogg.

13 *Delp, A.*, Gesammelte Schriften IV, hg. v. R. Bleistein, Frankfurt 1984, 26.

14 *Demmer, K.*, Entscheidung und Verhängnis, Die moraltheologische Lehre von der Sünde im Licht christologischer Anthropologie, Paderborn 1976, 55.

15 *Schneider, M.*, »Unterscheidung der Geister«. Die ignatianischen Exerzitien in der Deutung von E. Przywara, K. Rahner und G. Fessard, Innsbruck [2]1987, 125.

Madeleine Delbrêl: Beten »mit voller Lunge«

Annette Schleinzer

1. »Ich war von Gott überwältigt worden und bin es noch«: Biographische Einführung

Madeleine Delbrêl (1904–1964) ist keine Unbekannte mehr.[1] Sie gilt als Pionierin des Glaubens in einer säkularisierten Welt, als »Mystikerin der Straße«, als eine Frau, die vom Evangelium Jesu Christi her den Dialog mit den Menschen ihrer Zeit gesucht hat. Ob es darum geht, eine zeitgemäße, realistische Alltagsspiritualität für die »Leute vom gewöhnlichen Leben« zu suchen oder um die Frage nach der Verkündigung des Glaubens in einer atheistischen Umgebung: Die Erfahrungen von Madeleine Delbrêl, die dreißig Jahre lang in Ivry, einer kommunistischen Stadt in der Bannmeile von Paris, gelebt hat, sind aktuell und wegweisend.

Madeleine Delbrêl wurde 1904 in der südfranzösischen Stadt Mussidan/Dordogne geboren. Aufgewachsen in einem liberalen, religiös indifferenten Elternhaus wurde sie in ihrer Jugend zur erklärten Atheistin. Schon früh fiel ihre künstlerische und intellektuelle Begabung auf; bereits mit sechzehn Jahren studierte sie Philosophie an der Pariser Sorbonne und belegte Kurse in verschiedenen künstlerischen Disziplinen. Sie schrieb Gedichte, für die sie einen bedeutenden französischen Literaturpreis erhielt. Doch auf ihre leidenschaftliche Frage nach dem Sinn des Lebens fand sie letztlich keine Antwort. »Gott ist tot – es lebe der Tod«, schrieb die Siebzehnjährige in einem Aufsatz.[2]

Eine tiefe Lebenskrise – ausgelöst durch eine gescheiterte Liebesbeziehung – und die Begegnung mit jungen Christinnen und Christen leiteten eine Wende ein: »Wenn ich aufrichtig sein wollte, durfte ich Gott … nicht so behandeln, als ob er ganz gewiss nicht existierte. Ich wählte deshalb, was mir am besten meiner veränderten Perspektive zu entsprechen schien: ich entschloss mich zu beten.«[3] Dieses Gebet mündete ganz unerwartet ein in die Gewissheit, dass Gott existiert – eine Erfahrung, die Madeleine Delbrêl zeitlebens als überwältigende Umkehr zum Leben empfand.

Nach dieser ihrer Bekehrung war Madeleine Delbrêl erfüllt von dem Verlangen, ihr Leben ganz auf Gott hin auszurichten. Zunächst dachte sie deshalb daran, in den Karmel einzutreten. Je tiefer sie sich jedoch auf das Evangelium einließ, desto bewusster wurde ihr, dass sie einen anderen Weg gehen sollte. Sie suchte nach einer Ausdrucksform, das zu vereinen, was in der kirchlichen Tradition lange als unvereinbar galt: ein Leben, das Gott den ersten Platz einräumen will – dies aber mitten in der Welt, ohne Gelübde, ohne Klausur, in keinem anderen kirchlichen Status als dem der Laien.

Diese Grundentscheidung musste sich dann in einem Milieu bewähren, das für einen praktizierten christlichen Glauben alles andere als günstig erscheinen könnte. Denn 1933 brach Madeleine zusammen mit zwei Gefährtinnen in die kommunistische Arbeiterstadt Ivry auf, wo sie bis zu ihrem Tod im Oktober 1964 lebte. Sie hatte sich zur Sozialarbeiterin ausbilden lassen und arbeitete zunächst im kirchlichen Dienst, dann im Rathaus von Ivry, Seite an Seite mit den führenden Mitgliedern der Kommunistischen Partei. Später gab sie ihren Beruf auf, um ihre Gemeinschaft zu inspirieren, die sich auf achtzehn Frauen vergrößert hatte, und vor allem, um für die vielen Menschen da zu sein, die sie aufsuchten.

Im Umgang mit ihren Nachbarn und Nachbarinnen und in der Auseinandersetzung mit dem Kommunismus wurde ihr immer klarer, dass ein solches atheistisches Milieu besonders günstig ist für den Glauben: »Ivry war meine Schule des angewandten Glaubens.«[4] Denn wenn es keine gemeinsame christliche Herkunft, keine gemeinsame Sprache und Riten gibt, kann der Glaube nur leben und überleben, wenn er sich aus dem wirklich Wesentlichen speist.

Ihre Erfahrungen als Christin mitten in einer atheistischen Umgebung verarbeitete sie in zahlreichen Meditationen, Gedichten und Gelegenheitsschriften, die im Freundeskreis kursierten. 1957 erschien ihr Buch »Christ in einer marxistischen Stadt«, in dem sie um Verständnis für diejenigen warb, die keinen Zugang zum Glauben mehr haben. Ihre Texte, die sie schon in den dreißiger Jahren verfasste, zogen all diejenigen an, die nach neuen Wegen der Evangelisierung Frankreichs suchten. Die Gründer der »Mission de France« ließen sich von ihr inspirieren; mit zahlreichen Arbeiterpriestern verband sie eine tiefe Freundschaft. Aus Sorge um die missionarischen Bewegungen suchte Madeleine das Gespräch nach allen Seiten und fuhr sogar bis nach Rom; von dort aus ergaben sich unabsehbare weitere Kontakte, in denen sie sich als Ratgeberin für die verschiedensten kirchlichen Gruppierungen erwies. Vor allem in ihren letzten Lebensjahren wurde sie immer häufiger auch von Bischöfen um Erfahrungsberichte gebeten – bis hin zur Bitte um Mitarbeit bei den Konzilsvorbereitungen.

Als Madeleine Delbrêl 1964 ganz plötzlich starb, hinterließ sie trotz alledem nicht viel: ihr Buch und einige Texte; einen Freundeskreis, der kaum weiterreichte als über die Grenzen einer kirchlichen Minderheit hinaus. Doch die Ausstrahlung ihrer Botschaft hat unmittelbar nach ihrem Tod eingesetzt. Wie lässt sich dieses unerwartete Echo auf eine Frau erklären, die nie etwas anderes wollte, als »ein ganz gewöhnliches Leben« zu leben?

Ein Schlüssel zur Person und zum Leben Madeleine Delbrêls liegt in ihrer Konzentration auf das Wesentliche des christlichen Glaubens: auf die Liebe in ihrer untrennbaren Einheit von Gottes- und Nächstenliebe. Von dieser Liebe ist sie als Zwanzigjährige erfasst worden. Aus dieser Liebe heraus hat sie ein Leben gewählt, das »Christus zur einzigen Form hat«.[5]

So hat sie sich auf alles eingelassen, was sie herausforderte. Ob es um den Dialog mit den Kommunisten ging, um die Frage des politischen Engagements, um die Anforderungen eines missionarischen Zeugnisses oder um das Gebet »in einem weltlichen Leben« – immer galt es, von der Einheit der Liebe her den eigenen Standort zu finden. Sie erlebte dann mitten im Alltag, dass ihr Einsatz das herkömmliche Entweder-Oder christlicher Lebensmöglichkeiten sprengt: entweder »in der Welt zu bleiben« oder »die Welt zu verlassen«; entweder »weltlich« oder »geistlich« zu leben, entweder »aktiv« oder »kontemplativ«.

Annette Schleinzer

Denn solche Aufspaltungen kann es im Blick auf die Gestalt Jesu Christi eigentlich nicht geben. Gerade die Leidenschaft für Gott ist es, die dazu treiben muss, den Pol der Nächstenliebe bis zum Äußersten auszudehnen, die Trennung von »sakral« und »profan« zu überwinden in der einen Bewegung der Liebe.

Dies entsprach auch dem Temperament Madeleine Delbrêls. Sie war eine lebhafte, lebensfrohe Frau, die ein gutes Glas Wein nicht verachtete; sie tanzte leidenschaftlich gerne, liebte Musik und Dichtung und suchte Gott in der Fülle all dessen, was ihr begegnete. »Was in der Tat am besten geeignet scheint, sie zu beschreiben, ist das Wort Leben«, schreibt eine Freundin nach dem Tod Madeleine Delbrêls. »Der Herr hat von einem Leben gesprochen. Er hat nicht von einem Studienprogramm gesprochen, das man auf eine Prüfung hin durchackern muss. Er hat nicht von einem politischen System gesprochen, mit dem man das menschliche Dasein organisieren könnte … Er hat von einem Leben gesprochen, das wir empfangen, um daraus leben zu können.«[6]

Aus dieser Einheit des Lebens und der Liebe versuchte Madeleine, neu zu buchstabieren und auf ihre Situation zu übertragen, was zur geistlichen Tradition des Christentums gehört: ein Leben des Gebets, Schweigen, Einsamkeit und die Weisungen Jesu, arm, ehelos und gehorsam zu leben. Sie erkannte darin unabdingbare Grundhaltungen und Vollzüge, die der Liebe so notwendig sind wie die Luft zum Atmen. Deshalb müssen sie auch im Leben der »Leute von der Straße« einen zentralen Raum einnehmen. »Es ist wahr: man kann heute nicht mehr beten ›wie‹ früher, es sei denn, man wäre in einem Kloster oder in einer bestimmten außergewöhnlichen Lebenslage. Doch folgt daraus keineswegs, dass man nicht mehr beten soll, nur anders wird man beten müssen, und dieses anders gilt es zu entdecken.«[7]

2. »Beten heißt, zwischen Gott und uns die normalen Beziehungen wiederherzustellen«

Das Gebet ist für Madeleine Delbrêl der Dreh- und Angelpunkt jeden Lebens aus dem Glauben. Sie weiß, wovon sie spricht. In ihrer eigenen Biographie benennt sie ein »Vorher« und ein »Nachher«, eine

Wende, die durch ihren Entschluss zum Beten ausgelöst worden ist. Beten heißt dann »umkehren, unseren Geist, unser Herz, unseren Willen Gott zuwenden«.[8] Es heißt, aus dem Gefängnis von Angst und Einsamkeit in den Raum einer Beziehung eintreten, die vor aller Leistung, vor allem Tun längst gegeben ist: »Als ich betete, habe ich geglaubt, dass Gott mich gefunden hat und dass er lebendige Wahrheit ist und dass man ihn lieben kann wie man eine Person liebt.«[9]

Die Erfahrung einer solchen personalen Liebe übersteigt für Madeleine alle menschlichen Vorstellungen und Sehnsüchte. Sie ist »ein blendendes Hingerissensein unseres ganzen Ich zu Gott – ein entscheidender Augenblick, der uns abkehrt von dem, was wir über unser Leben wissen, damit wir, Auge in Auge mit Gott, von Gott erfahren, was er davon hält und daraus machen will.«[10] Wer sich in diesem Sinne hin-reißen lässt, wird dem »Todesmilieu« entrissen, der Finsternis und dem »Elend des Geistes«, in dem sich – so Madeleine Delbrêls eigene Erfahrung – ein Mensch befindet, der von Gott nichts weiß oder an ihn nicht glauben kann. Er wird in das Kraftfeld einer Liebe hineingerissen, die ungeahnte Lebensmöglichkeiten eröffnet, für sich selbst und für andere. Beten wird so eine Frage auf Leben und Tod – und dies nicht nur in einem einzigen, biographisch markierten Wendepunkt, sondern ein Leben lang. So wie der Atem nicht nur im Schrei des Neugeborenen in die Lunge einströmt, sondern sich zu einem lebenslangen und Leben erhaltenden Austausch entfaltet, so ist auch das Gebet ein lebenslanger und Leben erhaltender Austausch zwischen Mensch und Gott.

Analog zum Geschehen der Atmung kommt das Gebet am tiefsten zu sich selbst, wenn sich der Mensch nicht einmischt; wenn er immer neu und bewusst ein »Alles-Lassen« vollzieht und der Schwerkraft des »alten Menschen« den Lebens-Impuls Gottes entgegenhält. Nur so kann sich das neue Leben entfalten, das im Augenblick der Bekehrung – sakramental vermittelt durch die Taufe – in den Menschen eingestiftet worden ist.

»Wirklich zu beten ist etwas anderes, als sich über einem Buch auszuruhen oder vage an Gott zu denken. Beten ist eine gewaltige, mühsame Arbeit, die uns total in Beschlag nimmt. Für Gott vollkommen

Annette Schleinzer

präsent zu sein, restlos für ihn empfänglich: das hat mit Ausruhen nichts zu tun. Mit unserem ganzen Sein all das zu erbitten, was wir brauchen, für uns selbst, für die Kirche und die gesamte Welt: das verlangt die totale Abkehr von unserem eingefleischten Stolz und angeborenen Egoismus – und das ist sicher kein Müßiggang. Ob es uns wohl gelingt, beim Beten sozusagen mit voller Lunge zu atmen – oder ob wir manchmal vielleicht nicht eher nur mit halber Lunge atmen oder gar nur mit einem Viertel, weil wir erschöpft sind von zu viel Arbeit, oder weil wir verweichlicht sind von zu wenig Arbeit?«[11]

3. »Tiefenbohrungen« und »Zeitteilchen«: Im Alltag beten

Beten mit voller Lunge – das heißt für Madeleine Delbrêl auch, dass es in jeder Lebensform möglich sein muss, dem Gebet den nötigen Platz zu geben. »Ja, es gilt immer zu beten, wie man nicht aufhört zu atmen, wie unser Atem sich unserer Beschäftigung anpasst.«[12] Wie soll dies aber geschehen unter den Bedingungen eines Lebens mitten unter den Menschen, in einem umtriebigen Alltag, in dem es sowohl an Zeit als auch an Raum mangelt? An Voraussetzungen also, die unabdingbar erscheinen für ein Leben des Gebets. Müssen jene, die aus beruflichen oder familiären Gründen keine festen Gebetszeiten aussparen können, sich als unfähig für das Gebet betrachten? Aber, so Madeleine: »Gott hätte sich nicht die Mühe gemacht, uns zu erschaffen, wenn er zulassen wollte, dass wir ihm gegenüber keine Luft mehr bekämen. Unsere Zeit gewährt uns ganz bestimmte von Gott gegebene Atemzüge. An uns ist es, sie zu entdecken und davon Gebrauch zu machen.«[13]

Madeleine Delbrêl weist immer wieder darauf hin, dass es menschenmöglich ist, solche Atemzüge zu entdecken. Vor allem die Liebenden kennen dieses Geheimnis. Liebende sind imstande, ganz beieinander zu sein, auch wenn die äußeren Bedingungen das erschweren. Lärm oder dichtes Menschengedränge, Hitze oder Kälte – nichts kann sie davon abhalten, aufeinander bezogen zu bleiben. Auch räumliche Trennung – ja selbst der Tod – vermag die Liebe nicht zu zerstören.

Wenn Beten heißt, in die »normale« Beziehung zu Gott einzuwilligen – und das ist eine Beziehung der Liebe –, müsste es demnach auch möglich sein, diese Liebe unter allen Bedingungen wach zu halten. Beten bedeutet dann nicht in erster Linie, sich von den anderen abzusondern, Zeiten und Räume der Stille aufzusuchen (so sehr dies auch immer wieder mal notwendig ist), sondern sich Gott zuzuwenden – unter den je gegebenen Bedingungen, mit allen Zerstreuungen, die dabei ins Spiel kommen können. Je tiefer und je ungeteilter dabei die Liebe ist, desto unwichtiger werden äußere »Hindernisse«. »Was das Gebet angeht, so ist unser Raum rationiert: das Fehlende müssen Bohrungen ersetzen. Wo wir uns auch aufhalten mögen, Gott ist dort. Der nötige Raum, ihn zu finden, ist der unserer Liebe, die von Gott nicht getrennt sein will, die ihm begegnen will ... Diese Sehnsucht macht das Gebet aus, und zwar gleichgültig wo ... Gott genug lieben, um bei ihm sein zu wollen, das Verlangen dieser Liebe in sich tragen: das verleiht die Kraft, das härteste, dichteste Leben zu durchbohren und betend zu dem hinzugelangen, den wir lieben. Ein paar Minuten solchen Gebets können uns Gott überantworten, restloser als viele vielleicht sehr gesammelte Stunden, denen diese bebende, wollende Sehnsucht nicht vorausging«.[14]

Die Gebets-*Zeit* ist also kein Faktor, der absolut gesetzt werden kann. Feste Gebetszeiten, Exerzitien und andere eigens ausgesparte Zeiten des Rückzugs und der Besinnung haben für Madeleine zwar ihren Eigenwert (sie selbst zieht sich immer wieder einmal für einige Tage zurück), sie können aber auch zu einem »Alibi« werden und sogar von der Suche nach dem lebendigen Gott ablenken. Deshalb ist es wichtig, sich nicht nur auf solche Gebetszeiten zu fixieren, sondern eine Haltung einzuüben, die immer und überall mit Gott rechnet und ihn aufzuspüren versteht. Eine Hilfe dafür ist die Entdeckung der Zeitteilchen oder Zeitmulden, die sich im Laufe eines Tages ansammeln, aber meist ungenutzt verstreichen: »In das beschäftigtste, umhergeworfenste Leben dringen, wie feiner Staub, leere Zeitteilchen ein. Sieht man sie – man sieht sie nicht immer – so müsste man auf den Gedanken kommen, sie zusammenzulegen und dadurch ein Stück verwertbare Zeit zu gewinnen. Wenn wir behaupten, beten sei unmöglich, so müssen wir uns auf die Suche nach diesem Zeitstaub machen und

Annette Schleinzer

ihn so, wie er ist, verwerten … Denn solche kleinen Zeitmulden gibt es für alle, und wir Frauen wissen genau, wie wir sie nutzen, wenn wir nicht dem Herrn nachfolgen. Entweder träumen wir … oder wir sind ›abwesend‹, das heißt, wir denken zehn Minuten lang ohne ersichtlichen Grund an die Persil-Reklame auf dem Bahnsteig der Metro. Oder wir gehören zu den ›Problematischen‹ oder wir kultivieren unsere kleinen Sorgen. Die Zeit, die wir so oder so verschwendet haben, gilt es zurückzugewinnen und dem zu geben, der ein Recht darauf hat.«[15]

Die Gefährtinnen Madeleine Delbrêls berichten, dass diese geradezu eine Meisterin geworden ist, solche Zeitteilchen zu nutzen. Sie hat dafür eigene Rituale gefunden, indem sie zum Beispiel das Telefon ein paar Mal klingeln ließ, bevor sie den Hörer aufnahm, um sich kurz zu sammeln und ganz gegenwärtig zu sein; oder indem sie vor einem wichtigen Gespräch in aller Ruhe eine Zigarette rauchte, um sich einzustimmen und verfügbar zu sein für das, was auf sie zukam – denn es ist »Gott, der uns lieben kommt«.[16]

4. »Wer Gott umarmt, findet in seinen Armen die Welt«: Gebet und Engagement

»Die kleinen Gebärden der Liebe«

»Gott ist es, der uns lieben kommt«: diese Einsicht war für Madeleine Delbrêl der tiefste Grund dafür, Gebet und Tat in einem untrennbaren Zusammenhang zu sehen. Eine solche Sicht war in den Jahren vor dem Zweiten Vatikanischen Konzil noch recht ungewöhnlich. Landläufig gab es noch weithin – vor allem aus dem 19. Jahrhundert kommend – eine geradezu klassische Aufteilung christlicher Berufungen in die »kontemplativen« und die »aktiven«. Von den jeweiligen Lebensrhythmen her lag der Akzent dann mehr auf einem zurückgezogenen Leben des Gebets oder auf einem Leben der Nächstenliebe und des Apostolats. Das eine stand im Verdacht einer weltflüchtigen Innerlichkeit, das andere im Verdacht eines oberflächlichen Aktivismus. Aktion und Kontemplation zusammen zu buchstabieren, schien schier unmöglich zu sein. Mit dieser Auffassung hat sich Madeleine zeitlebens konfrontiert gesehen. Je mehr sie sich jedoch auf das Evangelium Jesu Christi eingelassen hat, desto mehr hat sie in Jesus selbst die untrennbare Einheit von Beten und Handeln entdeckt. Sein Gebet ist mitten im göttlichen Leben verankert und vollzieht damit auch die Bewegung Gottes mit – und das heißt: die Bewegung der Liebe zu jedem einzelnen seiner Geschöpfe.

Madeleine Delbrêl hat von daher den Eindruck, dass es entweder ein Missverständnis oder eine Ausrede ist, wenn Gebet und Handeln in der Realität des Alltags als unvereinbar erscheinen. Solche unbewussten inneren »Arrangements« gilt es zu durchschauen: »Wenn ein Konflikt zwischen Nächstenliebe und Gebet mit seinen Zeitforderungen zu entstehen scheint, ist es oft von Vorteil zu überprüfen, wie man eigentlich seine Zeit verbringt; hinzuschauen, ob man nicht einen bestimmten Liebesdienst, der uns gerade abverlangt wird und der uns schwer fällt, dadurch umgeht, indem man ihn durch eine längere, manchmal sogar mühsamere Pflicht ersetzt, die man aber doch der Begegnung mit diesem oder jenem unserer Mitmenschen vorzieht.«[17]

Wer sich selbst gegenüber ehrlich bleibt und immer neu versucht, im Gebet tatsächlich Kurs auf Gott hin zu nehmen, erfährt, dass die Vereinbarkeit von Beten und Handeln so einfach ist wie das Leben selbst. »Weil wir die Liebe für eine hinreichende Beschäftigung halten, haben wir uns nicht die Mühe gemacht, unsere Taten nach Beten und Handeln auseinander zu sortieren. Wir finden, dass das Gebet eine Aktion ist und die Aktion ein Gebet; es scheint uns auch, dass ein wahrhaft liebendes Tun ganz von Licht erfüllt ist. Es scheint uns, dass bevor es zur Tat kommt, die Seele wie eine Nacht ist, die ganz auf das Licht hin ausgespannt ist, das kommen wird. Und wenn das Licht dann da ist, wenn der Wille Gottes klar verstanden ist, dann lebt sie ihn ganz sanft und schaut gemächlich zu, wie ihr Gott sich in ihr regt und zu wirken anfängt. Uns scheint, dass auch das Handeln ein Bittgebet ist. Wir haben nicht das Gefühl, dass es uns auf unser Feld der Arbeit, des Apostolats, des Alltags festnagelt.«[18]

Beten heißt dann, in die Bewegung der Liebe Gottes einzuschwingen, sich in jedem Augenblick, bei jeder neuen Anforderung und Begegnung von diesem Schwung mitreißen zu lassen.

Annette Schleinzer

»Dann wird das Leben ein Fest. Jede kleine Unternehmung ist ein gewaltiges Ereignis, in dem uns das Paradies geschenkt wird oder in dem wir selbst das Paradies verschenken können. Was immer wir zu tun haben: einen Besen oder eine Füllfeder in der Hand haben. Reden oder schweigen, etwas flicken oder einen Vortrag halten; einen Kranken pflegen oder auf der Schreibmaschine schreiben: All das ist nur die Rinde einer herrlichen Realität: die Begegnung der Seele mit Gott, die sich in jeder Minute erneuert, in jeder Minute an Gnade zunimmt, immer schöner wird für ihren Gott.

Es läutet? Schnell, aufmachen! Es ist Gott, der uns lieben kommt!

Eine Auskunft? Bitte sehr. Gott ist es, der uns lieben kommt.

Es ist Zeit, sich zu Tisch zu begeben? Gehen wir. Es ist Gott, der uns lieben kommt.

Lassen wir ihn gewähren.«[19]

»Man schreit in der Nacht – wie könnten wir schlafen?«

Als Madeleine Delbrêl 1933 nach Ivry kam, ist sie als Sozialarbeiterin vor allem auch mit dem Elend der Arbeiter und mit der Ungleichheit der Lebensbedingungen in ihrer Stadt in Berührung gekommen. Dies löste in ihr fast reflexhaft und ein Leben lang ein leidenschaftliches Engagement zugunsten der Benachteiligten aus. Mit anderen Christen und Christinnen beteiligte sie sich 1936 an einer lokalen Initiative zur Bekämpfung der Arbeitslosigkeit, die von Maurice Thorez, dem Generalsekretär der Kommunistischen Partei, ausgerufen worden war. Dies war der Beginn einer jahrelangen intensiven Zusammenarbeit. Während des Krieges übernahm sie die Organisation des gesamten Sozialdienstes in der Pariser Region und erwies sich dabei als äußerst kompetent und erfinderisch, wenn es darum ging, Leiden zu lindern.

Grundlage ihres sozialen Einsatzes war die Überzeugung, dass sich ein Leben in der Nachfolge Jesu im Kampf gegen Elend und Unrecht konkretisieren muss; dass die christliche Hoffnung auf Erlösung zwar alles irdische Leben übersteigt, aber keine billige »Jenseits-Vertröstung« sein darf, sondern sich hier und jetzt als wahr erweisen muss –

als Zeichen der Zuwendung Gottes, die gerade den Armen gilt und ihre Sehnsucht nach Leben beantworten möchte.

Auch ihr politisches Engagement stammte aus derselben Motivation. Sie war überzeugt davon, dass Christen und Christinnen sich einmischen müssen, wenn Unrecht geschieht, und sie selbst hat mehrmals zugunsten politisch Verfolgter oder ungerecht Verurteilter öffentlich Stellung bezogen. In solchen Wortmeldungen zeigte sich, dass es Madeleine nicht nur darum ging, konkretes Leiden lindern zu helfen, sondern darüber hinaus Strukturen des Unrechts zu entlarven, die sie auch öffentlich als Sünde brandmarkte. Das Doppelgebot der Liebe führte sie so folgerichtig zu einer prophetischen Kritik des jeweils aktuellen gesellschaftlich-politischen Zeitgeschehens. Denn: »Kann man allen Ernstes und mit wirklicher Hoffnung auf Erlösung der Welt hoffen, ohne leidenschaftlichen Herzens das Unrecht in der Welt und seine Folgen enden sehen zu wollen, selbst wenn nicht alles Böse darauf zurückzuführen ist? Kann man ehrlich Erlösung erhoffen, ohne zu wünschen, dass auch die Folgen jener Sünden aufhören, die man Egoismus, Rechtsbruch, Repression nennt? Müssen nicht auch wir, wenn die Kommunisten im Namen von all dem Revolutionen machen, unsererseits dem Leiden und den Sünden der anderen gegenüber Stellung beziehen? Wenn wir weinen mit denen, die um ein Kind weinen, das gestorben ist und nicht hätte zu sterben brauchen; um einen verkrüppelten Menschen, der es nicht hätte sein müssen; um einen Gefangenen, der zwanzig Jahre im Gefängnis saß, obwohl es nicht nötig gewesen wäre: dann werden wir vielleicht die Hoffnung erlernen, in einem Herzen, das in dieser Hoffnung dem Herzen Jesu Christi gleicht.«[20]

5. »Gott hat uns zum Bund gemacht« –
Beten als Stellvertretung für andere

Das sozial-politische Engagement, das für Madeleine Delbrêl in einem ganz unmittelbaren und vitalen Zusammenhang mit dem Gebet stand, kann aber nur dann als Ausdruck der Liebe Gottes gewahrt bleiben, wenn es jeder Ideologisierung widersteht. Orientierung gibt auch

Annette Schleinzer

hier das Vorbild Jesu. »Er hat mit seiner Person die falschen Absolutheitsvorstellungen der Welt zerschlagen und in Freiheit zurückgewiesen: Geld, Ehre, Macht; aber er hat sie nicht wieder aufgebaut und eine andere menschliche Gesellschaft errichtet, die eine neue Hierarchie der Ehre, der Macht und des Reichtums besäße. Er hat die Welt überwunden, indem er sie relativierte; denn der Sieg der Welt über den Menschen ist es, dass sie sich ihm als etwas Absolutes darbietet.«[21]

Spätestens an dieser Stelle geraten diejenigen, die sich aus dem Gebet heraus auf die Veränderung der Welt einlassen, in einen – wie Madeleine oft formuliert – »normalen Gewaltzustand«. Diese Gewaltsamkeit ist eine doppelte: Sie geschieht einerseits als die immer neue Umwandlung des eigenen Widerstandes Gott gegenüber in eine Zustimmung, in der es gilt, sich dem Glauben als einem »schwarzen Licht« anzuvertrauen.[22] Sie geschieht andererseits auch dadurch, dass der glaubende und betende Mensch in Widerspruch zur öffentlichen Meinung geraten kann. Er wird ein Fremdling, ein Ausgesonderter und erfährt so inmitten seiner vielfältigen Kontakte eine »Einsamkeit, die keiner anderen gleicht. Man ist ganz und gar allein und ganz und gar solidarisch. Man ›konvertiert‹, man kehrt um, und das ist schon nicht so leicht. Aber man kehrt um im Namen aller.«[23]

Wer die Bewegung Gottes zu den Menschen hin mitvollzieht, kann aus der gleichen Bewegung heraus dazu gerufen werden, Nähe und Distanz zugleich aushalten zu müssen. Distanz jedenfalls überall da, wo die Einheit der beiden Liebesgebote auf dem Spiel steht. Dies ist für Madeleine Delbrêl zum Beispiel im Marxismus der Fall, der Gott um des Menschen willen abschaffen will; oder im Kampf für die Armen, der notfalls auch mit Gewalt gegen die Reichen geführt werden soll. Immer dann, wenn sowohl die Liebe zu Gott als auch die Liebe zu den Menschen verkürzt werden, gilt es, ein mitunter auch öffentliches »Nein« zu sagen. Diesem »Nein« korrespondiert ein um so entschiedeneres »Ja« zu Gott überall dort, wo er im persönlichen Leben eines Menschen oder im öffentlichen Bewusstsein geleugnet wird oder gar nicht mehr vorkommt, aus welchen Gründen auch immer.

Beten wird so in seiner letzten Konsequenz zu einem Geschehen der Stellvertretung. »Unablässig zwischen ein echtes Gut und ein wirkliches Übel gestellt und von einem Geist erfüllt, der sie immer mehr zum Bruder oder zur Schwester werden lässt, sie zugleich aber auch immer einsamer macht, behalten diese Christen einen klaren Kopf und antworten an Stelle derer, die keine Stimme für Gott haben. Arm im Namen der Armen, vergessen sie von einem Augenblick zum anderen, welch geheimnisvoller Kraft sie sich bedienen. Sie beten ohne Anstrengung, ohne äußeres Gehabe, aber verbindlich und fromm; ihre Hände stützen sich fest auf die Schultern ihres Herrn, ihre Füße stehen mitten in der Menge, für die sie glauben, hoffen und lieben. So schaffen sie – zwischen dem ersten und zweiten Gebot, denen sie bedingungslos gehorchen – der Ehre Gottes den einzig ihr angemessenen Raum: das sichtbare Bild von Menschen, die im eigenen Namen und für alle Menschen der Erde öffentlich Gott den Vorzug geben.«[24]

Das Gedicht Madeleine Delbrêls »Liturgie der Außenseiter« spiegelt diesen Gedanken der Stellvertretung auf eigene Weise wider. Zugleich klingt in diesem Text die ganze Bandbreite dessen an, was Beten bedeuten kann. Letztendlich ist es für Madeleine Delbrêl immer wieder dies: das Gebet rückt alles an seinen richtigen Platz. Der betende Mensch kommt dahin, Gott wirklich Gott sein zu lassen – und er lässt es deshalb geschehen, dass dieser Gott sich seiner bedient, um in dieser Welt anwesend und wirksam zu sein.

Und unser Herz wird immer weiter
und immer schwerer
von der Last vielfacher Begegnung,
immer schwerer von der Last deiner Liebe,
unser Herz,
gebildet von dir,
bevölkert von unseren Schwestern und Brüdern,
den Menschen.
Denn die Welt ist kein Hindernis,
um für sie zu beten.

Annette Schleinzer

Wenn einige die Welt verlassen müssen,
um sie zu finden,
so müssen andere in die Welt hinein tauchen,
um sich emporzuschwingen
mit ihr
zum gleichen Himmel.
Im Abgrund der Sünden der Welt
hast du sie zum Stelldichein gerufen;
gekettet an die Sünde
leben sie mit dir einen Himmel,
der sie empor zieht und in Stücke reißt.
Während du fortfährst,
in ihnen die düstere Erde zu besuchen,
erklimmen sie mit dir den Himmel;
zu einer schwerfälligen Himmelfahrt sind sie bereit:
festgehalten im Schmutz,
verzehrt durch deinen Geist,
verbunden mit allen,
gebunden an dich,
beauftragt, im Ewigen zu atmen
wie Bäume für ihre Wurzeln im Boden.[25]

1   Literaturangaben zu Madeleine Delbrêl (Auswahl): *Boehme, K.,* Madeleine Delbrêl.
    Die andere Heilige, Freiburg i. Br. 2004; *Boismarmin, Chr. de,* Madeleine Delbrêl,
    Mystikerin der Straße, München [2]1996; *Fuchs, G.* (Hg.), »… in ihren Armen das
    Gewicht der Welt.« Mystik und Verantwortung: Madeleine Delbrêl, Frankfurt 1995;
    Heimbach-Steins, M., Unterscheidung der Geister – Strukturmoment christlicher
    Sozialethik. Dargestellt am Werk Madeleine Delbrêls, Münster 1994; *Schleinzer, A.,*
    Die Liebe ist unsere einzige Aufgabe. Das Lebenszeugnis von Madeleine Delbrêl,
    Ostfildern [2]2001; *dies.* (Hg.), Madeleine Delbrêl, Gott einen Ort sichern. Texte,
    Gedichte, Gebete, Ostfildern [2]2003.
2   *Delbrêl, M.,* Wir Nachbarn der Kommunisten, Einsiedeln 1975, 42–44. Im Folgenden:
    NK.
3   *Dies.,* Ville marxiste, terre de mission, Paris [2]1995, 223. Im Folgenden: VM.

Beten in der Welt (Madeleine Delbrêl)

4 NK, 261.

5 *Dies.*, Gebet in einem weltlichen Leben, Einsiedeln ⁵1993, 18. Im Folgenden: GwL.

6 NK, 228.

7 GwL, 52.

8 *Dies.*, Frei für Gott. Über Laien-Gemeinschaften in der Welt, Freiburg ²1991, 48. Im Folgenden: FG.

9 VM, 252f.

10 NK, 267f.

11 FG, 131.

12 Ebd., 134.

13 GwL, 61.

14 Ebd., 63f.

15 Ebd., 64f.

16 NK, 52f. (vgl. auch unten).

17 FG, 49.

18 NK, 52.

19 Ebd., 52f.

20 NK, 232.

21 Unveröffentlichter Brief Madeleine Delbrêls an Jacques Loew.

22 NK, 267.

23 Madeleine Delbrêl, Christ in einer marxistischen Stadt, Frankfurt 1974, 173.

24 Ebd., 170.

25 *Dies.*, Liturgie der Außenseiter (Schluss), in seiner Gesamtheit abgedruckt in: Madeleine Delbrêl, Gott einen Ort sichern. Texte, Gedichte, Gebete, hg. von A. Schleinzer, Ostfildern ²2003, 129–132.

Zu den Autorinnen und Autoren

Andreas R. Batlogg SJ (*1962), Mag. theol., Dr. theol.; seit 1985 Jesuit; Studien der Philosophie und Theologie in Innsbruck, Israel, Frankfurt/M. und Wien; 1993 Priesterweihe; seit 2000 stellvertretender Chefredakteur der Jesuitenzeitschrift »Stimmen der Zeit«, Gastdozent für Fundamentaltheologie an der Universität Bamberg.

Norbert Baumert SJ (*1932), emeritierter Professor für Neutestamentliche Theologie an der Philosophisch-Theologischen Hochschule St. Georgen in Frankfurt/M. und Mitarbeiter im Theologischen Ausschuss der Charismatischen Erneuerung in der katholischen Kirche in Deutschland.

Doris Broszeit (*1959), Dipl.-Theol., gehört zur Gemeinschaft der Kleinen Schwestern vom Evangelium (PSE). Sie lebt und arbeitet am Rande von Paris (Aulnay sous Bois) in einem Hochhausviertel.

Gisbert Greshake (*1933), Prof. Dr. theol.; Studium der Theologie und der Philosophie in Münster/Westfalen und Rom; 1960 Priesterweihe; Professor für Dogmatik in Wien und Freiburg i. Br. Seit 1999 emeritiert, ständige Gastprofessur an der Gregoriana in Rom.

Gabriela Grunden (*1963), Dr. theol.; Studium der Pädagogik und Theologie; Fachreferentin der Glaubensorientierung in München; geistliche Begleiterin und Exerzitienleiterin; lebt in einer ignatianisch geprägten Gemeinschaft in Leitershofen bei Augsburg.

Hildegund Keul (*1961), Dr. theol.; Leiterin der Arbeitsstelle für Frauenseelsorge der Deutschen Bischofskonferenz; Privatdozentin für Fundamentaltheologie und Vergleichende Religionswissenschaft an der Universität Würzburg; Karl-Rahner-Preis 2003.

Andreas Knapp (*1958), Dr. theol., gehört zur Gemeinschaft der Kleinen Brüder vom Evangelium (PFE); davor langjährige Tätigkeit in der Hochschulseelsorge und in der Priesterausbildung in Freiburg i. Br.

Willi Lambert SJ (*1944), langjähriger Spiritual am Collegium Germanicum et Hungaricum in Rom; Exerzitienbegleiter und kirchlicher Assistent der GCL (»Gemeinschaft christlichen Lebens«). Zahlreiche Veröffentlichungen zum geistlichen Leben.

Carlo Maria Kardinal Martini SJ (*1927); Priesterweihe 1952; Doktorat in Theologie und Heiliger Schrift; Professor am Päpstlichen Bibelinstitut in Rom; Bischofsweihe 1980; Erzbischof der Erzdiözese Mailand von 1980 bis 2002; Kardinal seit 1983.

Josef Maureder SJ (*1961), seit 1979 Jesuit; Priester, Psychologe und Psychotherapeut. Seit 1996 verantwortlich für die Berufungspastoral der österreichischen Jesuiten und Leiter von »Haus Manresa« in Linz, einem Ort der Berufungsklärung für junge Erwachsene. Tätig vor allem in der geistlichen Begleitung und als Referent in Fortbildungskursen zur Ausbildung von BegleiterInnen.

Hans Schaller SJ (*1942), Dr. theol; seit 1962 Jesuit; Studien in München, Lyon, Tübingen, Rom. Studenten- und Akademikerseelsorger in Basel und Zürich, Gründung einer Lebens- und Wohngemeinschaft für geistig Behinderte (Arche), viele Jahre Spiritual am Collegium Germanicum et Hungaricum in Rom, zurzeit Pfarrer in St. Marien, Basel.

Manfred Scheuer (*1955), Studium der Theologie in Linz und Rom; 1980 Priesterweihe; Seelsorge in der Diözese Linz; Spiritual im Priesterseminar der Diözese Linz; Promotion und Habilitation in Freiburg im Breisgau; 2000–2003 Professor für Dogmatik und Dogmengeschichte in Trier; seit 2003 Bischof der Diözese Innsbruck.

Annette Schleinzer (*1955), Dr. theol.; beschäftigt sich seit über zwanzig Jahren mit Madeleine Delbrêl, über die sie 1993 promoviert hat. Sie lebt und arbeitet im Umfeld des Benediktinerpriorats Huysburg im Bistum Magdeburg.

Melanie Wolfers (*1971), Dr. theol., Mag. phil., Studium in Freiburg im Breisgau und München, Bernhard-Welte-Preis 2002; bis 2004 Seelsorgerin und Theologin in der Hochschulgemeinde in München; lebt zurzeit bei den Salvatorianerinnen in Österreich, tätig in der Exerzitienbegleitung sowie Aus- und Fortbildung.

Martha Zechmeister CJ (*1956), Professorin für Fundamentaltheologie an der Kath. Theol. Fakultät der Universität Passau; Dissertation und Habilitation in Wien; wiederholt Lehraufträge an der Universität von Zentralamerika (UCA), San Salvador/El Salvador.

Autorinnen und Autoren

Große Gestalten des Glaubens

Christian Feldmann Alfred Delp
Leben gegen den Strom

128 Seiten mit s/w-Bildern, Paperback · ISBN 3-451-28569-X

Zum 60. Todestag des Priesters, Ordensmannes, Journalisten und Widerstands-
kämpfers hat Christian Feldmann ein spannendes Lebensbild gezeichnet. Darüber
hinaus enthält das Buch Texte von Alfred Delp und Fotografien aus seinem Leben.

Jean-François Six Charles de Foucauld
Der kleine Bruder Jesu

128 Seiten mit s/w-Bildern, Paperback · ISBN 3-451-28833-8

In der Biografie, in Zitaten und zahlreichen Fotografien wird der Mensch Charles
de Foucauld gegenwärtig. Und es wird etwas spürbar von seiner spirituellen Tiefe,
aus der heute viele Menschen auf der ganzen Welt Kraft schöpfen.

Katja Boehme Madeleine Delbrêl
Die andere Heilige

128 Seiten mit 31 s/w. Abbildungen, Paperback · ISBN 3-451-28379-4

Katja Boehme zeichnet den Weg von Madeleine Delbrêl nach, die ihren Glauben
mitten in den Brennpunkten eines kirchenfernen Arbeiterviertels lebte. Texte aus
den Schriften dieser bemerkenswerten Frau und zum Teil unbekannte Bilder geben
einen anschaulichen Einblick in ihr Leben.

Christian Feldmann Johannes Paul II.
Pilger der Hoffnung

128 Seiten mit Farbbildern, Paperback · ISBN 3-451-28834-6

Ein faszinierendes Porträt von Johannes Paul II. In seinem zugänglich geschriebenen Gesamtrückblick bringt Christian Feldmann das Profil dieses Jahrhundert-
Papstes auf den Punkt: Farbige Fotografien und zentrale Aussagen im Original-
wortlaut halten die bleibende Botschaft dieses »Pilgers der Hoffnung« lebendig.

Erhältlich in jeder Buchhandlung!

HERDER

Im Gespräch mit Gott

Rainer Haak Dir neu begegnen
Gebete und Segensworte

128 Seiten, gebunden · ISBN 3-451-28483-9

Die Gebete und Segensworte bieten Rückhalt in Zeiten der Fragen und Sorgen, des Glaubens und der Zweifel, in Krankheit und Gesundheit, während der Arbeit und im Urlaub, bei Tag und bei Nacht. Ein Buch, das durch das Leben begleitet und es im lebendigen Gespräch mit Gott hält.

Albert Dexelmann Mein Wort in Gottes Ohr
Gebete

144 Seiten, gebunden · ISBN 3-451-28783-8

In frischer, schnörkelloser Sprache legt der Autor spirituelle Dimensionen des Alltags frei: etwa im Hochhaus oder im Hotel, in der Kneipe und im Supermarkt, im Spaziergang durch die Natur. Ganz neu werden so biblische Spuren in ihrem Bezug zum eigenen Alltag wiederentdeckt. Eine Fundgrube anregender Gebete.

Henri Nouwen Gebete aus der Stille
Neuausgabe · Mit einer Einleitung von Anselm Grün

144 Seiten, gebunden · ISBN 3-451-27554-6

Henri Nouwens »Gebete aus Stille« wurden während eines sechsmonatigen Klosteraufenthalts geschrieben. Zwischen der Zerrissenheit des modernen Lebens und den uralten Erfahrungen der Stille findet Henri Nouwen seinen »Weg des Herzens«. Auf diesem Weg ist er für unzählige Menschen zu einem Meister des Gebets geworden. In seiner Einleitung zeigt Anselm Grün die Wurzeln von Henri Nouwens Spiritualität auf, die bis zu den Wüstenvätern zurückreichen.

Anton Rotzetter Du Atem meines Lebens
Ausgewählte Gebete

144 Seiten, gebunden mit Lesebändchen · ISBN 3-451-28667-X

Anton Rotzetters schönste Gebete in einer ansprechenden Gestaltung: Morgen- und Abendgebete, Tagesgebete für die Woche, Gebete für die verschiedenen Zeiten des Jahres und für die unterschiedlichen Lebenssituationen des Menschen.

HERDER